浙江传媒学院新闻传播学（浙江省一流学科）学科建设成果

传播与社会研究丛书　　主编／邵培仁　副主编／黄敏

RONGHE DE GUIJI
融合的轨迹：
中美报业数字化转型的进路

曾海芳 ◎ 著

首都经济贸易大学出版社
Capital University of Economics and Business Press
·北京·

图书在版编目（CIP）数据

融合的轨迹：中美报业数字化转型的进路/曾海芳著. --北京：首都经济贸易大学出版社，2018.12

ISBN 978-7-5638-2904-0

Ⅰ．①融… Ⅱ．①曾… Ⅲ．①报业—数字化—研究—中国、美国 Ⅳ．①G219.2-39 ②G219.712-39

中国版本图书馆 CIP 数据核字（2018）第 302900 号

融合的轨迹：中美报业数字化转型的进路
曾海芳　著

责任编辑	王玉荣
封面设计	大鹏设计
出版发行	首都经济贸易大学出版社
地　　址	北京市朝阳区红庙（邮编100026）
电　　话	（010）65976483　65065761　65071505（传真）
网　　址	http：//www.sjmcb.com
E - mail	publish@cueb.edu.cn
经　　销	全国新华书店
照　　排	北京砚祥志远激光照排技术有限公司
印　　刷	人民日报印刷厂
开　　本	710毫米×1000毫米　1/16
字　　数	290千字
印　　张	16.5
版　　次	2018年12月第1版　2018年12月第2次印刷
书　　号	ISBN 978-7-5638-2904-0
定　　价	55.00元

图书印装若有质量问题，本社负责调换
版权所有　侵权必究

"传播与社会"研究丛书总序

20世纪70年代以来,整个世界被风起云涌的信息化浪潮所吞没,人们越来越沉浸于由各种纷繁芜杂的媒介所生产的铺天盖地的信息而拟造的"社会现实"当中,工业化社会也渐渐让步于强势出击的信息化社会,这一转变被社会学家丹尼尔·贝尔和未来学家阿温·托夫勒称为"后工业社会"和"超工业社会"的来临。20世纪八九十年代,随着互联网技术在日常生活领域内的应用和普及,"新媒体"和"旧媒体"的分野自此横空出现,"旧"的未衰,"新"的已来。各国学者对于"传播与社会"的关注点也开始从"电子媒体"慢慢转移到新出现的以"互联网"为代表的"新"媒体之上。在此期间经历了由"欧洲社会学"研究进路向"美国主流都市社会学的认识论和方法论"转变的卡斯特,在其"信息三部曲"中大声疾呼"网络社会的崛起"和"千年终结"。"新"媒体所带来的冲击,可见一斑。不管是多元自由主义者还是马克思主义者,不同的学派在对媒体与社会的研究中,不约而同地坚持关注互联网给各国政治、经济、文化、教育等领域所带来的种种变革,坚持观察和测度新媒体所带来的社会结构变更、阶层分化、经济模式改革以及"人"本身在面对媒体升级时的认知、态度和行为变化。1994年,中国正式接入国际互联网络,开启了中国互联网应用生根发芽以至今天开花结果的进程。由此,中国学者也纷纷关注"新媒体"给发展中的中国带来的机遇和挑战。网络民主化进程、网络话语传播、数字鸿沟、互联网+、数字文化产业发展等研究热点层出不穷。

在此背景下,本丛书特别关注国内青年学者对于"传播与社会"研究的最新理论成果,以"新人"碰撞"新媒体",窥探媒体、传播与中国社会之间的互动和博弈。基于这一目的,本丛书精心挑选国内优秀青年学者之论著,选题覆盖网络政治话语传播、网络社会话语实践、人际传播、国家治理视角下的政治传播以及新媒体产业发展等新兴的研究领域。本着成熟一本出版一本的原则,本丛书先期出版以下专著:

王润博士的《网络公民文化:互联网实践与中国社会》。本书从传播学与政治学相交叉的政治传播研究领域入手,探究传播媒介这一政治沟通的技术载体之于政治社会化、公民政治参与和公民文化建设的社会意义,考察新兴的技术力量和网络新媒体的引入对中国政治文化和民主政治发展带来的社会影响。这一研究议题延续西方政治传播和政治文化研究的路径,立足于中国网络社会，把握互联网技术、网络行为主体与政治结构三者的互构关系，考察互联网时代中国网络公民文化的新内涵和传统政治文化的社会转型，深化互联网实践和社会治理在中国本土的研究。

张咏梅博士的《媒介人性论——基于爱心传播的研究视角》。本书从人的本质角度，阐明媒介的本源，探寻媒介的运行和发展规律，以及人与媒介之间具有的本质相关性。从人的角度看，主要研究人如何在媒介中发挥主体性；从媒介的角度看，主要研究媒介中的人性。作者指出，在信息社会中，随着科技和社会生产力的迅猛发展，媒介的发展，不仅仅受追求自身经济利益动机的驱使，还受他利动机的驱使，这意味着媒介发展的动机将呈现出结构性与层次性的多元化特点；媒介发展的价值标准是经济利益、政治利益和社会公共利益综合价值的最大化。

叶欣博士的《基于人际传播的医患关系建构过程研究——以中美医患对话比较为例》。本书从医患关系最核心和最微观的部分——医患对话——开始，比较中美在医患关系中的医患对话，考察中美在医患关系构建中每个阶段的对话特点和规律，探寻中国医患关系中存在的问题；进而通过比较中美医患对话中的实践模式和经验理论的异同，为构建中国和谐医患关系提供借鉴。

贾祥敏博士的《走向公开：中国新闻发布制度化进程研究》。本书基于政治传播视角，探究其视野下中国新闻发布制度化过程中"透明"观念、规则和实践等三个层面的内容，分析了政府传播与媒介力量、公众角色的博弈与平衡。作者认为，政务新闻发布所体现出的政治系统的信息流动是现代政治传播的价值意蕴，能够起到化解社会冲突、重构社会秩序的作用，但政治、技术和社会因素对新闻发布制度化的综合作用又形塑了其"中国形态"。

曹月娟博士的《企业舆情研究和危机管理》。本书结合企业管理及危机应对的案例，对企业舆情危机产生的原因以及企业舆情危机的应对策略进行了分析研究。作者认为，"企业危机"无处不在，无时不有，无事不入，无人难免。危机管理是一种使危机对企业造成的潜在损失最小化并有助于控制事态的管理方式，是有助于防范、管理和成功应对危机的管理步骤和行动。对企业舆情和危机管理进行研究，可以提高企业的公信力，对于企业发展来说具有非常重要的借鉴意义。

曾海芳博士的《融合的轨迹：中美报业数字化转型的进路》。本书以美国主流报纸《纽约时报》、《华尔街日报》和《今日美国》以及中国人民日报社、浙江日报报业集团为研究案例，从早期技术革新中的报业生产变革、互联网生态中的报业创新、报业移动版的发展路径以及融合背景下的报业编辑部组织结构嬗变入手，探究中国和美国报业在经历数字化转型并走向媒介融合过程中的轨迹。在此基础上，分析中美报业转型轨迹的相似与不同之处，进而提出报业下一步的融合战略。

张玲玲博士的《批判的观众：真人秀节目真实吗？》。本书关注中国电视真人秀节目如何在新旧媒介并存的传播环境中掀起收视狂潮，建构符合中国观众情感结构的真实图景，研究将真实视为一种认同的机制，认为真人秀的真实性认同不仅涉及对观众接受机制的考察，也涉及"媒介—受众"两端的权力博弈与框架协商。在此书中，作者一方面对一线真人秀导演进行深度访谈，观察制作方框架如何在微观层面重构真实性边界；另一方面通过问卷调研揭示中国观众的批判性接受机制，考察观众如何在识别故事建构性的过程中去伪存真。生产场域与收看场域的镜像式观照揭示出一个重要的事实：中国的批判性观众正在崛起，他们将作为一种良性力量，推动未来真人秀去娱乐化而回归真实。

本丛书为浙江传媒学院新闻传播学学科建设成果，由浙江传媒学院新闻传播研究院组织出版，研究院院长邵培仁教授担任主编，常务副院长黄敏教授担任副主编。作为省一流学科新闻传播学学科建设的平台，本研究院秉持本土化、特色化和应用性的发展方向，凝聚多学科力量，以问题为导向，服务"文化大省"建设。学科研究从广播电视理论与业务、传播效果与舆情分析、媒介话语与文化、网络与新媒体四个方向着重探索和研究新闻传播理论前沿问题和发展趋势，从理论和经验两个层次分别探讨本学科普遍关注的热点、难点和潜在的理论突破点，力求在理论研究上有所贡献，并为政策制定提供科学指导。学科研究目前在应用性研究方面优势地位明显，在理论性研究方面寻求重点突破，正努力建成省内领先、国内一流、国际上有较大影响力、应用性特色明显的新闻传播学科。希望本丛书的出版，能够为本学科、本研究院的建设添砖加瓦。

媒介、传播同社会变革与发展息息相关，三者有千丝万缕的联系，牵一发而动全身。本丛书试图管中窥豹，以"新"心态看待新形态，不足之处，请业内专家学者指正。

浙江传媒学院新闻传播学科建设领导小组
浙江传媒学院新闻传播研究院
2018 年 9 月

前 言

在媒介生态巨变的大环境下,全球的报业面临同样的困境——发行量下滑,广告收入减少,受众流失。在"生存"还是"毁灭"的考验面前,报业的数字化转型刻不容缓。美国的报业比中国的更先感受到了危机的气息,也由此更早展开了转型的探索。在经历了多年的实践与发展之后,美国的主流报业集团积累了各具特色的转型经验,美国的学者也提出了丰富的理论设想和模型,为传统媒体的转型提供了学术支持。当然,由于数字化转型是一项全新的试验,其中不可避免地会出现各种问题,而这些都为中国报业人士提供了反面的经验教训。

相比之下,中国报纸业的转型在早期显得不那么迫切,因此长期处在观望、学习、借鉴的状态中。直到进入21世纪,由于广告收入的持续下滑,中国的报业才切实感受到了寒冬的来临,一时间"寒冬论""消亡论"弥漫于中国学术界。此时,中国报业人士开始痛定思痛,直面数字化转型的必然性,并通过各种实践创新努力寻找新媒体时代的突围之路。从这个意义上来说,中国和美国的报业虽然身处不同国度,其国情、文化和管理体制都不相同,但在同样的危机面前,双方的目标却空前一致,那就是在互联网的挑战下求生存、求发展。

从20世纪90年代初美国报纸创建网络版开始,报纸经历了近三十多年的数字化转型历程。这期间互联网几度发展,报业却几度蹉跎良机。如今,在"互联网+"的网络时空中,在媒介融合被上升为国家行动、国家战略的大背景下,纸媒的融合之路似乎有了新的契机。前事不忘,后事之师,报业的媒体融合还有很长的路要走。为了全面展示纸媒与互联网的融合发展路径,为纸媒后续的发展提供参考,本书首次在媒介环境学的理论视角下将中美报业的数字化转型历程展开对比考察,并重点选取了《人民日报》《浙江日报》《纽约时报》《华尔街日报》《今日美国》及其各自报业集团作为研究对象,探讨它们自20世纪90年代以来面对互联网冲击时在理念、技术、经营模式、组织结构等各方面的转型进路与特点,以期勾勒出两国主流报纸走向媒介融合的发展轨迹。

目 录

第一章 绪论 ··· 1
- 第一节 报业危机中的契机 ······································ 1
- 第二节 报业危机下的学术探索 ·································· 10
- 第三节 本书的研究视野与方法 ·································· 24

第二章 拒迎之间新老媒体的博弈 ······························· 31
- 第一节 新媒体的崛起与传统媒体的衰退 ······················ 31
- 第二节 新媒体对传统报业的影响 ······························ 45
- 第三节 新媒体时代下中美主流报纸的发展态势 ··············· 57

第三章 互联网生态中的报业创新 ································ 67
- 第一节 前互联网时代报业技术的发展 ·························· 67
- 第二节 报网的首次接触 ··· 74
- 第三节 报网的亲密互动 ··· 87

第四章 报业网络的移动化发展进路 ····························· 122
- 第一节 移动媒体兴起的理论分析与发展概况 ·················· 122
- 第二节 移动平台的内容生产模式 ······························ 129
- 第三节 美国报纸移动版的发展特点 ···························· 134
- 第四节 中国报业的移动融合发展战略 ·························· 147

第五章 应对数字化发展的报业组织结构嬗变 ················· 160
- 第一节 报业组织结构嬗变的原因探析 ·························· 160
- 第二节 美国报业的整合发展之路 ······························ 164
- 第三节 基于融合需求的中国报业组织之调整 ·················· 182

第六章　中美报业转型的对比分析 ……………………… 188
第一节　中美报纸数字化的创新扩散轨迹比较 ………… 188
第二节　中美报业转型路径比较 ………………………… 200
第三节　中美报业的网络运营模式比较 ………………… 205
第四节　中美报业转型的未来 …………………………… 222

参考文献 …………………………………………………… 233

后记 ………………………………………………………… 253

第一章
绪论

21世纪以来,传媒技术呈现加速发展态势,传媒生态格局也随之发生翻天覆地的变化。一方面,新媒体对传统媒体产生了强大的冲击,报纸、广播、电视等过去占据人们生活主导地位的传统媒体优势不复存在,并在受众锐减的大环境下日渐式微;另一方面,以互联网为代表的新媒介自身也在经历高速的更新换代,Web 1.0时代背景下的BBS论坛、博客甚至各大门户网站开始逐渐淡出人们的视野,取而代之的是勃兴于Web 2.0时代的微博、微信,以及应用市场中的各类客户端。媒介市场的竞争进入了白热化阶段。因此,传统媒体想要在互联网的夹缝中继续生存下去,就不得不考虑转型的问题,而转型最行之有效的途径便是借助新媒体的平台,实现媒介融合。2014年,在中央全面深化改革领导小组第四次会议上,习近平总书记就媒体融合发展发表重要讲话,深刻阐述媒体融合的工作理念、实现路径、目标任务和总体要求。习近平同志指出,融合发展是大势所趋,并强调融合发展关键在融为一体、合而为一,要尽快从相加阶段迈向相融阶段。鉴于此,本书将重点梳理中、美两国主流纸媒自20世纪90年代以来,面对以互联网为代表的新媒体的冲击,在数字化转型中的进路与特点,以期勾勒出两国主流报纸走向媒介融合的发展轨迹。

第一节 报业危机中的契机

一、危机四伏的全球报业

在整个媒介市场蛋糕总量不变的情况下,在受众注意力资源有限的现状中,一种新兴媒介的出现必然会对原有的媒介造成冲击。从这个角度来看,作为最早出现的大众媒体,报纸经历了至少四次来自当时新媒体的冲击。第一次冲击源于通讯社的出现。由于通讯社的原始业务与报纸并无二致，也是通过有偿向订户提供有偿消息来维持自己的生存，而这些订户本身有不少是报纸读者，因此双方面临同质化的竞争。① 对此，报纸与通讯社都及时调整发展战略，最终走向差异化发展的道路，留给彼此共赢的生存空间。第二次冲击来自广播媒介。广播的时效性、生动性，以及对读写能力要求的降低使其很快成为受众最受欢迎的一种媒介形式。在广播的影响下，报纸扬长避短，注重新闻背景和报道深度的挖掘，从而成功地应对了来自新兴媒介的又一次挑战。报纸第三次受到冲击则是在20世纪70年代，当时的电视无论在广告经营上还是在受众的占有率上都对报纸产生了巨大的冲击。针对这一冲击，报纸一方面更加专注于优质内容的开发，继续在深度报道和解释性报道上下功夫，另一方面也进行了版面的改革，增强了报纸的视觉冲击力和可看性，从而开启了报纸的"读图时代"。经过一系列的调整，报纸逐渐摆脱了颓势，这第三次冲击并未给报纸带来致命的影响。

真正对报纸带来前所未有沉重打击的是互联网的兴起。20世纪90年代，商业利益的驱使使得互联网的增长呈爆炸性态势。1993年，美国提出建立全国信息基础设施（National Information Infrastructure，NII），由此展开了美国信息高速公路的建设。1994年，美国副总统戈尔在国际电讯联盟大会上进一步提出了建立全球信息基础设施（Global Information Infrastructure，GII）的倡议，全球信息高速公路的建设问题被提上议事日程。自此之后，其他国家和地区也把发展本国的互联网络提升到国家战略的高度，"网络"成为全球范围内的一个热门词汇。也正是在这一时期，全球报业开始出现下滑的征兆。其中作为私营制的典型代表，美国报纸的私有化、商业化程度较高，资本特有的敏锐嗅觉使他们最早感受到了危机的气息。据美国报业协会的统计，从20世纪60年代起到90年代初期，美国日报的发行总量一直稳步保持在6 000万份左右，但从1993年开始，日报的发行量开始缓慢下滑，到2004年之后下滑幅度日益增大，2008年跌至4 860万份，2009年进一步大幅跌至4 565万份，相当于1945年报纸发行的总份数。② 与此同时，日本报业在1997年出现拐点，欧洲报业在21世纪初呈现出显著的下滑趋势。相比之下，中国报业市

---

① 张昆. 世界报业向何处去——兼论世界报刊史上的四次危机[C]//新闻学论集.北京：中国人民大学新闻学院和中国人民大学新闻与社会发展研究中心，2011：98-111.

② The National Newspaper Association. Total Paid Circulation [EB/OL]. [2017-10-20]. http://www.naa.org/TrendsandNumbers/Total-Paid-Circulation.aspx.

场的受挫则相对较晚，在经历了20世纪90年代和21世纪头10年的辉煌之后才显出下滑态势。然而，殊途同归，不管受到的冲击是早是晚，全球报业都难逃被挤压甚至被淘汰的命运。

根据世界报纸和新闻出版商协会（WAN-IFRA）近几年发布的全球报业趋势报告显示，在2009—2013年，全球纸质报纸的发行量下降了2%，到2013年情况才有所好转，平均发行量略有上升，但不同地区报纸的情况却有较大差异。其中，亚洲报纸（印刷版）发行量较上年增长1.45%，拉丁美洲增长2.56%，北美洲减少5.29%，澳大利亚和大洋洲减少9.94%，欧洲减少5.20%，中东和非洲减少1%。而2015年，全球报纸印刷版发行量同比增长4.9%，其中亚洲增长7.8%，北美洲下降2.4%，拉丁美洲下降2.7%，中东和非洲下降2.6%，欧洲下降4.7%，澳大利亚和大洋洲下降5.4%。在报纸收入方面，2015年全球报纸发行和广告收入为1 680亿美元，其中900亿美元来自印刷和数字版发行，780亿美元来自广告，其收入总额比2014年减少1.2%，比过去5年减少4.3%。从报纸收入的区域分布来看，2015年区域印刷版报纸广告仅拉丁美洲有略微增长，增幅为0.3%；其他地区均下降：澳大利亚和大洋洲下降15.5%，亚太地区下降9.7%，北美洲下降7.2%，欧洲下降6.2%。2016年，全球报纸收入下降2%。

中国方面，据《2017年中国报业发展报告》显示，自2012年以来，中国报纸的日到达率急剧下降，5年间从53.9%大幅下降到30.4%。详见图1-1。

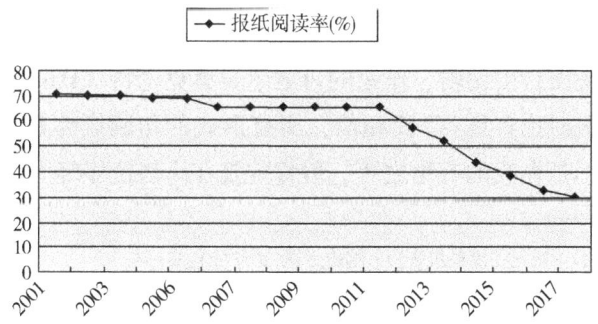

图1-1　2001—2017年中国报纸日到达率变化趋势

资料来源：陈国权.2017中国报业发展报告[J].编辑之友，2018(2)：28-36

与报纸到达率相关联的是新闻纸的使用量和报业的广告收入。根据中国报业协会统计的数据，新闻纸的使用量从2013年开始一直处于下滑状态，

2016年我国新闻纸的使用量为190.1万吨，2017年为177.7万吨，减少了6.5%。广告收入更是呈现"断崖式"下滑态势。2012年和2013年报业广告的下滑幅度还只是个位数，但到2014年之后，下滑的幅度陡然变为两位数的18.3%。2015—2017年，报纸广告收入每年的下滑幅度都在30%以上，2017年其广告收入下降了32.5%。[①]

总体而言，从过去5年的情况看，除了少数发展中地区的报纸发行量或广告收入略有增长之外（如亚洲报纸的发行量和拉丁美洲报纸的广告收入），世界其他地区报纸的发行量和收入都在或多或少地下滑，其中下滑最厉害的是欧洲、澳大利亚和大洋洲及北美洲等经济相对发达的地区，而在发展中国家和互联网普及程度不高的地区，报纸受到互联网的影响相对没有那么大。可以预见的是，随着互联网在发展中国家的日益普及，这些国家的报纸或许也将难逃日渐式微的命运。这场报业危机始于以美国为首的发达国家，最终将逐渐蔓延至全球各国。报业如何转型、如何生存将是全球报业人需要思考和应对的共同命题。

危机四伏的报业引发了学界、业界的广泛关注与担忧。不少对报业持悲观态度的人毫不客气地把报业称为"垂死的产业"[②]"媒介恐龙"[③]，认为报业已弥漫着"死亡的气息"[④]。他们认为纸质报纸已经无药可救，将完全被互联网和新媒体所取代。事实上，早在1996年，"赛博朋克"作家布鲁斯·斯特林（Michael Bruce Sterling）就在网上公布了一个"死亡媒体项目"，声称："我们的文化正经历一个意义深远的新媒体辐射。那种集中化、恐龙般的'一对多'媒体咆哮着踏过20世纪，它们已极不适应后现代的技术环境。"[⑤] 1999年，时为时代集团自由编辑、作家的丹尼尔·奥克伦特（Daniel Okrent）在哥伦比亚大学演讲时也宣称："我相信，所有形式的印刷媒体都死了、结束了、完了——也许不是在我的有生之年，但肯定是在座诸位年轻人的有生之年。"[⑥]

---

① 陈国权.2017中国报业发展报告[J].编辑之友,2018(2):28-36.
② 范东升等.拯救报纸[M].广州:南方日报出版社,2011:109.
③ 罗伯特 G 皮卡德,杰弗里 H 布罗迪.美国报纸产业[M].周黎明,译.北京:中国人民大学出版社,2004:1.
④ 罗伯特 G 皮卡德,杰弗里 H 布罗迪.美国报纸产业[M].周黎明,译.北京:中国人民大学出版社,2004:2.
⑤ 王君超."报纸消亡论":十年论争与思考——兼论报业转型与媒介融合的研究成果[J].新闻与写作,2014(3):29-33.
⑥ 王君超."报纸消亡论":十年论争与思考——兼论报业转型与媒介融合的研究成果[J].新闻与写作,2014(3):29-33.

2004年，美国北卡莱罗纳州立大学的教授菲利普·迈耶（Philip Meyer）在《正在消失的报纸：如何拯救信息时代的新闻业》一书中甚至给出了报纸消亡的时间："2043年春季的某一天，美国一位读者把最后一张报纸扔进了垃圾桶——从此报纸就消失了。"① 2009年，美国锡拉丘兹大学教授因·克罗斯比（Vin Crosbie）也做出预言，到下一个10年结束，美国目前剩余的1 400家报纸中将有一半以上会面临倒闭。② 面对危机，报业人士在经历了漫长的实践探索之后确认展开报纸的数字化转型，实现媒介融合是有利于报业生存的最佳途径，而移动平台的飞速发展也为报业的转型提供了契机。

二、危机时代的发展契机

自20世纪90年代美国政府提出建立"全球信息高速公路"以来，互联网经历了近30年的迅猛发展，改变了人类社会的政治、经济、文化、生活，也深刻影响着人们的阅读、消费、出行等习惯。越来越多的读者通过数字渠道获取新闻，数字报纸的读者数量有所增加。在欧美等一些发达国家，数字报纸读者的数量已经超过了印刷版报纸读者。例如，在美国，超过80%的人通过数字设备阅读报纸内容，澳大利亚和加拿大的这一数字超过70%。在英国，新闻品牌通过网络、平板和手机覆盖70%的人口。美国皮尤研究中心（Pew Research Center）2016年的报告显示，近40%的美国成年人表示，常常通过数字媒体来源获取新闻，其获取渠道包括新闻网站或应用（28%）和社交网站（18%）。不仅如此，随着智能手机的普及，数字新闻读者还越来越多地通过移动设备去寻找和消费新闻。皮尤研究中心的调查还显示，99%的媒体在移动端吸引的访客要超过桌面端，这一比例超过2014年同期的71%。2017年，美国通过移动端获取新闻的数字用户更是达到了85%，其中以18~49周岁的中青年为主，而50周岁以上的中老年则还是倾向于桌面端的阅读。与此同时，在皮尤研究中心关注的全美50家发行量最大的日报中，有44家的数字流量以移动端为主，同比增长超过一半。

与数字阅读增长相对应的是来自数字领域收入的增长。据世界报纸和新闻出版商协会（WAN-IFRA）2017年发布的全球报业趋势显示，从2013年开

---

① Philip Meyer. The vanishing newspaper：saving journalism in the information age[M].Missouri：University of Missouri Press,2009：6.
② Suzanne M Kirchhoff. The U. S. newspaper industry in transition, Congressional Research Service Report[EB/OL].(2010-09-09)[2017-12-21].http：//www. crs. gov.

始，全球报业的数字发行收入和数字广告收入整体呈上升态势，其上升幅度每一年都达到可观的两位数，详见图1-2。①

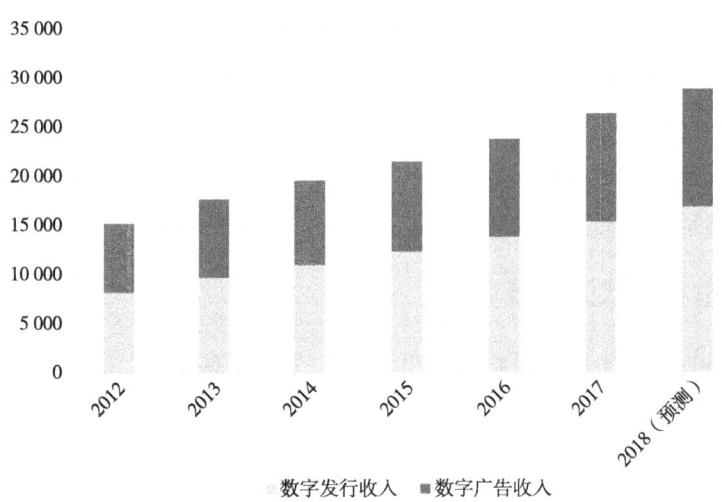

图1-2　2012—2018年全球报纸的数字收入（单位：百万美元）

在数字化产品读者访问和阅读的网站中，传统新闻媒体的网站仍然最受青睐。在线调查公司ComScore的调查数据显示，诸如《纽约时报》这样的知名新闻品牌在美国数字用户的访问排行榜中依然名列前茅，其他传统知名新闻品牌（包括报纸、有线电视和电视新闻）网站的访问量也排在前25位。这说明，尽管读者阅读新闻的方式改变了，但他们对新闻品牌的信任和媒体公信力的重视依然不变。在数字阅读的收入方面，报纸付费数字版发行收入也继续以两位数增长，其中2015年增长30%，过去5年增长547%。随着报纸数字版发行收入超过30亿美元，在许多市场它开始弥补印刷版发行失去的收入。在受调查国家中，在线新闻用户付费阅读在线新闻的占20%。相较于数字发行收入，数字广告收入占比非常小，根据普华永道《媒体和娱乐业前景》报告，数字广告增长已经放缓，目前增速低于10%。尽管如此，报业仍对其寄予希望，希望其能在数字化的大趋势下继续良好态势，从而弥补印刷版日渐萎缩的收入，成为报业未来收入的重要来源。英国媒体培训和咨询公司The Byrne Partnership主管埃蒙·拜恩（Eamonn Byrne）说："报纸的主要收入仍

---

① WPT Analysis. Zenithoptimedia and pwc global entertainment and media outlook：2012-2018.［EB/OL］.http://www.199it.com/archives/611562.html.

然来自印刷版,数字收入只是我们的未来,是还没有实现的未来。"① 但无论如何,数字收入至少让报业看到了未来的希望,而移动设备的增长和对传统新闻品牌的信任也给传统报业提供了一个有利的发展契机。

因此,《纽约时报》集团前任发行人小阿瑟·奥克斯·索兹伯格(Arthur Ochs Sulzberger Jr)将眼前报业的困境称为"需要调试的改变",他认为:"成功的报业集团能创造出最有效的内容发行平台,或适应任何平台,因此报纸必须要调整策略,以便能融入因特网(of the Internet),而不是'栖息'于因特网之上(on the Internet)……《纽约时报》集团将致力于数字化创新,尤其是在信息革命加速进行的此时。"② 同样,传媒大亨鲁伯特·默多克(Rupert Murdoch)也认为,以手机和互联网为代表的新媒体以及各种新技术恰恰为报纸提供了更为广阔的前景——而达到这一前景的关键在于如何将它们为我所用。③ 对于报纸等传统媒体来说,互联网带来的"创造性破坏"的影响无疑具有强大的杀伤力,但这种破坏性却又伴随着创造性,因此如何将"破坏"降到最低,而最大可能发挥"创造"的力量,是报业在这场危机中需要思考的核心命题。倘若固步自封,不求变革,等待其的自然是失败的命运。相反,如果积极创新,找到新的途径以满足受众的需要,那么报业很可能将迎来第二个春天。正因为此,美国传播界流行一句出自狄更斯《双城记》中的名言:"那是最美好的时代,也是最糟糕的时代。"糟糕之处在于包括报纸在内的传统媒体可能就此被新媒体强势颠覆,但同时传统媒体也可能通过数字化转型与新媒体整合,从而获得美好的前景。

面对"是危机,也是转机"的大趋势,美国报界意识到必须切实采取行动,推进报纸的数字化进程,将眼前报业的这场"危机"化为"转机"。担任《纽约时报》执行主编25年之久的比尔·凯勒(Bill Keller)认为,"过去的10年间,我们的读者在变,我们生存的环境在变,我们也必须改变。对于我们行业来说,长期面临的最大挑战之一就是创造一种数字报业和为读者提供新的服务"④。尽管多数报业集团管理人士已经认识到"报业如果要生存,

---

① 张宸.世界报业发展的七大趋势[J].新闻与写作,2014(8):28-31.
② Everette E Dennis, Stephen Warley, James Sheridan. Doing digital: an assessment of the Top 25 U. S. media companies and their digital strategies[J].Journal of Media Business Studies,2006,3(1):33-51.
③ Rupert Murdoch. From town crier to bloggers: how will journalism survive the internet age? [J]. Vital Speeches of the Day,2010,76(2):61.
④ Bill Keller. A message from Bill Keller and Martin Nisenholtz [EB/OL].[2017-08-23]. http://www.poynter.org/forum/view_post.asp?id=10027.

必须进行数字化转型",但就像凯勒所言,这种转型并非易事,对于报业来说,它既是一个挑战,也是一种前所未有的探索与创新的过程,而这一过程一摸索就是20年。

三、关键概念：数字化与媒介融合

早在1996年,美国学者尼古拉斯·尼葛洛庞帝（Nicholas Negroponte）就预言了一个"数字化生存"的时代的到来。在这个时代中,"信息的DNA"正迅速取代原子而成为人类生活中的基本交换物。电视机与计算机屏幕的差别变得只是大小不同而已。从前所说的"大众"传媒正演变成个人化的双向交流。信息不再被"推给"消费者,反而是人们或他们的数字勤务员将把他们所需要的信息"拿过来"并参与到创造他们的活动中。而这一技术的基础在于所有信息都被数字编码后,数据可以通用互换,并且关于数据的数据大量出现,彻底改变人们的生活方式。① 尼葛洛庞帝看到了数字化给人们信息交流带来的影响,指出了受众信息获取方式的改变。加拿大传播政治经济学家文森特·莫斯可（Vincent Mosco）从技术层面对数字化展开解读,他认为："数字化是指通过计算机技术把文字、图像、动画以及声音转变为数字语言。相较于早期以模拟技术为基础的电子传播形式,这种语言极大提升了传播的速度和灵活性,对网络空间非常有利。"②

国内学者闵大洪将报业的数字化转型定义为两个方面："一是利用数字技术改进本身传统的生产方式,包括印前、印刷、发行、管理等各个环节;二是利用数字技术重塑报纸出版业的行业边界和业务形态,推动多元传播格局下报纸出版方式和报业经营模式的转型。"③ 蒋晓丽和石磊从技术形态和发展模式两个方面对报业数字化转型的概念进行了阐述：技术形态方面,报业数字化是用数字技术改造和装备传统报业,实现传统报业体制、流程与形态再造；发展模式方面,转型的最终目的是建立起报业在数字化时代的新的发展模式,包括运作模式和商业模式的创新。

从上述各位学者对数字化的定义来看,其具有三方面的特点：第一,计算机能读取的统一的语言模式,通常以0和1为代码,在网络空间中可以互

---

① 尼古拉斯·尼葛洛庞帝.数字化生存[M].胡泳,范海燕,译.海口：海南出版社,1997：3-4.
② Vincent Mosco. The digital sublime: myth, power, and cyberspace[M]. Cambridge, Massachusetts: The MIT Press, 2005：144.
③ 闵大洪.数字报业：2007年的大亮点[J].新闻与写作,2007（12）：20.

通互换，无损复制；第二，具有一定的速度和灵活性，是一种多元化和网络化的交叉传播模式；第三，信息的获取从"推"转变为"拉"，彻底改变了人们的生活方式。相应地，报业要想实现数字化的转型必须改变以传统纸媒为中心的采编、发行和经营思路，用数字化"互通互换"和"多点传播"的理念对报业进行重组，以适应互联网的生态环境。

"融合"（convergence）一词最早出现于自然科学领域，意指光线的汇聚。20世纪70年代，尼葛洛庞帝将该词引入大众传播领域，他在为筹集麻省理工学院媒介实验室基金的演讲中说道："所有的传播技术正在遭受联合变形之苦，只有把它们作为单个事物对待的时候，它们才能得到适当的了解。"[1] 为了进一步说明这个概念，他用三个重叠的圆圈分别指代"计算机工业""印刷和出版业""广播和动画业"，指出这几个工业正在逐步走向融合，从而勾勒出了媒介融合的雏形。1983年，美国学者伊契尔·索勒·普尔（Ithiel De Sola Pool）进一步提出了"传播形态融合"的概念，指出电子科技的发展使得原本泾渭分明的传播形态聚合到一起，使得各种媒介呈现出多功能一体化的趋势。这一说法比尼葛洛庞帝之前所提的"几个工业的融合"缩小了范畴，媒介指向性也更为明确，也由此引发了学者们对不同媒介形态融合的思考与探讨。

不同的学者对"媒介融合"的概念有不同的看法。美国学者约翰·帕夫利克（John V. Pavlik）认为，融合是指所有的媒介都向计算机信息化形式靠拢，其动因由计算机技术和网络技术引发。[2] 美国新闻学会媒介研究中心主任安德鲁·纳齐森（Andrew Nachison）认为媒介融合在形态上表现为"印刷的、视频的、互动性数字媒体组织之间的战略的、操作的、文化的联盟"[3]。约瑟夫·R. 多米尼克（Joseph R. Dominick）把媒介融合定义为各种传播技术的混合。[4] 英国学者道尔（Gillian Doyle）认为，融合包含的对象包括电子技术、通信技术、计算机技术和媒体。[5] 我国国内对媒介融合最早展开研究的学者蔡

---

[1] 罗杰·菲德勒.媒介形态变化——认识新媒介[M].明安香.译.北京:华夏出版社,2000:21-22.
[2] 约翰·帕夫利克.新媒体技术——文化和商业前景[M].周勇,译.北京:清华大学出版社,2005:126.
[3] 熊澄宇.文化产业研究:战略与对策[M].北京:清华大学出版社,2006:20-24.
[4] 约瑟夫 R 多米尼克.大众传播动力学:数字时代的媒介[M].7版.蔡骐,译.北京:中国人民大学出版社,2003:518.
[5] Doyle G. Media ownership:The economics and politics of convergence and concentration in the UK and European media[M].London:SAGE Publications,2002:136-140.

雯将媒介融合定义为"在以数字技术、网络技术和信息技术为核心的科学技术的推动下，各产业在经济利益和社会需求的鼓舞下通过合作、并购和整合等手段，实现不同媒介形态的内容融合、渠道融合和终端融合的过程"①。学者王菲则认为，媒介融合是根据信息终端需求特点，由内容融合、网络融合和终端融合所构成的媒介形态的演化过程。②

这些对媒介融合的定义由于关注的层面和视角不同，因而有不同的阐释。正如李良荣教授所认为的，目前国内外对"媒体融合"并无统一的定义，大体可以从广义和狭义两个角度来理解。从狭义上讲，"媒体融合"指不同的媒介形态融合在一起，形成一种新的媒介形态；而广义的"媒体融合"则包含一切媒介及其相关要素的结合、汇聚和融合，如媒介形态、传播手段、所有权、组织结构等要素的融合。然而不论是狭义还是广义的定义，对于报业来说，要想实现与新媒体真正的融合，仅仅靠将传统媒体的内容往互联网上照搬照抄还远远不够，更应该考虑的是报纸的生产流程、收入模式、所有权、组织结构等各方面与新媒体的嫁接与融合，这需要报业人改变固有的生产和经营理念，用互联网思维重新思考这一问题。

第二节　报业危机下的学术探索

随着报业危机从美国、欧洲等发达国家逐步蔓延到中国及世界其他国家，来自国内外的学界和业界专家对这一命题展开了广泛而深入的探讨，且成果颇丰。他们分别从理论层面和应用层面对此进行阐述和论证，研究的热点主要集中在新媒体及其与传统媒体的关系、报业的数字化转型，以及媒介融合等方面。

一、关于新媒体及其与传统媒体关系的研究

随着互联网的崛起，以及传播技术的发展和进步，新媒体不但对社会生活各个领域产生了广泛的影响，也给信息传播领域自身带来了根本性的突破和变革。正因为此，有关新旧媒体的争论、新旧媒体之间或竞争或融合的关系也由此受到国内外学者的关注。1994年，时任《北京广播学院学报》主编

---

① 蔡雯.媒体融合与融合新闻[M].北京：人民出版社，2012：6.
② 王菲.媒介大融合：数字新媒体时代下的媒介融合论[M].广州：南方日报出版社，2007：22.

的朱光烈发表了《我们将化为"泡沫"——信息高速公路将给传播业带来什么》一文，对信息高速公路将给予未来传播业发展的影响做了大胆的预测：在信息高速公路面前，传统的大众媒介将化为乌有，传统的大众传播工作者将化为"泡沫"，不复存在。① 此后，不少学者针对其"泡沫论"撰文与之商榷，指出现存各种传播手段与传播工作者都不会消失，而是会借助信息高速公路获得新的生机和活力。其中，邵培仁教授在《论人类传播史上的五次革命》一文中指出，媒介的"生存与发展似乎不遵循优胜劣汰、物竞天择的法则，好像更符合互动互助、共进共演的原理"，从而间接批驳了"媒介乌有"说。② 张咏华教授的《归于消失，还是再获新生？——试论传媒的发展前景兼与朱光烈先生商榷》一文全面回应了朱光烈的观点，她以一种比较严谨的学术研究方式，分析了在互联网冲击下的传媒发展前景。文章指出媒介发展演变的历史显示，除非旧媒介坐以待毙，历史上从来未出现过旧媒介被新媒介逐出局的情况。而以目前的情形来看，传统的大众传媒并未显示出正在逐步走向消失的迹象，而是显示出了利用新兴媒介——电脑互联网改进其传播活动的倾向。③ 此外，段京肃教授、李启教授也都在文章中分别对"泡沫论"表达了不同意见。面对这些批评，朱光烈在1997—2002年先后在《国际新闻界》《新闻大学》《现代传播》等刊物中发表文章回应，从而形成了一个对话、解释、交流的渠道和过程。1998年，吉林大学新闻系的苏克军接连在《现代传播》发表了与朱光烈观点近似的两篇长文：《后大众传播时代的来临——信息高速公路带来的传播革命》（1998年第3期）和《信息高速公路对人类社会的冲击》（1998年第4期）。其文章指出，以因特网为代表的信息高速公路将把人类带入后大众传播时代，后大众传播以双向互动传播代替大众传播的点对面的单向传播，以个人化的点播式服务代替大众传播的批量生产，以综合的媒体形式代替了大众传播的单一形式。信息高速公路所到之处，大众传播媒介将会消亡，准确地说是其"灵魂"——运作方式——将会消亡，其"躯体"——媒介——将会改头换面分化组合，融入信息高速公路之中。④

---

① 朱光烈.我们将化为"泡沫"——信息高速公路将给传播业带来什么[J].北京广播学院学报，1994(2)：1-8.
② 邵培仁.论人类传播史上的五次革命[J].中国广播电视学刊，1996(7)：5-8.
③ 张咏华.归于消失，还是再获新生？——试论传媒的发展前景兼与朱光烈先生商榷[J].国际新闻界，1996(5)：19-24.
④ 苏克军.信息高速公路对人类社会的冲击[J].现代传播(中国传媒大学学报)，1998(4)：1-5.

进入21世纪以来，以互联网为代表的新媒体逐渐风靡，开始成为人们日常生活中不可或缺的一部分，其对传统媒体的威胁也不再是水月镜花遥不可及。因此，不少学者不甚看好报纸的未来，认为其消亡只是时间早晚的问题，其中正包括前文中所提到的克罗斯比和菲利普·迈耶两位教授。2004年，中国人民大学新闻学院的陈力丹教授在其博文《用自信的微笑应对2044年报纸消亡的预言》中批驳了迈耶教授的观点。他认为，在新媒体环境中，简单地说某种媒体要灭亡，不过是一种武断的猜想。由于其他媒介增多，原有的传媒市场适当减少是很正常的事。如今已经进入了"融媒"时代，各种媒体实际上正在或已融合为数字化传媒，只是外在形态为了适应不同的需要而有所差异，而这种差异并非本质上的，仅仅是外在形式的差异罢了。① 2005年，中国人民大学喻国明教授提出了其著名的"拐点论"。他指出，中国报业在2005年进入了他两年前就已经预见到的"拐点"。不过这个"拐点"并不意味着传统媒体（尤其是报业）从此走上衰退的不归路。"拐点"之后的中国报业是枯竭而死还是柳暗花明，要看报业自己的作为。喻国明认为，只要变革经营体制和机制，创新传播方式和赢利模式，中国报业一定会把这个"拐点"变成一次"涅槃"，迎来"爆发式"发展的新局面。② "拐点论"得到了大多数人，尤其是报界的认可。2006年，即"泡沫论"首次提出十年之后，朱光烈再次撰文强调了他的观点：新媒体将取代旧媒体，媒体"大灭绝"势不可挡。他指出，如果新事物没有取代旧事物的足够优势，共处将会持续下去；如果新事物有足够的优势，旧事物一定会被新事物吸收改变。在他看来，技术发展的巨大潜力提供了新媒体取代旧媒体的巨大可能性；而人性的需要和经济利益的驱动又为其提供了最为强大的推动力。因此，在新媒体的冲击下，以报纸为代表的传统媒介必将走向灭亡。③ 朱光烈仍然坚持他的"泡沫论"，同时表达了该文能够引起"真正的争鸣"的期望，但是其后并没有与之争鸣。可以说，关于新旧媒体的论争至此告一段落。

除了新旧媒体的竞争关系之外，也有不少文章从其他角度论及新旧媒体的关系。胡颖和周忧从信息内容和传播技术两个方面探讨了传统媒体和新媒

---

① 陈力丹.用自信的微笑应对2044年报纸消亡的预言[N].中国新闻出版报,2007-01-26.
② 喻国明."拐点"的到来意味着什么——兼论中国传媒业的发展契机[J].中国记者,2005(10):7-9.
③ 朱光烈."不谋万事者无以谋一时,不谋天下者无以谋一域"——2006年再论"泡沫"[J].现代传播(中国传媒大学学报),2006(5):1-6.

体的依存关系。文章借用了纽曼提出的"共鸣效果"以及马西斯（Mathes R.）和法伊希（Pfetsch B.）提出的"溢散效果"，指出传统媒体在社会公信力和第一手新闻信息的获取方面依然具有绝对的优势，而新媒体则使得"溢散"日益明显，让主流媒体卷入敏感问题的报道不仅扩大了新闻报道面而且拓宽了受众的言论空间，使受众的话语权得到了增强。在传播技术的依存上，文章认为，传统媒体需要借助新技术升级自身，新媒体如果能够将自身在技术上所具有的互动性优势与传统媒体的便捷性优势相结合，就更加能够开拓发展的市场。① 时任新闻出版总署副署长石峰在谈到传统媒体与新媒体之间的关系时认为，传统媒体与新兴媒体并不是一种你死我活的关系，而是相互依存、相互借鉴、互动互利关系。传统媒体应顺应高新技术的发展趋势，发挥内容资源的优势，主动吸收新兴媒体的传播技术和经营理念，与新兴媒体共存共荣，互动发展。② 此外，袁静和余晓分析了传统媒体的结构矛盾，其中包括：资本结构、产品结构、人才结构、技术结构、体制结构和受众结构的矛盾，它们制约了传统媒体的转型和发展。③ 而北京大学程曼丽教授则从社会结构变化的视角出发，提出新媒体将对中国社会带来的结构性变化主要表现在三个层面：一是国家层面，以互联网为代表的新媒体带来的最大挑战是信息或者舆论管理难度的增加；二是社会层面，比如网上交友、网络婚姻等对社会的直接影响，它们对传统道德观念的消解作用是显而易见的；三是个体层面，比如博客的开放性和自由性容易使个体出现反叛主流的特征。因此，她认为，需要转变观念，改变"问题管理"的思路，将其转化为"常规管理"，使得新媒体的接触者在超越传统规范的同时不丢弃其中的合理部分，并与社会的和谐发展相适应。④

国外方面，早在2005年，美国皮尤研究中心就进行了一项关于受众信息需求的调查，当被问及"如果你想获得国内新闻、突发性新闻、本地新闻、体育新闻、娱乐信息时，你会第一时间选择哪种媒体"时，选择互联网的人数分别为39%，33%，14%，49%，68%，而选择报纸的人数比例则为8%，2%，15%，17%，19%。而当问题改为"如果你想寻找关于某产品、某游戏

---

① 胡颖,周忧.传统媒体与新媒体依存度分析[J].新闻传播,2007(5):4-7.
② 李建国.新媒体的崛起与报业应对之策[J].新闻实践,2006(7):47-49.
③ 袁静,余晓.新媒体冲击下传统媒体结构矛盾分析[J].新闻界,2007(1):66-66.
④ 程曼丽.从历史角度看新媒体对传统社会的解构[J].现代传播(中国传媒大学学报),2007(6):94-97.

或者某个爱好的信息时",选择互联网的人数迅速蹿升至96%,80%,88%。①可以说,互联网以其公开性、便捷性、交互性、经济性得到广大受众的青睐。正因为如此,许多国外学者也在担忧传统媒体的未来,他们认为传统媒体日薄西山,将逐渐式微,甚至一度提出"互联网是否会取代现行传统媒体"的质疑。② 持肯定观点的学者认为,当一种新兴媒体出现时,受众会将其功能与原有媒体进行比对,从而选择更适合他们需求的媒体。③ 因此,新媒体的出现不仅会在功能上取代传统媒体的地位,也会逐渐蚕食受众原本消耗在传统媒体上的时间。④ 作为一种新兴的媒体,人们需要花费时间畅游在网络之中,而这些时间主要来自其他活动,包括原来看报、看电视或听广播的时间。这种时间上和功能上的替代被称为"媒介替代理论",曾经也被用来描述电视与广播的关系。布朗(J. R. Brown)、克拉蒙德(J. K. Cramond)、麦科比(Maccoby Eleanor)的研究都发现,电视出现之后,受众关注其他媒体(包括报纸、杂志、广播、电影)的时间变少了,甚至连孩子们户外活动的时间也减少了许多。⑤ 互联网出现之后,研究者将视线转移到了以互联网为首的新媒体和传统媒体的关系上来。美国报纸教育工程(Newspaper in Education,NIE)和皮尤研究中心的调查都发现互联网使用者看报的时间有所减少。詹姆斯(James M. L.)、沃特林(Wotring C. E.)和弗里斯特(Forrest E. J.)也发现网络论坛减少了人们交谈和打电话的时间。在功能上,互联网及其他新技术使得计算机从仅仅是一台机器转变为综合全能的多媒体。人们不仅能使用计算机了解信息、处理文字,还能看电影、电视,听音乐,打游戏,购物,展开商务往来和社会交往,甚至自我逃避。尽管新媒体的功能确实强大,尽管在过去的十年间网络新闻的受众在增加而传统媒体新闻的受众在减少,但

---

① Duffy Margaret, Thorson Esther, Shim Jae. Citizenship and use of traditional and new media for information and entertainment [C]. Paper presented at the annual meeting of the International Communication Association, Dresden International Congress Centre, Dresden, Germany, Jun 16, 2006.

② Daekyung Kim, Thomas J Johnson. A victory of the internet over mass media? Examining the effects of online media on political attitudes in South Korea[J]. Asian Journal of Communication, 2000, 16(1):1-18.

③ Althaus S L, Tewksbury D. Patterns of internet and traditional news media use in a networked community[J]. Political communication, 2000(17):21-45.

④ Lin C A. Audience attribute, media supplementation, and likely online service adoption[J]. Mass Communication & Society, 2001(4):19-38.

⑤ Brown J R, Cramond J K, Wilde R J. Displacement effects of television and the child's functional orientation to media[M]// J G Blumler, E Katz. The uses of mass communications: current perspectives on gratifications research. California: Beverly Hills, 1974:93-112.

仍没有经验上的证据表明互联网会在未来取代传统媒体的地位。① 与之相反，罗宾逊（Robinson）、巴恩（Barth）和科胡特（Kohut）提出了传统媒体和新媒体之间"共生或者互补"的关系。他们发现，虽然报纸、电视和广播新闻的受众在减少，但互联网并不负主要责任。网民看报纸新闻、听广播新闻的频率反而高于非网民，而网民与非网民看电视新闻的差别则并不显著。② 斯坦普尔（Stempel Ⅲ）、哈格罗夫（Hargrove T.）和伯恩特（Bernt J. P.）用"互补信息—寻求行为"（supplemental information-seeking behavior）来解释这一结果，也就是说那些上网获取新闻的人是信息的寻求者，他们认为网络新闻、报纸和广播非常有用，而电视只是一种娱乐媒体。③ 与此相似，奥尔索斯（Althaus S. L.）和图克斯伯里（Tewksbury D.）也认为没有确切的证据证明新媒体会取代传统媒体。他们的研究发现，网络新闻和报纸新闻的获取呈正向关系，换而言之，受众从传统媒体上获取了新闻之后转向互联网寻求更广泛的了解，如背景知识、各方观点等，互联网只是被他们当作新闻来源的一个补充。④

二、关于报业数字化转型与变革的研究

赫拉克利特曾经说过，万物在变，唯有变化不变，这句话尤其适用于当下的环境。由于技术的演进、组织结构的变迁、新的竞争方式的出现，报纸也在不可避免地发生巨大变化。变，固然是要变，但如何进行变革，则一直是学界和业界探讨的话题。按照变革研究大师坎特（Kanter R.）及其同事的观点，变革并不仅仅是强调"新"或者"不同"。真正的变革是随着公司或组织特点——如结构、体制和文化——的变化而发生的。当组织制定一个新的目标时，变化随之而来，有时这些变化可以感知到，有时则如春雨一般润

---

① Kaye B K, Johnson T J. From here to obscurity? Media substitution theory and traditional media in an on-line world[J]. Journal of the American Society for Information Science and Technology, 2003, 54(3): 260-273.

② Stempel Ⅲ G H, Hargrove T, Bernt J P. Relation of growth of use of the Internet to changes in media use from 1995 to 1999[J]. Journal of Mass Communication Quarterly, 2000(77): 71-79.

③ Stempel Ⅲ G H, Hargrove T, Bernt J P. Relation of growth of use of the Internet to changes in media use from 1995 to 1999[J]. Journal of Mass Communication Quarterly, 2000(77): 71-79.

④ Althaus S L, Tewksbury D. Patterns of Internet and traditional news media use in a networked community[J]. Political communication, 2000(17): 21-45.

物细无声。① 对于报业组织来说，传统和保守的变革机制通常起源于寻找一种模式。其中欧洲报业模式是常见的模式之一，在印前技术（pre-press technology）时代，它是一种比较先进、成功的发展模式。② 当既有模式失败或不适用时，另一种常见途径是以变制变。例如，由于目前美国报业环境变得更加多样化，因此报纸需要新的报道方式和思维方式。而由于受众更加零散、细化，报纸则必须调整自身来适应他们，诸如开通在线新闻、改进报道内容、内容多元化展示等。③ 除上述两种之外，还有一种变革的理念是以不变应万变，他们相信自己的报纸走在正确的道路上，因此只要继续坚持，或者做得更好、更聪明一些就能够进展顺利。④ 尽管第三种理念看起来是在反对变革，但实际上它与真正的墨守成规、固步自封仍有天壤之别。辛格（Singer J. B.）的文章考察了报社记者对网络媒体的态度，通过研究他发现了两种不同的类型：紧张的守旧派（the nervous traditionalist）和理性的现实派（rational realist）。紧张的守旧派把新媒体视为饿狼猛虎，因此敬而远之；而理性的现实派则认为新媒体近期不会对他们产生很大的影响，因此不愿意把新闻产品这一块割让给新媒体。一家报社的资深市场总监克里斯·厄本（Chris Urban）也承认报纸这个行业存在着一种"回避风险的文化"（culture of risk avoidance）。⑤ 另一位报业顾问同样认为报业正"陷于传统的泥潭"⑥。报纸编辑们被认为"没有胆量尝试报道方式的变革"以适应读者的需求。⑦

在当今的情势之下，报业若不变革或许就无法再监测市场，而没有市场就无所谓需求，没有需求便再也没报纸存在的价值和意义。因此，简单的经济学原理要求报纸必须面对市场的挑战，否则就会面临死亡的命运。⑧ 美国市场平台动力（Market Platform Dynamics）策略公司创始人、芝加哥大学学者埃文斯（David S. Evans）为报纸的前景设置了5个方案："和亿万富翁结婚（即找一个有钱的投资商/合伙人）；充分榨取剩余价值；确立核心，明确定位；

---

① Kanter R, Stein B, Jick T. The challenge of organizational change: How companies experience it and leaders guide it[M]. New York: The Free Press, 1992: 54-62.
② Cole D M. History and the technology race[J]. Presstime, 1999(3): 57.
③ George Sylvie, Patricia Dennis Witherspoon. Time, Change and the American Newspaper[M]. Mahwah, NJ: Lawrence Erlbaum Associates, 2002: 5-8.
④ Bogart L. Newspapers[J]. Media Studies Journal, 1999, 13(2): 60-68.
⑤ Hider J. The trouble with newspapers[J]. Editor&Publisher, 1998(131): 40-46.
⑥ Cole D M. Ch-ch-changes[J]. Presstime, 1996(10): 59-59.
⑦ Jennings M. Editors need to listen up[J]. Editor&Publisher, 1999(132): 70-70.
⑧ Johnson P. Publisher's message: change or be changed[J]. The American Editor, 1977(130): 16-20.

停办纸质刊物，转战互联网；改变商品形式"。① 此外，日本学者中马清福也在书中深入分析了报业应当如何应对新媒体的挑战，他认为报纸这种古老的媒体只有经过变革才能在21世纪找到活路，而我们需要做的是如何让报纸在各种媒体中更具有实力和魅力。其中，数字化转型是报纸变革的一个重要渠道。加拿大传播政治经济学家文森特·莫斯可认为："数字化是指把文字、图像、动画以及声音的传播形式转变为一种共同的语言。这种语言对于网络空间非常有利，它相比早期以模拟技术为基础的电子传播形式更加提升了传播的速度和灵活性。"② 正如他自己所指出的那样："尼葛洛庞帝高兴地宣称原子世界的终结，并预言了一个我们必须学会'数字化生存'的时代的到来。"③ 在数字化的时代，"信息的DNA"正迅速取代原子而成为人类生活中的基本交换物。电视机与计算机屏幕的差别变得只是大小不同而已。从前所说的"大众"传媒正演变成个人化的双向交流。信息不再被"推给"消费者，反而是人们或他们的数字勤务员将会把他们所需要的信息"拿过来"并参与到创造它们的生活中。④

随着数字化的概念逐渐清晰且日益渗透到人们的思维方式中，传播界学者开始思考如何通过数字化拯救渐行渐衰的报纸产业。英国剑桥大学教授巴勃罗·博奇科夫斯基（Pablo J. Boczkowski）2004年在其著作《数字化新闻：网络报纸的创新中》提出了研究的新视角：报纸在网络下的决策可能会决定其网络上的表现，这一点经常被人们所忽略，最后他总结了三个影响新闻网站发展的因素：网络编辑室和印刷编辑室的关系、新闻生产者与消费者的关系，以及编辑、记者所担任的角色。⑤

在国外学者探讨报纸的数字化变革之路时，国内也有不少学者、业界专家为报纸的未来出谋划策。2006年，喻国明教授指出，传媒正处在深刻转型的关键点上，必须延长传媒的产业链条。在此基础上，他发表了一系列相关

---

① David S Evans, Karen L Webster. Tommorrow's news today: strategies for survival[J]. Ideas, 2007(9): 8-10.

② Vincent Mosco. The digital sublime: myth, power, and cyberspace[M]. Cambridge, Massachusetts: The MIT Press, 2005: 144.

③ Vincent Mosco. The digital sublime: myth, power, and cyberspace[M]. Cambridge, Massachusetts: The MIT Press, 2005: 145.

④ 尼古拉斯·尼葛洛庞帝. 数字化生存[M]. 胡泳, 范海燕, 译. 海口: 海南出版社, 1997: 3-4.

⑤ PabloJ. Boczkowski. Digitizing the News: Innovation in Online Newspapers, Cambridge[M]. MA: The Massachusetts Institute of Technology Press. 2004.

的文章,如《数字报业——从网络版的经营做起》《数字化背景下的报业发展对策研究》《数字化背景下媒体的核心竞争力》《"U 化战略":纸媒生存的大趋势》《媒介业未来发展的 U 化战略》等。在上述文章中,喻国明认为,传媒发展必须依靠整合,以此促进不同媒介、受众之间的共生共荣,因此整合力已经成为新技术背景下传媒发展的核心竞争力。而核心竞争力的构建应主要从三方面入手:首先,核心资源的拥有、发掘以及对已有资源科学、充分的开发利用;其次,核心能力的构建;最后,关键点控制,即对于媒介价值实现的市场链条中的某些关键环节的有效掌控。① 香港大学新闻与传媒研究中心总监陈婉莹教授把 2007 年看作是传统报纸转型的一年,其转型方向可总结为:从以编辑、记者为中心到以读者受众为中心;从精英办报到精英结合社会办报;从平面媒体主导到网络主导;从报网互动到网络驱动;从文本到多媒体;从报纸编采的封闭系统到开放系统。② 学者支庭荣指出,"汇流"是数字时代媒体的必经之路,汇流的核心在于数字革命。所有的媒体内容都必须数字化,数字出版、数字广播、数字电视、数字音乐等都必须实现在数字平台上运行。数字媒体平台不仅可以使信息、娱乐和广告传播变成个人化的、参与式的、亲密的、移动的、可测的,而且可以搭载人类文明的所有创造物,可以延续传统媒体的生命。③ 2016 年以来,深圳大学辜晓进教授对美国报业的转型展开了一系列调查,他总结了美国报业转型的五大发展趋势:移动传播、数字收费、数字优先、视频生产和大数据发展趋势④,分析了数字平台盈利模式的建构特点、报业"在线做大"的发展逻辑、地方信息的价值衰减、地方报纸的胜算机会⑤,并探讨了美国报业集团的 App 移动生态⑥。

《广州日报》品牌市场部主任周志伟认为,在新媒体的冲击下,传统媒体不会消亡,但是传统媒体要从新媒体中借鉴丰富的元素。报业完全可以利用采编优势操控新媒体,更可以利用资金优势入主新媒体,在新媒体燃烧的烈

---

① 喻国明."U 化战略":纸媒生存的大趋势[J].传媒,2006(12):46-48.
② 陈婉莹.传统报纸媒体如何应对网络媒体的新挑战——以美国报纸网络版的变革为例[J].新闻记者,2007(11):32-34.
③ 支庭荣.融合与转型:传统媒体的未来生存法则[J].中国记者,2006(2):55-56.
④ 辜晓进.美国报业转型的五大发展趋势[J].全球传媒学刊,2016(3):18-32.
⑤ 辜晓进.规模优势:报业融合转型的丛林法则——大报转型的马太效应 VS 小报融合的三条出路[J].新闻记者,2017(08):6-16.
⑥ 辜晓进,叶愉.抵达与黏合:美国报业移动优先环境下的 App 策略研究[J].新闻大学,2018(3):43-52.

火中"凤凰涅槃",煅造出一个"新报业"来。①《杭州日报》报业集团李建国社长则提出报网合作,创办电子报纸和杂志,投资新媒体,引进新技术,同时创新报纸的内容和内容发布形式等应对策略。② 文汇新民联合报业集团陈保平副社长总结了报纸目前的优势——信息权威、信息引导价值、文化浓厚、便于收藏保存,以及方便携带、阅读和张贴。他认为报纸必须在保持这些优势的情况下,尽量扩大相对优势——诸如采访权、由于城市移民带来的新读者群、多年累积的品牌优势,同时也要敞开胸怀拥抱网络优势,实现自身的价值扩张。③ 章宏法在文章中认为,数字化时代报业竞争存在诸多问题:缺乏对新技术、新媒体运用风险的评估和对新的赢利模式的把握能力,例如在电子报纸阅读器技术尚未成熟时就争先恐后地推出电子报,在通过手机屏幕观看视频报纸的阅读方式尚待验证时就大张旗鼓地应用二维码技术。事实上,在推进数字报业的过程中,应当克服急功近利的思想。④ 而对于报纸来说,从网络版的经营做起是实现我国报业从纸媒向数字报业平滑过渡的基本路径。中国社会科学院新闻与传播研究所网络与数字传媒研究室主任闵大洪、《京华时报》社社长吴海民也在这方面有相关的论文成果,如闵大洪《中国报业数字化的成就与前瞻》《报业加速驶上"数字化"快车道》《中国数字报业大潮方兴未艾》等,以及吴海民的《报业不会有第二次春天》《透视传统广告模式的没落》等。闵大洪认为,20年来中国报业在数字化进程中取得了八个方面的成绩:印前(编排)环节实现了新闻采编系统的一体化工作流程;印刷环节建立了数字化、自动化程度极高的印务中心;发行环节实现了国内多点、国际多点的出版印刷发行;管理环节建立起了一个以集团财务为核心,集财务预算、核算、控制与资金运作于一体的企业经营管理系统;报纸出版打破了纸介质的唯一产品形态;报社利用现代电信技术与读者、客户互动;报纸内容传播与互联网结合;报纸内容传播与手机结合。⑤ 此外,清华大学崔保国教授一直关注报业的发展,由他主编的一系列中国传媒产业发展报告对报业的年度发展尤其是报业转型进行了综述。

---

① 周志伟.传统媒体与新媒体在融合中创新[J].声屏世界·广告人,2007(1):154-154.
② 李建国.新媒体的崛起与报业应对之策[J].传媒评论,2006(7):47-49.
③ 陈保平.新媒体环境下的报纸优势策略[J].传媒,2007(1):28-30.
④ 章宏法.数字化时代报业竞争的三大误区[J].青年记者,2007(17):38-39.
⑤ 闵大洪.中国报业数字化的前瞻[J].传媒评论,2006(5):23-24.

三、关于媒介融合的研究

20世纪70年代中叶，美国麻省理工学院教授尼古拉斯·尼葛洛庞帝将原本属于自然科学领域的概念——"融合"引入了大众传播领域，并指出计算机工业、印刷和出版业、广播和动画业正在逐步走向融合，初步勾勒出了融合的雏形。20世纪80年代，美国学者伊契尔·索勒·普尔提出了"传播形态融合"的概念，将尼葛洛庞帝所说的不同工业的融合细化为不同媒介形态的融合，从而开启了国外学术界对于媒介融合的研究。2004年，中国人民大学蔡雯教授将"媒介融合"一词引入国内，也由此引发了国内学者对这一现象的关注，而她本人也在媒介融合的研究上颇有心得。2012年，蔡雯在《媒体融合和融合新闻》一书中，总结出了目前大致来自四个方向的关于媒介融合的概念，这四个方向也大体反映了国内外对于媒介融合研究的大致方向。其一是基于技术革新和形态融合的微观层面的研究；其二是从传媒业务实际操作中进行的中观层面的研究；其三是立足于媒介融合经济学、社会学的宏观层面的研究；其四是基于"大传媒"概念的提出，认为传媒业、电信、电子等这些产业都已不同程度介入到媒介融合中来的产业融合的研究。①

微观层面的研究主要集中在技术更新和形态融合上。如1995年，尼葛洛庞帝在其《数字化生存》一书中指出，媒介世界已经改头换面，所有的媒介都得以数字化，图像、文字的混合开创了无穷的可能性，前所未有的节目将从全新的资源组合中脱颖而出。② 长期从事新媒体研究的美国学者约翰·帕夫利克认为，融合与技术的发展息息相关，它使得文本、图片、视频、声音等相互交融，形成多媒体产品。③ 密苏里新闻学院副院长布莱恩·布鲁克斯（Brian Brooks）教授则表示，媒介融合是新闻学上的一个假设，随着媒体技术发展和一些藩篱的打破，电视、网络、移动技术的不断进步，各类新闻媒介将融合在一起。④ 国内方面，学者高钢认为，媒介融合这个概念首先应当拆开来分析，其中媒介是名词而融合是动词。因此，媒介融合实际上是一种不断

---

① 蔡雯.媒体融合与融合新闻[M].北京:人民出版社,2012:5.
② 尼古拉斯·尼葛洛庞帝.数字化生存[M].胡泳,范海燕,译.海口:海南出版社,1997:27.
③ 约翰·帕夫利克.新媒体技术——文化和商业前景[M].周勇,译.北京:清华大学出版社,2005:126.
④ 王岚岚,淡凤.聚焦媒介融合和公共新闻——密苏里新闻学院副院长Brian Brooks(布赖恩·布鲁克)教授系列讲座[J].国际新闻界,2006(5):73-73.

运动变化的过程状态，如果要把媒介融合整体当作一个名词来解释的话，那么应该是指经过融合之后的媒介。① 王菲认为，媒介融合预示着媒介形态的演化，它这种演化基于数字和网络技术的发展，并以信息消费终端需求为导向。② 匡文波、王丹黎认为，媒介融合主要有两种形式：一是媒体之间的整合与并购；二是不同媒体之间的交融与互动。③ 蔡帼芬指出，媒介融合首先是技术上的融合，技术的革新是媒介融合的关键因素，而媒介融合则是新旧媒体相互渗透的发展趋势和过程。④ 鲍立泉认为，媒介融合是一个动态的不断创新发展的过程。技术的发展通常会超前于应用该技术的媒介的发展，因此研究媒介融合一定要立足于当前的技术环境去解读，对当前传播技术发展趋势的把握有助于我们在一定程度上适当地超前观察融合媒介在未来的发展形态。⑤ 熊澄宇认为，媒介融合就是所有的媒介都在向数字化、电子化的方向发展，而且这种融合建立在数字技术和网络技术的基础之上。⑥ 黄建友认为，媒介融合的内涵是以数字技术为基础的，是各种不同介质、不同媒介形式的聚合，所有权合并、组织结构上的融合以及媒体之间的战略合作都只是媒介融合的表象。⑦

中观层面的研究集中于媒介所有权融合、媒介组织运作、产品形态融合等方面。如美国新闻学会媒介研究中心主任安德鲁·纳齐森认为，媒介融合就是印刷、音视频以及互动数字媒介之间联盟，这种联盟带有战略、操作和文化的意义。⑧ 美国密苏里新闻学院的章于炎、乔治·肯尼迪、弗里兹·克罗普指出，媒介融合是大众传播业的一个正常的现象，或者说是一个渐进的发展过程，它整合或利用处于单一所有权或者混合所有权之下的报社、广播电子媒体，以增加新闻和信息的平台数量，并使稀缺的媒体资源得到最优的配置。在规模经济和范围经济的作用下，这些融合的媒介形式以及被重新包装的媒介内容，将提供给受众更大的信息量，从而实现领先竞争对手、获得盈

---

① 王菲.媒介大融合:数字新媒体时代下的媒介融合论[M].广州:南方日报出版社,2007.
② 高钢,陈绚.关于媒体融合的几点思索[J].国际新闻界,2006(9):51-56.
③ 匡文波,王丹黎.新媒介融合:从零和走向共赢[J].广告大观(综合版),2007(8):115-117.
④ 蔡帼芬.加拿大媒介与文化[M].北京:中国传媒大学出版社,2004:221.
⑤ 鲍立泉.技术视野下媒介融合的历史与未来[M].武汉:华中科技大学出版社,2013:18.
⑥ 熊澄宇.文化产业研究:战略与对策[M].北京:清华大学出版社,2006:20-24.
⑦ 黄建友.论媒介融合的内涵及其演进路径[J].当代传播,2009(5):50-52.
⑧ 熊澄宇.文化产业研究:战略与对策[M].北京:清华大学出版社,2006:24-25.

利、提供优质新闻的目的,始终在数字时代的媒体竞争中保持优势地位。① 美国西北大学教授李奇·高登(Rich Gordon)根据不同的传播语境,拓展了"媒介融合"的具体形态,将其分为媒介技术融合、媒介所有权融合、媒介策略性融合、结构性融合、信息采集融合、新闻表达融合。② 国内方面,彭兰认为,媒介融合可以概括为业务形态融合、市场融合、载体融合与机构融合几个方面。③ 丁柏铨认为,媒介融合可以从物质层面、操作层面和理念层面来理解,物质层面即各种媒介工具的融合,操作层面即传播业务和经营业务层面的融合以及理念意识层面的融合。④ 杨溟指出,在媒介融合的时代,更多的协作化生产将应运而生,因为协作有助于交换资源的行为获得成功和提高效率。协作是实现共享、共赢的一种途径,也正是在这样的博弈中,媒介融合也找到了自己的平衡点。⑤

宏观层面的研究与媒介产业融合和媒介文化融合相关,强调融合中的社会监管与受众参与。如,德国学者沃茨(Wirtz)从价值链角度把融合后的媒介产业分为五个部分:内容和服务创造者,内容和服务聚合商,增值服务提供商,介入/连接阶段,导行/界面阶段。⑥ 韩国学者吴秀春(Bum Soo Chon)等认为,媒介融合时代信息产业的结构包括内容生产服务、内容传递服务和数据处理服务,传媒产业将以此调整和实现重构。⑦ 国内方面,邵鹏认为,媒介融合不只是简单意义上来自技术、机构、经营以及内容上的融合,而是一种复杂的观念上的融合以及整体性的融合,旨在实现人、财、物、讯四大资源的科学协调和优势最大化。⑧ 郑保卫等在回顾我国媒介融合研究后认为,媒介融合不仅包括形态、功能、技术上的融合,还包括产业融合、组织融合等

---

① 章于炎,乔治·肯尼迪,弗里兹·克罗普.媒介融合:从优质新闻业、规模经济到竞争优势的发展轨迹[J].中国传媒报告,2006(3).
② Rich Gordon. The meanings and implications of convergence [M]// Kevin Kawamoto. Digital journalism:emerging media and the changing horizons of journalism,New York:Rowman & Littlefield publishers, Inc. 2003:53-57.
③ 彭兰.从新一代电子报刊看媒介融合走向[J].国际新闻界,2006(7):12-17.
④ 丁柏铨.媒介融合:概念、动因及利弊[J].南京社会科学,2011(11):92-99.
⑤ 杨溟.媒介融合导论[M].北京:北京大学出版社,2013:5.
⑥ Brend W Wirtz. Convergence Processes, Value Constellations and Integration Strategies in the Multimedia Business[J].The International Journal on Media Management,1999(1):14-22.
⑦ Bum Soo Chon,Junho H Choi,George A Barnett,James A Danowski,Sung-Hee Joo. A structural analysis of media convergence:cross-industry mergers and acquisitions in the information industries[J].Journal of Media Economics,2003(16):141-157.
⑧ 邵鹏.媒介融合语境下的新闻生产[M].杭州:浙江工商大学出版社,2013:1.

宏观层面，而且宏观层面的融合是媒介形态和功能融合之后必然面临的更深层面、更深刻的融合。① 肖赞军、吴婕对媒介融合进程中的产业结构、市场结构及政府规制三方面的演化趋势进行了阐释。②

除了微观、中观与宏观的研究之外，"大媒体""全媒体"是国内对于媒介融合研究的一大特色。全媒体一词源于英语"Omnimedia"，最早来自美国的玛莎·斯图尔特生活全媒体家政公司，该公司拥有书籍、杂志、报纸、广播、电视等多种媒体，并通过这些媒体传播公司的家政服务和产品。"全媒体"在中国的讨论在2010年前后达到高潮。其中，彭兰认为，全媒体化是指一种业务运作的整体模式与策略，即运用所有媒体手段和平台来构建大的报道体系，报纸、广播、电视与网络便是这个报道体系的共同组成部分。在这个报道体系中，报道不再是单落点、单形态、单平台的，而是在多平台上进行多落点、多形态的传播。③ 罗鑫认为，"全媒体"是在具备文字、图形、图像、动画、声音和视频等各种媒体表现手段基础之上进行不同媒介形态（纸媒、电视媒体、广播媒体、网络媒体、手机媒体）之间的融合，进而产生质变后的传媒形态。④ 姚君喜认为，全媒体是传统媒体与新媒体在媒介内容生产、媒介形态、传播渠道和传播方式、媒介运营模式等方面的整合。⑤ 麦尚文剖析了我国报业转型中"全媒体"布局的五种模式，认为媒介融合需要报业再造全媒体生产的路径与流程，从价值观念方面实现转型的角色认同。⑥ 刘珊通过对报刊全媒体转型始末的梳理，提出报刊全媒体布局的三大要点：内容流程再造实现资源优化与整合、媒体渠道的拓展与有效利用、体制机制的不断优化支撑全媒体布局。⑦ 马涛则概括了我国报刊集团全媒体布局的四大模式：网站主导模式、纵向延伸模式、技术先导模式、跨界整合模式。⑧

总体来看，美英等发达国家对于报纸数字化转型和媒介融合的相关研究起步相对更早，这一方面是因为它们的媒体以私营为主，商业化程度较高，

---

① 郑保卫,樊亚平,彭艳萍.我国媒介融合研究的回顾与前瞻[J].新闻传播,2008(2):8-11.
② 肖赞军,吴婕.媒介融合进程中传媒业的产业演化趋势[J].新闻研究导刊,2011(1):77-80.
③ 彭兰.媒介融合方向下的四个关键变革[J].青年记者,2009(6):9-9.
④ 罗鑫.什么是"全媒体"[J].中国记者,2010(3):82-83.
⑤ 姚君喜,刘春娟."全媒体"概念辨析[J].当代传播,2010(6):13-16.
⑥ 麦尚文.全媒体融合模式研究[M].北京:中国人民大学出版社,2012:12.
⑦ 刘珊.全媒体时代,报刊业围城破局——全媒体布局,报刊业的自我救赎[J].广告大观:媒介版,2010(6):20-26.
⑧ 马涛.报刊集团全媒体布局的四大模式[J].广告大观:媒介版,2010(6):27-30.

对利润的波动较为敏感;另一方面也是因为这些国家传媒技术较为先进,互联网行业发展迅速,因此最早对报纸等传统媒体产生冲击。实践中出现的现象和产生的问题必然引发学术界及研究者们的关注。同时,国外对这两个问题的研究视角更为多元,从技术、形态到所有权、组织结构、经营模式、新闻生产流程,再到文化融合、产业融合,基本涵盖了报业转型的各个方面,也基本框定了后续其他国家的大体研究方向。当然,中国的研究也体现出自己的特点,如"全媒体""融媒体"等概念的提出,以及对国内"全媒体"模式的总结与分类都是基于中国传媒业实际情况考察上的成果。这些成果为后人的研究奠定了坚实的理论基础。然而,就目前的研究来看,通常的情况是美国的学者研究美国的现象,中国的学者研究中国的现象,对两者展开交互对比研究的成果相对较少。事实上,中、美两国虽然存在传媒制度上的差异,但在报业的存亡问题上面临相似的困境,其转型路径的选择也有很多相似之处。这也为本书的写作提供了依据和契机。

第三节　本书的研究视野与方法

一、本书的研究视野

在理论的阐释上,本书立足于媒介生态学的视角,将媒介视为一个开放的、演进中的生态系统,它与政治、经济、文化、技术等因素相互影响,在人类与社会和自然界的互动中演变发展。"生态"(ecology)一词最早源于希腊语"oikos",原意是"家""家园"的意思,后来扩展为指"有机体相互之间,及其与周围生物环境、物理环境之间的关系"[①]。早期的生态学关注的是人与自然的关系,随着技术带来的对环境的破坏,有关"生态"的探讨开始转向"自然、技术与社会之间的关联"[②]。1968年,美国学者尼尔·波兹曼(Neil Postman)首次提出"媒介生态"(media ecology)一词。次年,他在《教学作为一种颠覆性的活动》中,对"媒介生态"进行了这样的界定:"媒介生态是对信息环境的研究。它所关注的是交流的技术和技巧如何控制了信息的形式、数量、速度、分类以及方向;以及在此基础上的信息构造或偏见

---

① Odum E P, Barrett G W. Fundamentals of ecology[M]. Massachusetts: Brooks Cole Publishing. 2005: 598.
② 汉斯·萨克塞. 生态哲学[M]. 文韬, 佩云, 译. 北京: 东方出版社, 1991: 3.

如何影响人们的观点、价值和态度。"① 30年后,波兹曼再次对"媒介生态"进行阐述:"我们把'媒介'放在'生态'的前面,就是为了说明我们感兴趣的不仅仅是媒介,还有媒介和人类之间的互动给予文化以特性的方式,也可以说帮助文化保持象征意义的平衡。如果把'生态'一词的古代和现代的含义结合起来,我们可以说,它说明了我们需要保持整个地球大家庭的井然有序。"②

在媒介生态学的视角中,媒介与技术和文化存在着千丝万缕的联系。一方面,媒介的发展依赖于技术的进步;另一方面,不同性质的媒介也呈现不同景观的历史,折射文化的不同色彩,构造不同的媒介生态环境。刘易斯·芒福德(Lewis Mumford)将机器文明的发展划分为三个阶段,即前技术阶段(也被他称为"水木综合体阶段")、旧技术阶段(也被称为"煤铁综合体阶段")和新技术阶段(也被称为"电力与合金的综合体阶段"),而划分的依据则是它们对自然生态和人类生活造成的改变和影响。刘易斯·芒福德将技术问题和人的问题结合在一起思考:一方面他认可人类的技术发展与生物的活动之间存在着很多类似之处;另一方面他也认为,没有对人性的深刻洞察就不能理解技术在人类发展中所扮演的角色,因此理解技术不仅是促进人类自身文明的第一步,同时还是理解人类社会和人类自身的方法。③ 雅克·艾吕尔(Jacques Ellul)同意芒福德对技术与人类关系的相关阐述,他认为技术产物不仅仅是哲学家和社会学家研究的又一个领域,更是人理解自己、理解人的境遇并最终理解现实的一个新的基础。而在传播领域,尤其在媒介中,技术压倒公共话语,这是因为在艾吕尔看来,新媒介本质上首先是技术媒介。因此,现代大众媒介的特点总体上也是技术社会的特点。④

尼尔·波兹曼(Neil Postman)用三个阶段追溯了技术和人类文化的关系:在工具使用文化阶段,技术服务从属于社会和文化,人和技术处于友好的关系状态中;在技术统治文化阶段,技术向文化发起攻击,并试图取而代之,但难以撼动文化;而到技术垄断文化时期,技术使得信息泛滥、失控、

---

① Neil Postman. Teaching as a subversive activities[M].New york:Delacorte Press,1969:168.
② Neil Postman. The humanism of Media Ecology[C].Keynote address delivered at the inaugural Media Ecology Association Convention,Fordham University,New York,June16-17,2000.
③ Lewis Mumford. Technics and Civilization[M].New York:Harcourt,Brace and Company,INC. 1934:6-17.
④ 伦道夫·克卢维尔.雅克·艾吕尔:技术、宣传与现代媒介[M]//林文刚.媒介环境学:思想沿革与多维视野,何道宽,译.北京:北京大学出版社,2007:73.

猥琐化和泡沫化,带来了新的知识垄断,传统的世界观消失得无影无形。在技术垄断理论的建构过程中,波兹曼始终坚持着一个观点,那就是:技术变化具有生态性。"技术变化并非增加或是减少,它是生态学的……一个重要的变化会引起所有的变化……一项新的技术并非增加或减少什么,而是改变了一切……当旧技术被新技术所攻击,那么制度就会受到威胁,当制度受到威胁,文化就会发现自身处于危机中。"① 当今社会,任何一种新技术的出现都可能意味着一种新兴媒介的诞生,然而,由于技术与媒介具有生态性,这就决定了任何一种新媒介都不会是旧媒介的简单翻新,而是更适应人类需求的创新和变革。新媒介的诞生是科技进步的结果,亦是人类需求的产物,它往往能弥补旧媒介的某些缺憾,为人类带来旧媒介所无法企及的迅捷、便利以及其他的全新感受,因而得到受众和广告商的共同青睐。面对新媒介的强势冲击,旧媒介或者被淘汰,或者继续挣扎,或者向前进化。进化途径之一便是与新媒介合作,利用新媒介带来的增殖挖掘出自身更多的特点和优势,从而适应新的媒介生态环境。②

在确立了媒介生态学作为大的理论背景之后,本书力图用创新—扩散理论分析网络报纸在中、美两国报界的创新扩散过程,以及中、美主流报纸在采纳了网络报纸创新之后的再创造举措。罗杰斯(Everett M. Rogers)在其经典著作《创新的扩散》中提出了创新扩散的S形曲线:在创新采纳的早期,由于采纳者人数稀少,S形曲线上升很慢。当系统内的半数成员都已采纳时,S曲线加速上升,达到最大值。之后,S曲线又以相对缓慢的速度上升,因为系统里剩下越来越少的成员加入采纳者的行列中来。根据这一曲线模式,本书分析了网络报纸在中、美两国的S形扩散,以及美国主流报纸如《纽约时报》《华尔街日报》《今日美国》和中国的《浙江日报》《人民日报》作为"早期的大多数"的采纳者的角色及其原因。循着创新—扩散的视角,本书还尝试进一步探讨这几份主流报纸网络版及移动版的创新再创造,即罗杰斯所说的"创新采纳者在采用和实施一项创新时,创新发生的变化和被改变的程度"③,以期能发现它们在网络报纸再创造过程中的特色及其与报纸定位的内

---

① 伦道夫·克卢维尔.雅克·艾吕尔:技术、宣传与现代媒介[M]//林文刚.媒介环境学:思想沿革与多维视野,何道宽,译.北京:北京大学出版社,2007:73.
② Roger F Fidler. Mediamorphosis:understanding new media[M].Los Angeles:Pine Forge Press,1997:19-20.
③ Everett M. Rogers. Diffusion of innovations[M].New York:Free Press,2003:17.

在关联。

　　网络从诞生到在全世界推广开来，整个过程与经济利益息息相关，它在美国的发展更是受到新自由主义市场理念和美国政府的干预和影响，因此经济特征与网络的发展密不可分。正因为此，本书还从媒介经济学和管理学的相关理论视角出发，一方面考察了《纽约时报》《华尔街日报》《今日美国》《人民日报》《浙江日报》及其网站和两微一端的运营模式和特点；另一方面考察了在数字化转型中报纸组织结构的嬗变，及其嬗变的原因和影响。事实上，在美国报业的数字化发展过程中，从网络版到移动版的创新，从外在形式的变迁到内在结构的重组，表面上看一切都是为了迎合受众的需求，挽回印刷版失去的受众和广告市场。然而，究其原因不难发现，作为一个赢利的经济实体，作为资本主义市场体系下的重要一环，美国报纸的一切作为都是为了追逐其利益的最大化。因此，美国报业走上数字化发展之路的内在动因正是对经济利益的追逐。正如文森特·莫斯可在《数字化崇拜》中所认为的，数字化过程是在强大的商业力量的背景下发生的，而且它也服务于推动商品化在全世界范围内的整体进程。换言之，商业力量之所以探索和拓展数字化的进程，原因正在于数字化是它们能够在传播领域扩张商品的形式。① 而在中国的报业市场中，商业的力量相对弱化，报纸作为党的喉舌，其意识形态的宣传和舆论引导作用被凸显。尽管如此，在"事业化管理、企业化经营"的大背景下，报业在面对新媒体的竞争时仍然要考虑其生存与发展的问题，即新型赢利模式的探讨，同时也要考虑如何在新时代迎合受众需求，从而更好地发挥其引导作用。因此，中国报业的数字化转型更多是在政府和商业双重力量的博弈中寻求突破的。

二、本书的研究方法与案例选择

（一）研究方法

　　本书所采用的是理论阐释与业务考察相结合的研究思路，属于微观结合中观的研究方法，试图通过理论与案例相结合的方式揭示中、美报业数字化转型的轨迹与内在逻辑及转型动因，并对其展开转型路径的对比分析，以期加深对国内外主流报业集团发展趋势的了解，从而探索数字化背景下国内外

---

① Vincent Mosco. The digital sublime: myth, power, and cyberspace[M]. Cambridge, Massachusetts: The MIT Press, 2005: 146-147.

报业的有效转型路径和发展趋势。具体而言，本书采用的研究方法包括历史研究法、文献研究法、实地考察与深度访谈法及比较研究法。

历史研究法。吴飞教授认为："历史研究法即运用历史资料，按照历史发展的顺序对过去事件进行研究的方法，亦称纵向研究法，是比较研究法的一种形式。"[①] 本书从全球报业的现实背景出发，用历时的视角探寻自"数字化"出现以来中、美报业在数字化探索中的历史轨迹、发展路径及未来趋势，讨论在这一历史阶段中报业的数字战略和发展变化。

文献研究法。本书的研究对象是中国和美国主流报业集团的转型路径，因此需要阅读和参考大量的中英文资料。通过对文献的搜集、分析和整理，在历史发展经验和前人研究的基础上考察中、美报业转型的历史路径和特征。由于近十几年来传媒技术的更迭愈发加快，报业的转型也随着层出不穷的新技术经历了各种摸索和探讨，因此这里涉及大量前人的理论和调研成果，以及其他国家报业转型的既有经验总结，它们扩大了本书的理论视角和研究视野。与此同时，美国的皮尤研究中心、哈佛大学尼曼新闻实验室、美国报业协会（现更名为新闻媒体联盟）、世界报纸和新闻出版商协会，以及各类在线调查公司每年都会发布相关研究报告与数据，这些资料对本书的研究具有重要的参考价值。此外，两国主流报业集团每年都会发布翔实的年度报告和财务报告，其官网也会发布集团的最新动态，它们都为本书提供了必要的分析依据。因此，文献分析法也是本书重要的研究方法之一。

实地考察与深度访谈法。本书所研究的内容具有较强的实践性，因此笔者在研究过程中曾多次接触中、美报界人士，通过他们获得第一手资料。笔者曾在美国肯塔基大学进行为期一年的访学，其间结识了不少国外的学者和新闻界的从业人员，通过与他们交谈以及参观当地报社的工作情况，对美国报业有了更直观的了解。此外，笔者还与《纽约时报》和《今日美国》的工作人员取得了联系，以电话和电子邮件的方式对其进行了采访，获得了许多宝贵的资料。国内方面，笔者多次与广州日报社，湖北日报社，浙江日报集团的媒体人展开交流，第一时间了解国内报业在数字化转型中的动态与报业集团在转型中面临的困惑。

比较研究法。本书主要涉及三个层次的比较：其一为国内外即中国报业与美国报业的比较，包括中国主流报纸及其所属报业集团与美国主流报纸及

---

① 吴飞.新闻专业主义研究[M].北京:中国人民大学出版社,2009:21.

其报业集团目前所处困境的比较，以及在转型中路径选择的比较；其二为中、美主流报纸在转型中的纵向比较，即从历时的视角对比不同时期报业集团采用的不同转型策略及其效果分析；其三为横向的比较，即中国与美国主流报纸转型策略与赢利模式的比较。

（二）案例选择

由于中、美两大国家的传媒业都比较发达，拥有大量的报纸和报业集团，为了能更有针对性地展开研究，本书在两个国家中选取了部分有代表性的案例展开重点调研和分析，尝试从具体案例中抽象出中、美报业发展的逻辑与轨迹。

1. 《纽约时报》。《纽约时报》被公认为美国乃至全世界最具有权威性的报纸，它不仅是"历史的忠实纪录者"，也是"政治精英的内部刊物"，它的言论和观点甚至可能成为美国国会政策制定的参考。作为一份百年大报，《纽约时报》的发展史可谓是美国新闻史的一个缩影，它先后经历了来自广播、电视和互联网三大媒体的冲击，见证了传媒技术的飞速变迁。在前两次冲击中，《纽约时报》都经受住了考验，而面对第三次冲击，它也是最早展开数字化探索的报纸之一。在这场数字化浪潮中，《纽约时报》适时做出战略调整，作为技术创新的先驱，它曾经历过转型的失利，也收获了一定的成功。目前，它的数字化转型之路仍在继续，并向纵深方向发展。

2. 《华尔街日报》。《华尔街日报》也是美国的一份百年大报，它创刊于1889年，总部设在纽约，是美国乃至全世界影响力最大的财经类报纸，受众人群覆盖世界各国的商业领袖、投资者和奢侈品消费者。同《纽约时报》一样，《华尔街日报》历经风雨变迁，百年不倒，目前旗下已拥有2 000多名记者，220万订户和每月来自全球的3 600万的数字访客。作为美国最早开展数字付费的报纸，《华尔街日报》以其精准的定位、关键新闻的发布、深度的见解和专业且公正的分析，在数字化浪潮的冲击下仍能保持报网并进，并从容应对、华丽转型。目前，《华尔街日报》及其母公司道琼斯集团已将业务范围拓展至报纸以外多个领域，成为报纸、杂志、网站、广播、电视、通讯社、客户端乃至数据库整合为一体的综合型企业。

3. 《今日美国》。《今日美国》是一份针对美国普通民众的全国性报纸。它创刊于1982年，距今只有短短30多年的历史，其创立之初是为了解决美国地区性报纸泛滥而全国性报纸缺乏的问题，满足民众了解全国的资讯、天气、旅游等信息的需求。由于在版面上和发行上标新立异，《今日美国》的发行量从1982年创刊之初的20万份增长至2010年的180万份,一跃成为美国发行量最大的报纸。然而,在这场来势凶猛的报业寒流中,《今日美国》同样无法避免发行、广告下滑的命运。2015年,其总编辑卡拉威(David Callaway)表示,未来的五六年内,《今日美国》很可能将停止发行印刷版,转为纯互联网媒体。作为美国通俗类大报的代表,《今日美国》在媒体转型时代的跌宕沉浮也是美国报业的一个典型代表。

4.《人民日报》。《人民日报》是中国共产党中央委员会机关报,创刊于1948年,1992年被联合国教科文组织评为世界十大报纸之一。作为中国第一大报,《人民日报》积极宣传党的理论和路线方针政策,积极宣传中央重大决策部署,及时传播国内外各领域信息,在改进文风、推进媒体融合发展方面都起到了领头的作用。创刊70年来,《人民日报》不断改革创新,丰富和完善内容与形式,由初创时的每天对开4版增加到目前的24版(周六、周日为12版,节假日为8版),并推进编采分开改革,调整优化版面结构,形成要闻、新闻、周刊的版面格局。在报纸与新媒体的融合发展过程中,《人民日报》先后推出报纸的网络版、时政论坛、微博、微信公众号、客户端等多媒体平台。随着2017年《人民日报》全媒体平台"中央厨房"正式建成投入使用,《人民日报》正处在传统媒体和新兴媒体从"相加"阶段迈向"相融"阶段的关键时期。截至2017年6月,报社及所属企业共拥有各类新媒体终端产品294个,覆盖总用户数达6.35亿人,党报传播优势正加速向互联网拓展,优势互补、此长彼长的全媒体传播格局正在形成,"融为一体、合而为一"的新型主流媒体加快构建,《人民日报》在媒体深度融合中继续发挥排头兵和领航者作用。

5.《浙江日报》。《浙江日报》隶属于浙江报业集团,是中共浙江省委机关报,于1949年5月9日在杭州创刊,是浙江历史上第一张在全省范围内公开出版发行的中国共产党党报。从2000年6月25日起,《浙江日报》实行改版、扩版和彩印。改扩版后的《浙江日报》版面从原来的每周60版扩至72版。自创刊以来,《浙江日报》的发行量逐年攀升,影响力日益增大。1996年以来其发行量一直位居全国省级党报前列,并有两件新闻作品分别获第八届中国新闻奖一等奖、三等奖,两件作品分获第九届、第十届中国新闻奖三等奖。随着报业向数字化方向的转型,《浙江日报》报业集团先后推出了浙报电子版、浙江在线网站、浙江新闻客户端以及微博、微信等多媒体平台,形成了以母报为核心依托的浙报新媒体矩阵。

第二章
拒迎之间新老媒体的博弈

毋庸置疑,新媒介给传统报业带来了巨大的冲击:它改变了传统新闻报道的方式,提供了受众参与报道的机会;它掀起了报纸与网络、广播电视交叉互动报道的序幕;它引发了新闻编辑室中人才需求和文化的大转型;它催生了融合记者、机动记者等新兴职业的诞生;它对受众注意力的占有更是直接导致了美国报业的危机。正如美国学者汤姆·赫林(Tom Helling)和安娜·多米诺(Anna Domino)等指出的,1900—2010年,美国历史上出现了两次根本性的技术变革:第一次发生在1945—1975年,革新的结果是商业广播和电视的诞生;而第二次则出现在1995年之后,由互联网引发的传媒界的技术革命①,改变了受众媒体消费的习惯,使得传统报业面临着发行和广告收入急剧下滑,读者人数和新闻从业人数不断减少的生存危机。

第一节 新媒体的崛起与传统媒体的衰退

众所周知,新媒介是一个不断发展的概念,它随着时代的进步、技术的发展而不断地被人们赋予新的内涵。400年前,报纸是新媒体;80年前,广播是新媒体;70年前,电视是新媒体;20年前,互联网是新媒体;如今,手机和平板电脑是新媒体……各种新兴的传播形式以惊人的速度改变着人们对新媒体的界定。即便在当下的时代,不同的学者对新媒体也有不同的理解。例如,清华大学熊澄宇教授认为,新媒体是建立在计算机信息处理技术和互联网基础之上,发挥传播功能的媒介总和。它除具有报纸、电视、电台等传统媒体的功能外,还具有交互、即时、延展和融合的新特征。② 中国人民大学

---

① Barkemeyer R, Figge F, Holt D, Hahn T. What the papers say: trends in sustainability: a comparative analysis of 115 leading national newspapers worldwide[J]. The Journal of Corporate Citizenship, 2009, 3(22):69-86.
② 熊澄宇,廖毅文. 新媒体——伊拉克战争中的达摩克利斯之剑[J]. 中国记者,2003(5):56-57.

匡文波教授则认为，新媒体是指利用数字技术，通过计算机网络、无线通信网、卫星等渠道，以及电脑、手机、数字电视机等终端，向用户提供信息和服务的传播形态，它包括网络媒体、手机媒体、网络电视等媒体形态。① 鉴于本书探讨的是传统报业的数字化发展道路，以及报纸与网络等新媒体的数字化融合，因此，本书倾向于采纳匡文波老师对新媒体内涵和外延的界定。

一、技术发展与媒介形态变迁

媒介的变革在很大程度上得益于技术的发展，而技术的发展又与人类的进步息息相关。马克思认为，技术的本质乃是人的本质的外化。他在《资本论》的一个附注中写道："工艺学会揭示出人对自然的能动关系，人的生活的直接生产过程，以及人的社会生活条件和由此产生的精神观念的直接生产过程。"② 这表明，马克思透过技术形态看到了人与人以及人与社会的关系。在《机器、自然力和科学的应用》等著作中，马克思通过对手工工具和机器的深入比较，揭示了每一种新技术都在一定程度上重新组织了人类的感性生活，构造出不同的组织方式，从而改变着人与物、人与人之间的关系。因此，技术绝不是某种可见的、具体的、简单的物，它所展现的是社会文化现象。正如电影评论家维维安·索布恰克所言："（技术）总是贯穿于历史发展当中，不仅从它的物质性来看，而且从它所处的政治、经济和社会语境来看都是如此。因此，技术总是与其他因素共同组成和表达了文化价值。"③

从20世纪开始，人类社会进入到"第一个以起决定作用的技术重新定义的时代，并且开始使技术知识从掌握自然力量转为掌握社会生活"④。技术改变了原有的产业结构，继而改变了人们的生产方式、劳动方式、生活方式和传播方式。技术的发展不仅与传播水平的提高和传播观念的变革直接关联，更带来了媒介形态的变迁。媒介生态学在考察技术、媒介与社会各方面的关系时提出了三个理论命题：第一，媒介本身具有一定的意义，它的物质结构和符号形式影响着信息被编码、解码以及传输的方式；第二，每一种媒介独特的物质特征和符号特征都有一种偏向，每一种传播技术里都体现着一些思

---

① 匡文波."新媒体"概念辨析[J].国际新闻界,2008(6):66-69.
② 马克思,恩格斯.马克思恩格斯选集(第23卷)[M].北京:人民出版社,1974:409-410.
③ Arthur Asa Berger. Media and society: a critical perspective [M]. Maryland: Rowman & Littlefield, 2007:178-179.
④ 伽达默尔.科学时代的理性[M].薛华,译,北京:国际文化出版公司,1988:63.

想；第三，传播技术促成的各种心理或感觉的、社会的、经济的、政治的、文化的结果往往和传播技术固有的偏向有关系。①

在这三个理论命题的基础上，媒介生态学以文化技术作为划分历史时代的先导，采用"媒介历史分期"的方式将五千多年的人类历史划分为口语时代、文字时代、印刷术时代和电子时代。每一个时代都代表着一种文明，映射出这一时期传播媒介的不同特点。正如哈罗德·伊尼斯所言："一种新媒介的长处，将导致一种新文明的产生……我们对其他文明的了解，在很大程度上，有赖于这些文明所用的媒介的性质……因此，评估一种文明的时候，如果是用它依赖的一种传播媒介，那就需要知道该媒介的特征有何意义。"② 例如，在口语媒介时代，语言的产生不仅是人类和猿的分界线，更是人类文明的基石。恩斯特·卡尔认为，语言的出现使人类不再生活在一个单纯的物理宇宙之中，而是生活在一个符号宇宙之中。语言、神话、艺术和宗教是这个符号宇宙的各个部分，它们织成符号之网的不同丝线，是人类经验的交织之网。③ 人类借助语言来认识世界，在语言的帮助下，人类的思维从具象上升到抽象，人类感知、反映、接收、传递、交流和分析加工处理信息的能力得到了质的飞跃，人类驾驭世界的能力不断提高，人类文明以绵延不绝之势代代传承。

事实上，从口语媒介、文字媒介、印刷媒介到电子媒介，任何一种媒介形态的变迁都不是自发的、孤立的，从系统论的角度看，传播媒介身处于横向与纵向两个系统中——纵向的系统由口语媒介、印刷媒介、电子媒介、新媒介等不同的媒介形式组成，而横向的系统则由政治、经济、社会、文化、技术以及媒介共同组成——两个系统相互影响、相互依存，在它们的共同作用下，人类送走了某些旧媒介，又迎来了另一些新媒介。按照罗杰·菲德勒的观点，传播媒介的形态变化，通常是由于可感知的需要、竞争和政治压力，以及社会和技术革新的复杂相互作用引起的。④ 新媒介从旧媒介当中演化出来，通常它们在技术上更加先进，更能适应人类的需求，而此时的旧媒介或者被淘汰，或者继续挣扎，或者也向前进化，保护自己最后生存的权利。麦

---

① 林文刚.媒介环境学:思想沿革与多维视野[M].何道宽,译.北京:北京大学出版社,2007:74.
② Harold A. Innis, Alexander John Watson. The Bias of Communication[M].Toronto:University of Toronto Press,2008:4,28.
③ 恩斯特·卡尔.人论[M].甘洋,译.上海:上海译文出版社,1985:33.
④ Roger F. Fidler. Mediamorphosis:understanding new media[M].Los Angeles:Pine Forge Press,1997:19.

克卢汉也对媒介的发展和演变规律提出了独到的见解，他的"媒介四元律"，向人们展示了新媒介的诞生和提升、新媒介使旧媒介过时、媒介的推陈出新以及媒介的逆转四个过程。一方面，旧媒介是新媒介的内容；另一方面，新媒介并非是对旧媒介的简单再现，而是一种创新和变革。麦克卢汉用"从陈词到原型"的比喻说明了媒介的这种创新和逆转。"老陈词重新启用时，既是固有的原理，又是原型意义上的怀旧形象。作为原理，它给新的基础和新的意识提供信息。作为原型意义上的怀旧形象，它与新基础的关系发生转换。"①

莱文森高度评价了麦氏"媒介四元律"，把它誉为"麦克卢汉的天鹅绝唱"，并在此基础上提出了"人性化趋势"理论和"补偿性媒介"理论。莱文森在考察媒介演化的总体情况的过程中，从达尔文的自然进化论中得到灵感，他仿效达尔文生物进化的自然选择理论，认为人就像是"自然环境"，媒介在其中以达尔文进化论的方式演进，人不仅创造媒介，而且选择技术和媒介，用以维持生存、发展自我、认识世界、改造世界。为此，他提出了媒介进化的五个一般原理：媒介能否存活、能否达到"人性"小生境的依据是，它是否有能力接近某一种前技术的传播模式；就媒介能否存活而言，媒介近似于某一种前技术环境的精确性是很重要的，它近似于这种环境的广度则不那么重要；媒介若要存活，它和现实的相似性必须是在业已存在的相似性基础上的"净赢利"；媒介的存活不仅有赖于它再现现实的能力，而且有赖于它保存先期媒介跨越时空延伸的能力；几种媒介可以合作，以求贴近前技术环境，从而存活下来，合作的媒介各自履行延伸和复制的任务。② 在补偿性媒介理论中，莱文森认为，在媒介的演化中，人有两个目的或动机：一是满足渴求和幻想；二是弥补失去的东西。因此，整个的媒介演化过程都可以看成是补救措施。③ 无论是菲德勒、麦克卢汉还是莱文森，他们都认为新媒介形式的出现并不意味着旧媒介的灭亡。追溯历史，当广播出现时，报纸没有消亡；当电视出现时，广播至今仍然存活着。然而，不同的是，存活下来的旧媒介都没有固步自封，而是积极革新，针对新的媒介环境和媒介形态适时做出调整和改变。

---

① 埃里克·麦克卢汉.麦克卢汉精粹[M].何道宽，译.南京:南京大学出版社,2000:385.

② Paul Levinson. Human replay:A theory of the evolution of media[D].New York:New York University, 1979:36-43.

③ Paul Levinson. Digital McLuhan:A guide to the information millennium[M].London:Routledge,1999:16.

二、新兴媒介对传统媒介的博弈与挑战

近几年来，新媒介一直是人们关注和讨论的热点话题之一。尽管新媒介的形态日益丰富，外延不断扩展，但目前网络仍是新媒介版图中极有分量的一个部分。美国IBM前主席兼首席执行官郭士纳（Louis V. Gerstner）曾说过："开放的互联网是改变世界的核动力。"① 这主要是因为，互联网具备了传统三大媒介所没有的独特优势：信息丰富、形态多变、迅速及时、个性互动、无边无际、全球传播。中国互联网络信息中心CNNIC的最新调查显示，截止到2018年年底，中国的网民数量已经达到了8.29亿，互联网普及率为59.6%；手机网民规模达8.17亿，网民通过手机接入互联网的比例高达98.6%。网站数523万个，网页数量更是达到了2 816亿个，年增长率75.3%。世界范围内，国际电信联盟最新的调研也显示，全球网民规模已经突破20亿大关。网民数量的激增一方面体现了传播技术的普及和传播环境的改善，另一方面也反映了人们对互联网的认可和接受。不少学者的研究发现，互联网在一定程度上占据了人们原本用于看报、看电视、休息、娱乐以及会友的时间。② 传统的早晨看报变成了看手机推送，传统的逛街购物变成了网络购物，传统的被动接收新闻变成了主动地寻找、发布新闻。互联网正在潜移默化地改变人们的阅读方式、消费方式和信息接收方式。除了网络对人们空余时间的侵占之外，公共场所的视频新媒介还在空间上补缺了传统媒介的空白。写字楼、商场、银行、医院、公交地铁站、公交地铁车厢等人们生活的必经场所，可以说都是新媒介的天下。视频新媒介利用这些专属的传播渠道开辟新的传播平台，在经意与不经意之间再一次抢夺了受众的注意力，从而实现着对传统媒介传播空间的填补。

带着时间和空间的双重优势，新媒体迅速得到了各大广告商的青睐。根据艾瑞咨询2018年中国网络市场年度监测报告显示，2017年度中国网络广告市场规模达到3 750.1亿元，同比增长32.9%。其中电商广告份额为31.8%，占所有网络广告总比第一；移动广告市场规模达到2 549.6亿元，占网络广告比例为68%，预计2020年移动广告占比将超过80%。而在展示类广告中，交通类广告仍占首位，占比为16.5%；其次，房地产、网络服务行业的份额也

---

① 邓顺国.网上银行与网上金融服务[M].北京:清华大学出版社,2004:49.
② Harding, M. Five steps towards effective digital IP management [J]. Managing Intellectual Property, 2008(182):49—52.

较大，二者占比分别为14%和11.7%。此外值得一提的是，中国信息流广告规模增长迅速，2017年已占总体网络广告份额的18.4%，跃居前三，以信息流广告为主的原生广告也成为网络广告的主推动力。

美国方面，根据美国互动广告署（The Interactive Advertising Bureau, IAB）的数据，自1996年IBA展开网络广告收入调查以来，美国的网络广告收入持续走高，其中只在2002年和2003年有小幅下滑，之后则一直稳步增长。2014年后，其增长速度越来越快，增长幅度也越来越大。

截止到2017年底，美国的网络广告收入已高达880亿美元，比上一年的725亿同比增长了21%，其中排名前三的广告形式分别为搜索引擎广告、横幅广告和视频商业广告。相较于传统桌面类产品的广告，移动广告发展迅速，2017年其收入已经占据该年网络广告收入总额的56.7%。

美国互动广告署的执行总裁兰德尔·罗滕伯格（Randall Rothenberg）认为，网络技术的创新总是能给受众带来各种各样的新网络体验，因此他们对互联网的探求是永无止境的，而受众的偏向又带来了广告商们对网络的青睐。先进的平台，涌入的广告，这为新媒体吸引了更多优秀的人才，这些人才或是刚毕业的学生，或是从传统媒体跳槽而来，他们对新媒体有着无限的憧憬，他们的加盟同时又壮大了新媒体的力量。[1] 和传统媒体的困顿相比，新媒体眼下正处于一个良性的循环发展之中。

新媒体这厢风景无限好，传统媒体这边的表现则参差不齐。2017年，美国电视的收入为701亿美元，较去年下跌3%；杂志收入209亿美元，较去年下跌1%；广播收入176亿美元，较去年增长1%；报纸收入170亿美元，较去年下降7%。纸媒，成为传统媒体中受影响最大的群体。如果说互联网的兴起注定了纸媒走向没落的大势，那么2008年的全球金融危机则加速了这一进程，成为压死骆驼的最后一根稻草。在互联网和金融危机的双重压力之下，2008年美国的报业广告收入降至347亿美元，同比跌幅达17.7%，而到了2010年，该数额竟骤跌为228亿美元，只相当于1984年的广告收入额。[2] 然而对于美国报业来说，这一切似乎没有最糟，只有更糟。根据美国皮尤研究中心的调查报告显示，2012年美国报纸印刷广告自1982年以来首次低于200

---

[1] The Interactive Advertising Bureau. The IBA Internet advertising revenue report[EB/OL].[2018-05-20].http://www.iba.net.

[2] The National Newspaper Association. Total Paid Circulation [EB/OL].[2017-10-20]. http://www.naa.org/TrendsandNumbers/Advertising-Expenditures.aspx

亿美元，且报纸印刷广告收入的下降幅度高于电子广告的增长幅度；2015年报纸平日刊的平均发行量下降7%，创2010年以来的最大跌幅，同时上市报业公司印刷版和数字版广告总收入下降近8%；2017年美国日报的发行量再度下滑，平日刊的发行量降至3 100万份，周末刊的发行量降至3 400万份，分别比去年同期下降11%和10%，广告收入也比2016年下降10%。①

在新媒体的强烈冲击下，传统媒体将何去何从？对此，美国传播学学者多米尼克认为，传播的新进展似乎会改变那些在它之前产生的进展但却不会使它们消失。如，电视没有使广播消失，但它让广播媒介的使用方法发生了巨大的变化。同样，电脑和互联网可能不会让任何一种传统媒介蒸发，但它们可能会改变我们使用这些"老"媒介的方法。②《芝加哥论坛报》公司总裁杰克·富勒则更具体地指出，每一种媒介都有自身的优势与劣势，它也会将这些强加在所携带的讯息上。新媒介通常并不会消灭旧媒介，它们只是将旧媒介推到它们具有相对优势的领域。③ 对于新旧媒介的竞争，杰克·富勒从务实的视角提出了"相对优势"的概念，也就是说，传统媒介必须有所舍弃，放弃那些自己不擅长的、难以驾驭的领地，退守到自己擅长的、具有相对优势的领域。而"相对优势"的确立需要传统媒体重新调整自身的定位、市场的定位和受众的定位，调整传播内容，满足重新定位的媒介分众。如果说富勒的视角相对狭隘，那么罗杰·菲德勒则以更广阔的视角提出了媒介演化的三个核心概念：共同演进、汇聚和复杂性。在菲德勒看来，新老媒介是在共同演进的：一方面，新的媒介形式脱胎于旧媒介，并为旧媒介带来某些增殖，使其拥有之前所没有的一些特性；另一方面，旧媒介能够利用这些增殖继续进化，适应新的媒介生态环境。在当前的媒介环境之下，互联网作为新媒体的代表以其融合性的特征使得不同媒介的不同运作方式能够在网上聚合成新的数字化传播形式，这种新型的数字化传播方式正是新媒体给传统媒体带来的增殖，它为传统媒体提供了新的发展方向和发展空间。

当时美国著名未来学家、《连线》杂志专栏作家尼葛洛庞帝在其力作《数

---

① Pew Research Center. State of the news media[EB/OL].[2017-03-23].http://www.pewresearch.org/topics/state-of-the-news-media/

② Joseph R Dominick. Dynamics of mass communication:media in the digital age[M].New York:McGraw-Hill Book Company,2004:72.

③ Jack Fuller. News values:ideas for an information age[M].Chicago:University Of Chicago Press,1997:244.

字化生存》中指出，未来互动世界、娱乐世界和资讯世界都将融合，最终包括报纸、电视、娱乐在内的所有人类体验都将数字化。而所谓的数字化就是"物质原子"将被"数字化比特"代替。① 托马斯·鲍德温之后将数字化具体描述为：信息能被计算机存储和处理，也可以不失真地被传递，而数据库内的信息和处理程序可以由其他用户访问、传送、直接提用或存储，意味着这个传播系统各个点之间是相连的、相互之间可以得到回应的，因此这种系统是交互式的，整个传输系统被称为网络。而无线、有线通信新技术的融合，使得广播、电视、电信、因特网之间开始前所未有的大融合，理想的宽带传播系统意味着这个系统集声音、图像、数据于一体，并有按需存储和交互功能；数字化的信息涵盖所有传播内容，包括数据、音频与视频，涉及对话、数字、文字、图形、音乐、电影和游戏等内容。② 尽管数字化的概念是伴随着电脑的兴起而提出的，但数字技术并不是新媒体的专利，它同样可以为传统媒体所用，它的出现和发展也为传统媒体的发展带来了挑战和机遇，同时引发了媒介生态和发展格局颠覆性的变化。例如，在图书出版行业，数字技术的采用已有20多年，作者通过计算机撰写和修改文稿，并通过软盘或电子邮件的方式将文稿传送给出版商，后者同样通过计算机对其进行排版，最后完工的书稿或者被送往工厂印刷和装订，或者以电子图书的形式通过互联网分发到读者手中。而杂志则除了印刷版之外，通常还有一个在线对应物，它们一方面在印刷版和网络版中寻求平衡和互补，另一方面利用其网站从事电子商务，获取额外的利润。正如麦克卢汉在《理解媒介：论人的延伸》一书中所言："媒介作为我们感官的延伸不但导致我们个人的感官中产生新的比例，而且也导致媒介之间产生新的比例。无线电广播极大地改变了新闻报道的形式，并极大地改变了有声电影中的形象；电视引起了无线电广播节目安排中的激烈变化，也导致了纪实小说形式的激烈变化。"③ 同广播和电视一样，互联网的出现在更大程度上引发了传播系统的结构调整，新老传播媒介在数字化的推动下进入一个既激烈竞争又融合发展的新时期。

---

① 尼古拉斯·尼葛洛庞帝.数字化生存[M].胡泳,范海燕,译.海口:海南出版社,1997:14.
② Thomas F Baldwi, D Stevens McVoy, Charles W Steinfield, Charles Steinfield. Convergence: integrating media, information & communication[M].London: Sage Publications, Inc, 1996:4.
③ Mcluhan M. Understanding media: the extensions of man[M]. New York: McGraw-Hill Book Company, 1964:61.

三、新媒体环境中报业衰退的现状及原因

互联网出现之前,报纸、杂志、广播、电视占据着传媒领域的主要阵地。作为历史悠久的传媒之一,报纸经历过最辉煌的年代,从图书馆到咖啡店,从医院到理发店,从办公室到工厂,从火车到飞机,甚至从卧室到浴室,都随处可见报纸的身影。报纸可谓无处不在,与人形影不离。然而,万物生长均有起有落,报业也不例外。自从20世纪90年代以来,伴随着"互联网+"的推广以及智能设备的发展和应用,网络阅读、移动阅读越来越显示出其便捷性和海量性。传统的纸质载体已不能满足人们搜索和获取信息的需求,电子化浏览信息的方式成为大势所趋。报纸的繁荣逐渐成为明日黄花,人员规模、版面缩减,广告、发行下滑,阴霾笼罩在报业的上空。目前,报业的困境主要表现在以下几点:

第一,发行量下挫。以美国为例,目前美国共有1 300多家日报以及数千家每周或双周发行的社区报,报业从业人员有大约40多万人。其中排名前50位的日报几乎占据了整个美国报业市场发行量的1/3,包括《纽约时报》《华尔街日报》《华盛顿邮报》在内的许多报纸的全国读者数均超过了100万人次,然而这些报纸自2008年以来都遭遇到了发行下滑的问题。2017年,美国日报的总发行量跌至3 094万份,周日报的发行量则为3 397万份。和25年前的峰值相比,日报和周日报的发行量分别下跌了48%和45%。见图2-1。

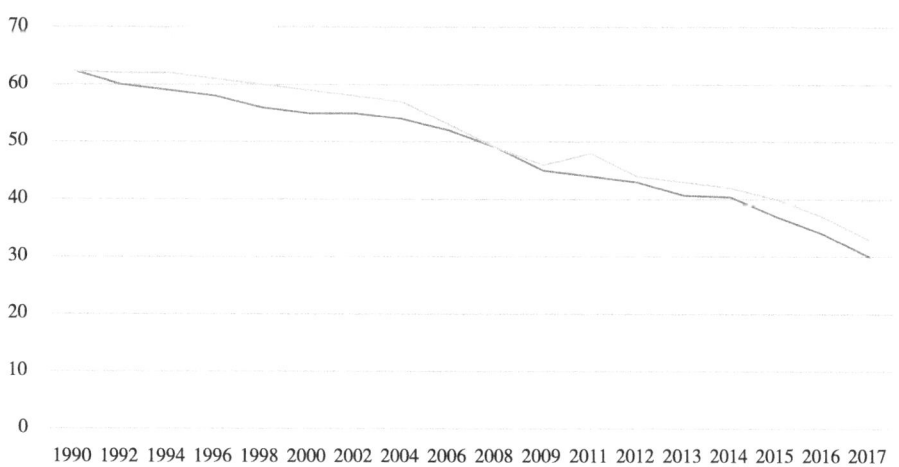

图2-1 美国日报和周日报的总发行量(单位:百万份)

而在中国市场，根据中国报业协会印刷工作委员会关于2017年度全国报纸印刷量调查统计的报告，2017年度全国报纸印刷总印刷量为855亿对开印张，较2016年的958亿对开印张减少103亿对开印张，下降幅度为10.75%。2017年耗用新闻纸192万吨，较2016年的215万吨降低10.70%。印刷量的减少侧面反映出发行量的下滑。事实也正是如此，根据2017年中国报刊行业深度调研，2016年上半年，中国报纸的发行量为105亿份，较去年同比降低4.1%。这些下降的数据均表明报纸昔日的光环已不复存在。

第二，读者大量流失。发行量的下挫与读者的流失直接相关。就目前情况来看，老年人对报纸的阅读习惯和需求相对稳定，"70后""80后"的青年读者下降趋势缓慢，而"90后""00后"的年轻读者流失最为迅速，报纸成了名副其实的"老年媒体"。作为互联网的原住民，15~24周岁的"00后"群体尤其习惯了互联网的一切，他们对互联网有天然的亲近性，使用互联网的频率也更高。国际电信联盟2017年的数据显示，不管在哪个国家和地区，互联网的访客中，15~24周岁的年轻人比例均显著高于其他年龄层的群体（见图2-2）。这一群体上网最多，阅读印刷媒体则最少，如何获取他们的青睐将是纸媒在转型中需要首先面对的问题。

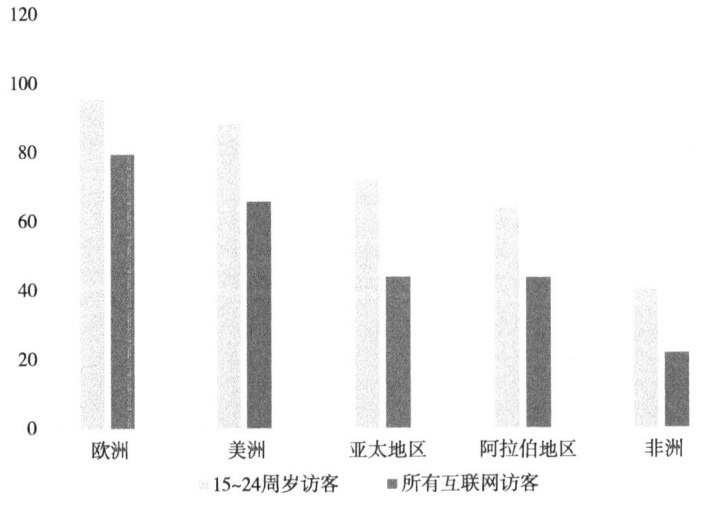

图2-2 2017年互联网访客中的年龄对比

除此之外，随着城市化进程的加速，社会人口流动性的增加、独身家庭的增多、报纸订阅价与售价的高昂以及现代人快节奏的生活和阅读能力的总体下降都是导致报纸读者数量流失的重要原因。

第三，广告收入持续下滑。以美国为例，自1956年以来，美国报业的广告收入在2005年达到其峰值494亿美元，2006年与2005年相比略有减少。断崖式的下跌始于2007年，其收入总额比上一年下降了23%，到2009年，报纸的广告收入跌至1984年的收入水平。2009年至今，美国报纸广告的年度跌幅趋于稳定，每年的跌幅大约在6%~8%之间。广告下滑的原因与发行量类似——输给了来自网络上的强大竞争对手如Craigslist、Monster以及Google等。分类广告原本占据了报纸50%的广告收入，是报业广告的中流砥柱，如今也被网络分走了一杯羹。几大媒体公司联手合作成立了分类广告公司（classified ventures），旗下拥有诸如car.com，homegain.com和careerbuilder.com等专门营销分类广告的网站。此外，报纸在线广告也受到了冲击。2005年前后，虽然报纸在线广告的基数不大，但每年都能达到30%的增长率，但2009年在线广告增长率已经降到了10%。[①] 而在吸引小企业广告上，报纸也遭遇来自黄页、电视等对手的激烈竞争。

第四，报纸内部竞争激烈。如前文所述，美国大大小小的报社有1 300多家，中国的报纸种类也达到上千种，这就导致了报纸内部同质化严重，报纸之间的新闻竞争和广告竞争激烈。在某些城市，其报业市场被几家大报独占，小报们更加步履维艰，生存难以维系。因此，报社没有多余的财力去开发新的发行模式。更有甚者，有的报社为了节约开支开始想方设法节流，缩减各种成本，其中包括缩减岗位，缩减版面版次，服务外包，减薪或者降低员工福利，削减偏远地区的发行量等。对于传统报纸来说，其所有开支当中人力成本占据了50%，生产、发行费用占30%，其他费用占20%。

第五，裁员导致人手不足。为了缩减成本，美国报业遭遇了自1978年以来最大规模的裁员。早在2009年年底，美国皮尤研究中心、美国新闻编辑联合会（ASNE）协同美国广播电视与数字新闻协会（RTDNA）就对400多名报纸和广电行业的行政人员进行过问卷调查，共收回有效问卷353份，其中报业行政人员230份，广电行政人员123份。当被问及过去3年本机构的人员变动时，92%的报业行政人员回答有裁员举措，人员保持不变的占3%，而增加人手的只占2%。但凡涉及裁员的机构或部门，其力度都可谓不小，有裁员举措的公司中，33%裁员幅度的竟高达1/4或一半。据圣路易斯邮报

---

① 郑蔚雯.报业转型之路还在探索当中——2010年美国报业发展报告[J].新闻记者,2010(5):53-57.

(St. Louis Post-Dispatch)的记者埃里克·史密斯（Erica Smith）透露，仅仅在2009年的前5个月就有1万多名记者遭遇下岗或买断。很多报社还撤销了驻首府华盛顿的站点。1985年美国有35个州在华盛顿派有驻站记者，而到2008年只有23个州仍保留了驻华盛顿记者。

2008—2017年的10年间，美国传统新闻编辑室的岗位共削减了23%。2008年时，传统媒体的编辑部里尚有11万诸如记者、编辑、摄影师、电视录像制作人这样的新闻工作者，他们分布在报纸、广播、电视等领域。到2017年，传统编辑室的岗位只余下88 000个，共减少27 000多个职位。传统新闻编辑室的大幅减员主要还是受到了报业下滑的影响，因为在这10年间，报社编辑室的员工数量共减少了45%，从2008年的71 000个员工锐减至2017年的39 000个员工，见图2-3。

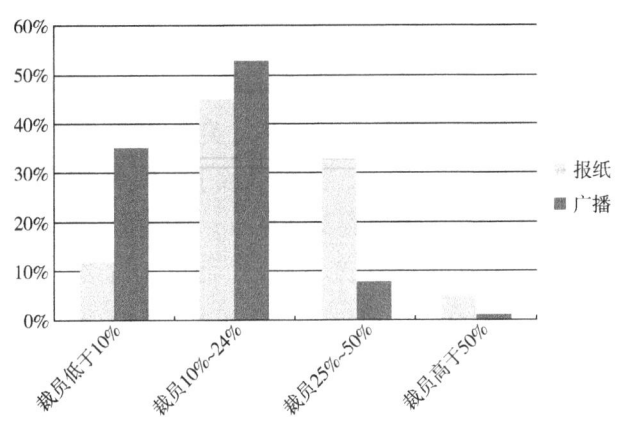

图2-3 2008—2017年美国新闻业裁员幅度①

新闻编辑室里不断减少的工作人员直接关系着报道的质量和数量，由于裁员导致人手不足，有的报纸开始削减相对冷门的版面，如科学版、艺术版，有的报纸则减少或取消了周一、周二的出版，因为那两天的广告相对较少。同样，难逃裁员命运的还有新闻网站，不少新闻网站由于投入和利润的考量而撤下了制作精良的视频。另一方面，为了节约工资福利支出，很多业务诸如薪水发放、发行电话营销、广告版面合成等都被外包。一些大型报业机构

---

① Pew Research Center. State of the news media[EB/OL].[2017-03-23]. http://www.pewresearch.org/topics/state-of-the-news-media/.

还把这种外包形式固定下来,甚至外包了地区新闻版面的编辑工作。①

第五,报社母集团面临财政赤字。对于报纸来说,另一个面临的致命问题还有财政赤字。一些大的报社在经济危机来临之前就已经遭遇了债务问题,例如,2006 年 McClatchy 以 40 多亿美元的价格收购了 Knight Ridder,结果在 2009 年 5 月 McClatchy 还得再提供 10 亿多美元买回其债务。2007 地产发展商 Sam Zell 以 82 亿美元的价格收购了论坛公司(Tribune.co),随后这项收购便被他称为巨大的错误,因为论坛公司正面临着破产。事实上,很多报纸投资者都颇感失望,在 2008 年他们经历了股票价格下跌 80% 以上的惨痛。虽然 2009 年报纸类股价有所回升,但仍然接近历史最低。由于收入锐减又没有新的资金注入,不少报纸已经濒临倒闭。据统计,从 2008 年第四季度到 2010 年第一季度,全美共有 13 家报业集团申请破产保护,200 多家报社宣布倒闭②,美国报业遭遇了 300 多年以来最严重的一次寒流。

第六,缺少可供参考的经验,转型之路前途未卜。面对前五大困境,报纸纷纷寻求转型路径,也先后展开了数字化转型的探索。然而,面对这样一种新情况、新局面,目前仍然没有值得借鉴的统一经验,报纸转型成功的案例也并不多见。因此,如何在数字化浪潮中找到一条适合自己的转型之路,其寻找过程着实不易。许多纸媒在转型之路上屡战屡败、屡败屡战。例如,《今日美国》虽然较早展开了网络化的探索,但在收入上并没有达到预期的效果,原因在于网络的资源是免费向受众开放的,这就意味着网络版在分流纸质版的读者时并没有给其带来额外的阅读收益。倘若为网络版建立付费墙,则对其内容的专业性、独占性就会有一定的要求。而《今日美国》作为一家通俗类大报,其内容并不具备这样的优势。类似这样的问题在各大媒体的转型探索中均有出现,也由此导致转型不易的困境。

对于此次全球范围内的报业寒流,外界普遍认为是经济危机与新媒体的冲击所致。新媒体得到了一大批所谓"网生代"年轻读者以及广告商的青睐,而经济危机则更使得所有广告商勒紧了口袋,双重的压力最终引发了报业的危机。然而,在这些表象的背后,究其更深层次的原因是受众注意力的缺失引发的报纸产业链的失衡。罗伯特·皮卡德(Robert G. Picard)认为,报业

---

① 郑蔚雯.报业转型之路还在探索当中——2010年美国报业发展报告[J].新闻记者,2010(5):53-57.
② Alison Alexander, James Owers, Rodney A. Carveth, C. Ann Hollifield, Albert N. Greco. Media economics:theory and practice[M].London:Routledge,2003:109.

同时担当着经济实体与社会机构的角色,肩负着商业和社会的双重使命。从商业的角度看,报纸一方面作为商业服务性企业创造消费者的商品需求,促进消费;另一方面作为竞争经济体系的一部分服务于其所有者的经济利益。作为经济实体,报业的经营模式不仅包含着出售有形的报纸商品,还包含出售读者的注意力,前者与发行量有关,而后者则与广告价格有关,发行的销售直接影响广告的销售,这是因为广告商需要通过报纸的版面获得更多接近读者的机会。在传统社会中,报纸是受众主要的信息来源,然而随着网络媒体、手机媒体的出现,许多受众尤其是年轻的一代逐渐将注意力转向了那些新兴的媒体,他们阅读报纸的时间和频率越来越少,此外,前文所提及的美国社会人口流动性的增加、独身家庭的增多、报纸订阅价与售价的高昂以及年轻人阅读能力的总体下降,都可能引发报纸读者受众力的缺失。受众力的缺失直接引发报纸发行量的下滑,进而导致报纸广告收入的减少。发行和广告收入是报纸的两大财源支柱,缺少了这两部分的支撑,报纸将难以维持其收支两方面的平衡。按照皮卡德的统计,在美国报业的刚性成本中,人工费用占45%~50%,新闻纸的费用占20%~35%,发行费用占9%~12%,促销、机器部件、厂地和建筑物等其他成本费用占26%以下[1],其中两项刚性开支新闻纸和发行的费用占总开支的30%~40%。一方面是成本的居高不下,另一方面是发行和广告收入的锐减,收入和开支的失衡破坏了报纸产业链的良性运营。

面对此次报业的困境,美国企业战略家迈克尔·波特提出了两个方案:方案一,报纸的所有者不仅提高价格,而且惯常使用走捷径的方法来实现赢利,如缩减新闻篇幅、裁员、在广告主不太感兴趣的遥远或低收入地区降低发行量、推迟维修与设备改造等;方案二,目前的报纸所有者(或他们的继任者)将接受新竞争的现实,并投资于产品改进,这种改进不仅能充分发挥印刷出版物的威力,而且能使报业公司成为包括提供电子信息在内的信息市场的主要角色。[2] 波特提出的这两种方案也是目前报纸普遍采用的开源节流的方法。尽管波特将第一种方案称为"孤注一掷"的策略,但是对于那些财力相对薄弱的报业公司来说,通过裁员、削减版面等措施进行节流既是当下无奈的选择,也是短期有效的措施。而从长期来看,第二个方案无疑更有利于

---

[1] Robert G Picard, Jeffrey H Brody. Newspaper publishing industry[M]. Boston: Allyn & Bacon, 1996: 54.

[2] Philip Meyer. The vanishing newspaper: saving journalism in the information age[M]. Missouri: University of Missouri Press, 2009: 38-40.

报纸未来的发展。对于报纸而言，与其将新媒体视为一种威胁，不如将其视为一种机会。正因为此，报纸应当结合新媒体的优势与自身的特点寻找新的赢利模式，就像波特所言，"进入替代产业也许可以使某公司从替代产业与产品的相互关系中获得竞争的优势"①。总体来看，面对本行业的大范围衰退，报纸媒体一直在不断地调整与探索中寻求突围之路。

第二节　新媒体对传统报业的影响

新媒体的出现给报业带来了巨大的影响，然而人们谈论最多的通常还是报业公司所面临的收入骤降、付费还是免费的内容模式以及订阅还是自由的发行模式等。事实上，相较于上述三者而言，目前新闻业发生的最大变化还是在新闻编辑室内部。技术的发展不仅解放了记者、编辑和出版商，另外由于微博、微信、客户端的兴起，普通百姓也能有机会参与新闻的报道和评论，因此一种"多平台、可大范围接触受众、无边界的新闻编辑室"② 正逐步呈现在公众眼前。

一、新闻范式：从层层把关到民主参与

从 19 世纪中叶便士报出现以来至今，新闻内容的生产逐渐形成了一套固有的范式。怀特认为，新闻编辑室的把关人控制了新闻和信息的流动，他们采用不同的标准决定哪些新闻该报、哪些不该报。所谓把关，究其本质，就是"新闻媒体建构社会现实的过程"③，除了记者和编辑作为把关人之外，新闻行业的规范、新闻编辑室的惯例和组织结构都是影响最终报道结果的重要因素。一般来说，传统报纸的新闻生产流程包括以下几个部分：决定选题（公关稿或采访通知），采访前的准备，采访，写稿，交稿，审稿，确定标题，落版，审版，印刷发行。由此可以看出，新闻的生产是一个多层过滤、筛选的过程，其发布的新闻内容也是经多层检查、审核的信息和观点。甚至有时

---

① Philip Meyer. The vanishing newspaper：saving journalism in the information age[M].Missouri：University of Missouri Press,2009:41.

② Barkemeyer R,Figge F,Holt D,Hahn T. What the papers say：trends in sustainability：a comparative analysis of 115 leading national newspapers worldwide[J].The Journal of Corporate Citizenship,2009,3(22)：66-68.

③ Shoemaker P J,Eichholz M,Kim E,Wrigley B. Individual and routine forces in gatekeeping[J].Journalism & Mass Communication Quarterly,2001,78(2):233-246.

考虑到版面的问题，还要对其篇幅进行增减。因此从这个意义上说，传统的新闻发布还受到了时间（主要针对广播和电视而言）和空间的影响。而互联网的出现打破了新闻编辑室内外的界限，改变了新闻编辑室内报道者和消费者之间的角色。德尔兹（Deuze）和拉西卡（Lasica）认为，Web2.0以互动性和网民自主创造内容（user-generated content）为特征，它的出现模糊了新闻的界限，尤其模糊了新闻生产流程和新闻生产者的角色。① 一方面，新闻从业者试图继续维护其把关人的核心地位；另一方面，为了吸引更多的读者和广告，报纸又不得不更多地与读者互动，让读者有切身的参与感。更为重要的是，互联网让更多的人不再满足于仅仅和编辑通信，他们可以借助网络平台主动地发布、传播新闻和信息，于是许多概念诸如"市民新闻""参与式报道""公众新闻""博客新闻""草根报道"等随之兴起。这些概念尽管叫法不一，但其核心都在于"专业的新闻从业者和业余人士协同合作，交流事实、问题、答案、观点和看法，从而共同参与新闻的制作和发布"②。"博客新闻""参与式报道"等的出现让传统的新闻生产流程以及新闻从业者传统的"把关人"的角色遭遇了巨大的挑战，丹·吉摩尔（Dan Gillmor）提出的传统新闻世界的三类人——记者、新闻制造者和传统阅听大众的界限也日益模糊。

传统新闻范式如图2-4所示。

随着网络技术的进步，美国《在线新闻评论》资深编辑拉斯卡认为："网络摧毁了从上至下、单向性的统治旧媒体的模式。它包含的是一对一、一对多、多对多的传播方式，而在这种方式中个人稳固地处于中心位置。在互联网上，内容的控制、信息的形成和传递，是在出版人、用户和其他参与者之间往返进行的。用户可以借用

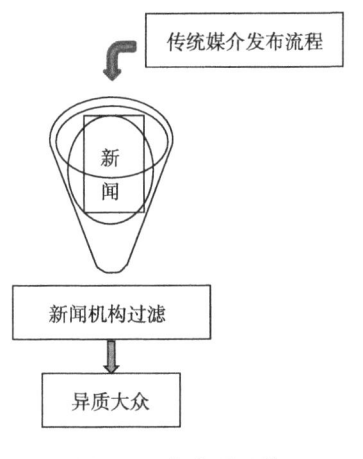

图2-4 自上而下的
传统新闻范式

---

① Deuze M. The web and its journalisms: Considering the consequences of different types of news media online[J]. New Media & Society, 2003, 5(2): 203-230.

② Jarvis J. Networked Journalism [J/OL]. Buzzmachine. [2006-07-05]. [2018-05-07] http://www.buzzmachine.com/2006/07/05/networked-journalism/.

记者、编辑和出版人的外衣,创造新形式的个人化内容。"① 为此,前《洛杉矶时报》美术总监谢因·波曼(Shayne Bowman)与克里斯·威利斯(Chris Willis)在《自媒体:受众如何塑造新闻与信息的未来》一书中提出了"演进中的新媒体生态系统",与传统新闻模式不同的是,该系统添加了网络社区在新闻制造与评论中的地位。

新媒体生态系统如图 2-5 所示。

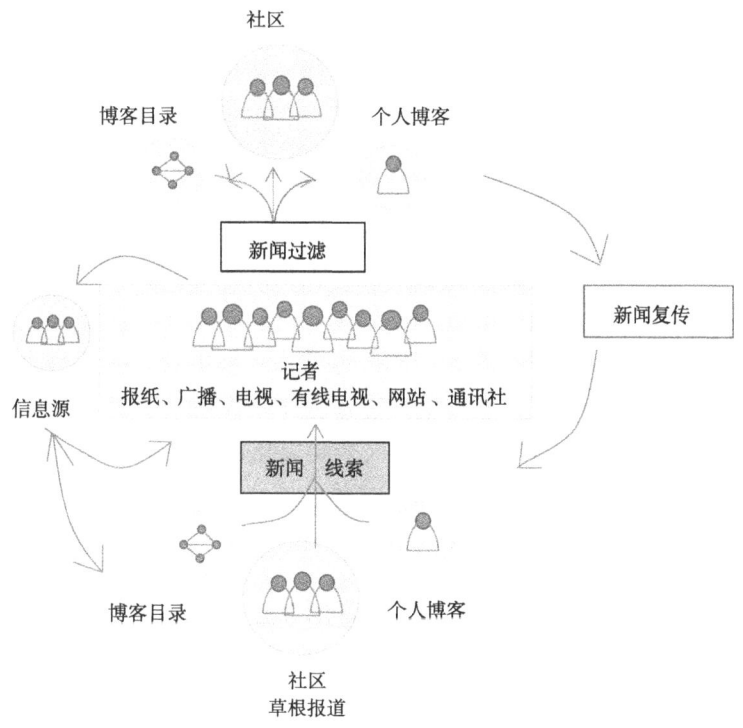

图 2-5 演进中的新媒体生态系统②

在新媒体生态系统中,网络社区不仅代表着阅听大众,同时也制作参与式新闻、草根报道、注释性报道,评论和核查主流媒体报道的事实,从而形

---

① Bill Kovach, Tom Rosenstiel. The elements of journalism: what newspeople should know and the public should expect[M]. New York: Three Rivers Press, 2001: 24.
② Shayne Bowman, Chris Willis. We meida: how audiences are shaping the future of news and information [M]. Arlington: The Media Center at the American Press Institute, 2003: 14.

成报道线索、来源和报道策划的资源库。① 而广告商、记者、编辑和新闻消费者（受众）则处于一个平等、互动的状态，他们权力分散，信息对等传递，避免了传统的层层过滤把关。因此和传统的新闻生产模式相比，新模式下新闻的生产速度极大地超过以往，新闻内容的评论性、解释性更强，但是对事实的核查却相对更少，有时甚至会为新闻的广告化倾向提供可乘之机。以博客为例，博主可以在网络上撰写报道、发表观点，或者对某一事件进行评论甚至在线与记者和编辑互动。他们不再是新闻链条上的最后一环，他们的主动性和互动性得到了很大程度的加强。正如丹·吉摩尔所言："博客及其生态系统向电子邮件和资讯网两者间的空间扩展，正好可能成为通讯链中失落的环节。到目前为止，博客是最接近最初读写双向资讯网愿景的事物，它使我们第一次能轻易（至少简单一点）在资讯网上发表新闻。"② 客户端、维基以及社交网站等开放的特性赋予了公民更大的文化权利，默多克和戈尔丁在《数字鸿沟：通信/传播政策及其矛盾》一文中指出，"充分的公民权依赖于五种基本的文化权利：获得同做出个人决定和政治抉择相关的信息；获得主要的知识框架以将信息整合成关于世界的清晰连贯的解释；获得对于相互竞争的解释和政策的批评意见；获得能充分而公平地反映所有社群的生活及抱负的表述；获得作为参与者和旁观者介入公共文化的机会"③。尽管传统的新闻媒体已经在履行发布信息的职责，但网络媒体的出现使得大众传播结构逐步向着更民主的方向转型。

二、记者工作方式：从纸笔报道到全景式报网交叉报道

新闻范式的改变从另一个层面也反映了当今记者工作方式的变化，包括记者新闻采集的方式、报道方式乃至发布新闻的方式等。早期，记者进行采访时往往只需备好一个本子、一支笔就可以了，通过手写笔记的方式记录采访的内容。之后随着视频和音频技术的进步，采访的工具从纸笔发展到录像和（或）录音、数码照相机/摄像机、笔记本电脑、无线上网卡以及智能手机；数码相机可以通过液晶显示屏直接看到照片的效果，同时也不需要等待冲洗的时间就能直接在网上发表；通过与电脑的连接，图片和文字可以直接

---

① Shayne Bowman,Chris Willis. We meida:how audiences are shaping the future of news and information[M].The Media Center at the American Press Institute,2003:14.
② 丹·吉摩尔.草根媒体[M].陈建勋,译.南京:南京大学出版社,2009:22.
③ 张咏华.中外网络新闻业比较[M].北京:清华大学出版社,2004:148.

在电脑上进行处理、编辑以及发送，这不仅能节约成本，也提高了新闻的时效性。可以说，新通信工具的使用使得其报道产品可以同时满足手机报、电子纸、移动报、纸媒文字图片乃至网站和户外视频的各类需求。

美国哥伦比亚大学教授帕夫利克曾在其著作《新闻业与新媒介》中提出过"全景化报道"的新闻形式，它主要涵盖五个方面：传播形式的广泛性、超媒介、增强受众参与、动态化的内容和个性化服务。其中，虚拟现实技术（Virtual Reality，简称 VR）以计算机技术为主，利用计算机和一些特殊的输入输出设备将虚拟世界与现实世界相结合，来营造一个"看起来像真的、听起来像真的、摸起来像真的、嗅起来像真的、尝起来像真的多感官三维虚幻世界"[①]。当 VR 技术被应用于新闻业之后，极大地拓宽了新闻的报道方式和报道思路，有利于提升用户的新闻体验。在 VR 技术的帮助下，用户可以 360 度全景感受新闻现场，尽最大可能消除新闻报道中的盲点。因此，这一技术受到国内外新闻行业的青睐。

2013 年，美国甘尼特报业集团旗下的《得梅因纪事报》（*Des Moines Register*）率先运用 VR 技术创作了解释性报道《变革的收获》（*Harvest of Change*），用以讲述艾奥瓦州一个家庭农场的变迁。两年之后，《纽约时报》推出了虚拟现实新闻客户端"NYT VR"，这也是《纽约时报》第一次推出虚拟现实新闻产品。与"NYT VR"相伴的硬件设备是谷歌开发的廉价头盔设备"Cardboard"（谷歌纸板），《纽约时报》将为订阅用户免费提供 100 多套谷歌纸板，用以阅读 VR 新闻报道。在"NYT VR"客户端中，《纽约时报》推出了第一批五个虚拟现实视频，其中的重点是一部讲述难民儿童的 VR 纪录片，名为"流离失所"（The Displaced）。该片以叙利亚、乌克兰东部、南苏丹的三位流浪儿童的第一视角出发，让用户沉浸式地体验到战争的纷乱与残酷，从而呼吁人们能够关注全世界因为战争而被迫离开家乡的三千多万难民孩子的处境。当用户与难民们一起感受战火带来的满目疮痍时，当他们与难民们一起仰望天空等待空投的食物、并一拥而上哄抢时，切实体会到了人类在战争中的弱小和无力，而这种切实体会超越了以往任何的传统新闻报道。

随着越来越多的报纸向移动化发展，客户端成为报纸新闻的另一个重要阵营。和传统的新闻发布渠道相比，如今的新闻工作者不仅要兼顾纸质版的

---

① 吴雨青. 我国媒体的沉浸式新闻探索——以2016年全国两会 VR 新闻报道为例[J/OL].人民网研究院.［2018-01-19］.http://media.people.com.cn/n1/2018/0119/c416775-29775961.html.

报纸，有时还要向客户端提供原创内容，更有不少新闻从业人员（包括记者、编辑或其他内部工作者）同时兼顾撰写和管理自己的社交媒体，如微博、博客等。一般来说，这类工作人员的专栏博客（staff-written blog）都设立在自己的新闻网站上，主要用来公布信息、发表评论以及和读者互动，其性质和报纸的专栏在某些程度上有些相似，通常也是报纸形象的一种代表和反映。据统计，2010年在美国所有大型报纸（以发行量为标准，即发行量超过10万份的报纸）中，22%的报纸拥有1~9个工作人员专栏博客，31%的报纸拥有11~19个工作人员专栏博客，19%的报纸拥有20~29个工作人员专栏博客，而拥有40个以上工作人员专栏博客的报纸数量则占13%，没有工作人员专栏博客的报纸数量为零。[1] 新闻网站上的工作人员专栏博客往往具有随意性、休闲性等特点，通过这类博客，读者与新闻工作人员互动迅速便捷，这不仅缩小了报纸与读者的距离，而且加速了信息的流动。

  尽管与报纸联系紧密，但工作人员专栏博客并不是对报纸的一种监管，也不是报纸内容的延续，它们的内容总是集中在体育或诸如犯罪、教育等社会热点问题上，有时候它也会对报纸产生一些影响。例如，自从《奥兰多前哨报》的一位编辑在他的博客中描述了他业余时间对足球的热爱之后，工作人员发现其网站的点击率在凌晨这个非常规时段骤然增加。经过调研发现，凌晨时段的点击率主要来自欧洲地区，那时正是当地的早晨，出于对美国足球发展情况的好奇，许多欧洲居民开始跟踪阅读这个博客。了解到这个信息之后，原本并不把足球报道作为热点的《奥兰多前哨报》决定在报纸的周末版中选择性地刊登该博客中的部分内容。除了纸质版报纸、网站、客户端之外，不少记者还需要给电视台提供报道。据《迈阿密先锋报》的执行主编安德斯·盖伦霍尔（Anders Gyllenhaal）透露，他们编辑室的工作人员一共要给6个地方提供新闻，分别是：纸质报纸，报纸网站（miamiherald.com），报社新成立的休闲、娱乐网站（miami.com），由报社提供新闻内容的当地公共广播电视台，报社旗下的网络电视，以及每天发给互联网用户的先锋报即时新闻服务。[2]

  此外，在新闻网站的大平台之下往往分布着不同的微型网站（micro-

---

[1] Project for Excellence in Journalism. The Changing Newsroom: What is Being Gained and What is Being Lost in America's Daily Newspaper? [EB/OL].[2018-05-30].http://www.journalism.org/node/11961.

[2] Project for Excellence in Journalism. The Changing Newsroom: What is Being Gained and What is Being Lost in America's Daily Newspaper? [EB/OL].[2018-05-30].http://www.journalism.org/node/11961.

site），它们可能是产品网站、服务网站或活动网站，也可能与某项运动或某个社区相关，其共性在于点击进入这一微型网站的人通常都对这方面的内容有兴趣，因此它一方面对新闻从业者发布的内容有所限定，另一方面也有利于网站针对其更精确的受众定位来发行广告。

三、人才结构与文化：从前喻文化到后喻现象

笔者在肯塔基大学访学时曾与当地的记者詹姆斯·库克（James Cook）有过愉快的交谈。库克是一位有着30多年新闻从业经验的老记者。据他回忆，30多年前他刚入行时，新闻编辑室到处弥漫着烟味，电话铃声不断，角落里堆放着几台电传打字机，人们在手写稿纸和打字机之间穿梭，记者噼里啪啦地将报道在人工打字机上打出来，再递交给主编用铅笔修改，并标上校对记号，摄影记者用化学方法在校样上放大照片，整个现场一片忙乱和嘈杂。而如今，新闻编辑室里的情况已经完全不同。尽管忙碌紧张的气氛依旧，但却没有了往日的凌乱与嘈杂：电话的铃声被调到最小，敲打键盘的声音细不可闻，室内也再没有人抽烟，人们都在安安静静地完成自己的工作。记者在电脑中完成稿件的撰写之后在网上发给主编修改；主编通过电脑可以随意修改、增减词语、移动段落；摄影记者也可以直接在电脑上对照片进行调色或修饰。一切流程在电脑的协助下变得有条不紊。技术，一方面改变了新闻编辑室里的杂乱景象，另一方面也为现代新闻记者和编辑提出了更高的要求。学习如何使用技术工具为读者采集和呈现更有价值的数据和新闻如今已成为美国报社新闻编辑室里的一大难题。由于时代的关系，老记者们似乎还停留在老套的新闻采编流程之中，他们对各种新技术知之甚少。为了能解决这一问题，新闻编辑室迫切需要精通技术的年轻人的加盟。根据皮尤研究所对200位美国报纸主编的一次采访调查，当被问及"新闻编辑室中哪些技能是必不可缺的？"所有被访对象都认为写作技能是必不可缺的，96%的主编认为全面的电脑技能和快速整理、分类资料的技能必不可缺，90%的主编认为多媒体技能必不可缺，而83%的主编则认为数据分析能力必不可少。① 无独有偶，纽约福德汉姆大学商学院对25位媒体集团总裁的调研同样显示，目前媒体集团——包括新闻出版、广播电视等领域——在雇佣人才时最重视的是技术领域的基

---

① Project for Excellence in Journalism. The Changing Newsroom：What is Being Gained and What is Being Lost in America's Daily Newspaper?[EB/OL].[2018-05-30].http://www.journalism.org/node/11961.

本知识、创造力和分析力。① 出于对网络和新技术的重视，不少编辑室增加了对技术部门的投资和权力。上述皮尤研究中心的调查中，当被问及"新闻编辑室中哪个岗位的职能得到了增加"时，63%的主编表示他们增加了其部门录像制作人（videographer）的编辑权力，57%的主编则增加了其网站编辑（web editor）的资源和权力。与此相反，在职能被削减的岗位中，42%的主编承认他们在过去的3年中削减了文字编辑（copy editor）的人数和职能，31%的主编承认削减了摄影师（photographer）的人数和职能，23%的主编承认削减了美工（graphic artist）的人数和职能。② 为了配合新闻业未来对人才需求的转型，美国不少大学开设了技术方面的相关课程。例如，旧金山州立大学在它新开设的课程"现代新闻媒体"中就要求学生学习如何使用手机采集、制作和报道新闻，负责教授这门课程的史黛希·贝尔德（Staci Baird）教授认为，尽管迄今为止手机主要是印刷媒体、广播电视以及互联网的补充工具，但长远来看，它将不仅仅是一种补充技术或替代工具，而是一种新的思维方式。③

技术不仅改变了新闻业的人才结构，还引发了新闻编辑室的后喻文化现象。美国人类学家玛格丽特·米德（Margaret Mead）以文化传递的方式为标准，将整个人类文化分为前喻文化（Pre-figurative Culture）、并喻文化（Co-figurative Culture）和后喻文化（Post-figurative Culture）三种类型。前喻文化存在于原始社会以及一切传统社会中，其特点是晚辈主要向长辈学习，老人、长者是社会中最有知识和智慧的群体。在并喻文化中，文化的学习主要发生在同辈人之间，此时前辈无法再向年轻一代提供符合时代和社会要求的生活模式，而需要年轻人自己去摸索。随着信息技术给社会带来的翻天覆地的变化，年轻一代相较于老一辈更能快速接受新事物，适应社会发展的脚步，因此传统的文化传承方式被打破，长辈反过来要向晚辈学习，知识、文化由晚辈传递给长辈，这就是米德所说的后喻文化的特点。

就新闻业而言，老一辈的从业人员接受的是传统的新闻采集、报道方式

---

① Everette E Dennis, Stephen Warley, James Sheridan. Doing digital: an assessment of the Top 25 U.S. media companies and their digital strategies[J].Journal of Media Business Studies,2006,3(1):33-51.
② Project for Excellence in Journalism. The Changing Newsroom:What is Being Gained and What is Being Lost in America's Daily Newspaper?[EB/OL].[2018-05-30].http://www.journalism.org/node/11961.
③ Amy Gahran. Teaching mobile journalism:It's not just the tools,it's the mindset[EB/OL].[2017-06-12].www.knight digital media center.org.

的教育，其所经历的实践经验也都与传统新闻的生产过程有关，因此面对日新月异的信息技术和新兴媒体难免显得有些无所适从。相比之下，年轻的一代对新技术和新媒体的掌控有着更大的优势，这一方面是因为他们很小就沉浸在网络的氛围中，其成长过程也多与网络相伴，甚至因此被称为"网生代"；另一方面，年轻人在学习和接受新事物中拥有与生俱来的优势，这使得他们能快速习得各种所需技能，适应社会的变迁。在新的信息环境中，"落伍"的老一辈新闻从业者不仅失去了原有传喻的价值，反而在很多问题上需要向编辑室里的年轻人请教，因此双方之间的关系由原来的传喻演变成了对话和沟通。米德认为，虽然对话双方的地位是平等的，但他们对未来所具有的意义却完全不同。"后喻方式的文化传递决定了在这场对话中，虚心接受教益的应该是老一代。尽管这种经历或许是惨痛的，但却是无法回避的现实"，米德说，"我确信，除此之外别无选择，只有通过年轻一代的直接参与，利用他们广博而新颖的知识，我们才能够建立一个富于生命力的未来。"[①]

与后喻文化直接相关的是，不少新闻编辑室中的老一辈不得不面临被裁员的命运，年轻的一代成为编辑室中的主力军。内部人员的减少与外部竞争的压力促使年轻记者们加快了新闻采集和撰写的速度，以至于《哥伦比亚新闻学评论》把这些记者比喻为"奔跑的仓鼠"。该文章说："编辑部的人数不断减少，任务却一直增加。1998年时，美国一年的报道量是22 000篇，2000年时增加到26 000篇，而到2008年再次大幅增长，高达38 000篇。与此形成鲜明对比的是，参与报道的记者和编辑人数却是一年比一年少，尤其是在近几年报业不景气的情况下。一个NBC的白宫首席记者，一天要做16个出境采访，主持一档节目、客串两档新闻节目，还要在Twitter和Facebook上更新8~10次，写3~5篇博文。和他一样，大部分记者忙碌如转盘上不停奔跑的仓鼠，强调速度，追求数量。但是，仓鼠虽然一直在奔跑，却仍停留在原地，新闻业也是如此。"[②] 高效率、高产量的新闻生产中深藏着隐忧，就像格里芬所说，"我在我的报纸中发现很多需要解决和回答的漏洞和问题，遗憾的是，这些问题并没有被很好地解决"[③]。

从老龄化向年轻化转型，从重视新闻知识到重视技术应用，从重视记者

[①] 玛格丽特·米德.文化与承诺：一项有关代沟问题的研究[M].周晓虹,周怡,译.石家庄：河北人民出版社,1987:98.

[②] Starkman, Dean. The Hamster Wheel[J]. Columbia Journalism Review, 2010, 49(3):46-53.

[③] 此处来自对《克莱日报》记者大卫·格里芬的访谈。

的专业化到多功能化，新闻编辑室在迎来人员和技术更新换代的同时事实上也在经历着文化转型。

四、新闻职业与新闻教育：全媒体人才的需求与培养

报纸的职能可以大致划分为：编辑、广告、发行、摄影和制图、经营以及生产活动。① 一般来说，不论报业公司的规模是大是小、报纸出版的次数是多是少，上述几个职能基本相似，报纸在这几个大的职能部门之下设立相关的职位。然而，随着传统媒体向新媒体深度融合的推进，报纸对新闻职业的划分、对新闻人的要求较之以往发生了变化。在欧美等发达国家，新闻编辑室中出现了几个新兴的岗位，如早间报道小组（early team）、机动记者（Mobile Journalist，简称 MoJo）和搜索编辑（search editor）。

早间报道小组的出现来源于对新闻时效性的抢夺。众所周知，对于新闻行业来说，时效性的把握至关重要。然而，由于报纸本身的生产特点，使得其在时效性的竞争上总是比广播电视略逊一筹，最终只能从报道的深度和角度上为自己赢得一席之地。如今，报纸和互联网的结合使得它们也有了参与时间竞争的资本，第一时间先把新闻发布在自己的网站和客户端上，然后在随后出版的纸质报纸中详细解读，这成了许多报纸现今的做法。在这种大趋势下，新闻编辑室里一个新兴的团体——早间报道小组（early team）悄然出现。

前文当中曾经提到，尽管多数新闻编辑室有裁员的举动，但仍有少数报纸还增加了人手，事实上，他们新增加的人手大部分服务于早间报道小组。一般来说，早间报道小组由一位编辑和若干位记者组成，他们的工作时间通常是从凌晨开始到下午3点半之前，主要任务就是为其新闻网站提供内容。从某种程度上看，早间报道小组的工作性质和过去的下午报有些相似，都是负责报道、整理当天的新闻，内容主要集中在：当天的交通状况（如哪里交通瘫痪了、哪里发生了交通事故以及警方的介入等）、头一天晚上的政府会议或比赛结果或者今天即将出庭审理的案件等。由于其话题固定、时效性强，因此常常会被早间发生的其他重要新闻所取代。但也正是因为其灵活的特点，因此更能适应网站的需求。按照生活中的时间节点，如早上6点到7点是人

---

① 罗伯特G皮卡德,杰弗里H布罗迪.美国报纸产业[M].周黎明,译.北京:中国人民大学出版社,2004:74.

们起床的时间、8点半到9点是上班的时间、11点半左右是午餐的时间、下午2点是午餐结束重回工作的时间，早间报道小组会在不同的时间段为读者提供最新鲜的新闻内容。早间报道小组的出现改变了当前报纸只向其社区提供新闻的角色。《迈阿密先锋报》的执行主编安德斯·盖伦霍尔（Anders Gyllenhaal）发现当地的电视台经常从它们报纸的网站上引用新闻，尤其在跟进某个突发性事件进展的时候。这主要是因为报社能够派出更多的团队采访这类事件，而且随着报社装备逐渐齐全，它们也有能力第一时间把拍摄到的短片传上网站。

技术的进步和融合催生了新闻编辑室里的另一个职业——机动记者（Mobile Journalist，简称 MoJo）。最初，MoJo 只在少数报社中存在，他们以地理上的区域为划分，在本地区进行地毯式搜索和挖掘，从而为其网站提供即时、简短的新闻，他们在编辑室中通常没有自己的办公室。如今，真正的 MoJo 装备齐全，他们拥有先进的数字化工具包，其中包括多功能上网手机、宽带网卡、手提电脑、带摄像功能的数码相机、数码录音笔、便携式扫描仪、数据线等数字移动设备。当遇到突发性事件时，他们可以通过这些移动设备在第一时间把采集到的新闻内容传送至网站，之后如有需要的话再为隔天的印刷版报纸作更详尽的报道。在皮尤研究中心的调查中，当被问及"怎么看待 MoJo"时，90%的大报编辑和74%的小报编辑认为"非常有价值"，8%的大报编辑和16%的小报编辑认为"不怎么有价值"，另外，2%的大报编辑和10%的小报编辑表示"我们不会雇用 MoJo"。佛罗里达《新闻发布报》（News-Press）是较早采用 MoJo 的报社，其下属的44名 MoJo 有的是新进的员工，有的则是原来记者的转型，报纸主编凯特·玛丽蒙特（Kate Marymont）认为，MoJo 的诞生极富创意和成效，经验表明，许多转型成为 MoJo 的记者取得了巨大的成功。[①] 然而，拥有一名 MoJo 需要耗费巨大的财力，首先单就设备的配备就需要15 000美元，其次由于 MoJo 通常是越过编辑直接把图片和报道甚至视频传到网上，因此对其本身的能力和素质要求非常高，有时还需要对他们进行某些方面的培训，而这也会是不小的一笔费用。可以说，MoJo 是当今技术条件和时代背景共同孕育的产物，其出现预示着新闻业未来的发展方向：草根化、多功能化。

---

① Jean Yves Chainon. US: Mobile journalism is changing the newsroom [EB/OL]. [2017-06-03]. http://www.editorsweblog.org.

除了新闻时效性的争夺之外，互联网时代新闻在网站上的被搜索率同样重要。由于网络上网民们阅读新闻的方式已经从过去的被动接收转为主动搜索，通过谷歌、雅虎等搜索引擎输入关键字，查看自己感兴趣的新闻，因此如何被搜索引擎关注，使得自己的新闻出现在搜索结果当中，甚至头几条中就显得尤为重要。而搜索编辑（search editor）这个职业因此而出现。搜索编辑通常精通电脑的运作，尤其是搜索引擎的运作方式，他们的主要工作是告诉新闻工作者们搜索引擎的工作原理，尤其是网页的搜索功能结构是怎样在主页上工作的，从而在最大程度上帮助他们的新闻被搜索引擎搜索到。目前，搜索编辑还未成为新闻编辑室里一个常规的职业，也许它会是昙花一现，也许它会在未来取代网络编辑的地位，但不管怎样，它表明了新闻业对于技术和网络的重视，以及想要在网络世界中有所作为的决心。

如果说这三种新职业的出现只是不同报纸在转型中的一种过渡性尝试，那么报业在转型中对全媒体人才的渴求则反映了该行业在转型中对人才要求的大势所趋。2016年，浙江日报集团旗下的新媒体客户端浙江在线发布了名为"融合'职'等你来"的招聘广告。该招聘广告中指出了全媒体采编人员应当具备的三种能力和三种特质。其中，三种能力指的是：多元化的团队整合与协作能力；全媒体生产链条从产品生产线上游至下游的科学统筹和管理能力；记者个人在某一方面有特别突出的特质，发现并将其发扬光大的能力。三种特质是指：是否具备足够强的新闻敏感性；是否熟悉不同传播平台的不同属性与特点；是否具备相关运营能力；是否有微信公众号等此类新媒体产品的运营经验。从上述要求可以看出，报业在融合的背景下更需要融合的人才，即不仅要具备传统的采、写、编、评、摄能力，更应当熟悉新媒体的运营规律和创作理念，能创作出适合不同平台传播特点的作品。

对此，国内外大学在培养新闻传播学的人才时都与时俱进地更新了教育理念，修订了人才培养方案。在新时代的新闻教育中，基础人文素养的重要性仍然被突显。这是因为，在五花八门的新技术之下，在机器人已经可以独立完成新闻稿写作的大背景下，新闻人的眼界和格局，分析能力、判断能力和深度阐释能力，讲故事的架构能力和表述能力尤其可贵，而这些与基本的人文素养密切相关。此外，应对和处理数据，视觉化呈现新闻等也是行业对于新闻传播专业学生的能力要求之一。在新媒体时代，任何数据都变得有意义，如浏览量、转发量、评论数都意味着传播力，而对新增用户、净增用户等数据的把控有助于增加用户黏性。因此，用户洞察、视觉设计、大数据挖掘、融合报道都成为当代新闻传播教育需要重点培养的方向。例如，笔者所在的浙江传媒学院新闻学院，2015年起与浙江广电集团签订协议，开办卓越新闻人才培养实验"飘萍班"，通过探索校媒融合、产学合作的创新性改革，通过学术导师、业务导师、业界导师的协力，培养具有过硬政治素质，拥有现代传播理念和国际化视野，深刻了解中国国情，具有深厚文化艺术素养、扎实融合媒介传播理论和灵动创新思维能力，掌握融媒体传播技能的卓越新闻传播人才。

第三节　新媒体时代下中美主流报纸的发展态势

从20世纪90年代互联网出现开始，中美报业对于互联网的态度都经历了从最开始的消极对待到后来的积极拥抱的转变。而在拥抱转型的过程中，既有倒闭或面临倒闭的经营失败者，也有走在融合前沿且初见成效的创新者，它们的现状、特点和发展态势从一定程度上体现了中美两国报业发展的缩影。

一、美国主流报纸的现状、特点与态势

本书的研究对象《纽约时报》《华尔街日报》《今日美国》分别作为精英报纸、财经报纸和大众报纸的领军者，其现状与特点基本能代表美国当前报业的整体状况。

《纽约时报》被公认为美国乃至全世界最具有权威性的报纸，它不仅是"历史的忠实纪录者"，也是"政治精英的内部刊物"[1]，它的言论和观点甚至可能成为美国国会制定政策的参考。作为一份百年大报，《纽约时报》的发展史可谓是美国新闻史的一个缩影。从创刊初期的亨利·雷蒙，到中期的阿道夫·奥克斯，再到如今的索兹伯格家族，《纽约时报》一直保持着自己庄重、品格高尚的独特个性。1992年，小亚瑟·索兹伯格担任发行人之后，采取了一系列措施，如使用彩色印刷，扩大体育新闻、大都会新闻的版面，增加时尚版等，同时收购《国际先驱论坛报》和《波士顿环球报》，进军电视和广播事业。这一时期纽约时报集团的主要转型战略是媒体扩张，通过扩大业务范围来弥补原有纸质报纸的不景气。

---

[1] Jean Yves Chainon. US: Mobile journalism is changing the newsroom[EB/OL]. [2017-06-03] www.editorsweblog.org.

然而，自2012年开始，纽约时报集团的转型理念发生了变化，从原先的全面扩张逐步转为业务的收缩。2012年之前，纽约时报集团的业务主要分为新闻媒体集团（The News Media Group）和About集团（About Group）。新闻媒体集团由纽约时报媒体集团和地区媒体集团（the Regional Media Group）组成。2012年，时报集团先后以3亿美元和1.4亿美元的价格售出了About集团和地区媒体集团；2013年又以7 000万美元的价格售出了新英格兰媒体集团。如此一来，纽约时报集团旗下就只剩下了纽约时报媒体集团这一核心业务。经历了这一收缩战略之后，2014—2017年纽约时报集团业务范围已基本稳定，没有发生特别大的变化。

目前，纽约时报集团旗下的业务主要围绕数字报纸展开，包括：纸质版《纽约时报》、纽约时报网站、移动客户端（其中涵盖其核心新闻客户端以及诸如烹饪、字谜等特色客户端），以及其他相关产业（如纽约时报新闻服务机构、时报数据库、时报现场、产品浏览及推荐网站Wirecutter、数字市场代理机构等）。在这些业务之下，纽约时报集团共有1 550名全职员工担任新闻记者、印刷工、机械师等工作。发行方面，《纽约时报》主要在美国及世界范围内发行，其平时（周一到周五）的发行量有43%来自"大纽约地区"，即纽约市、西彻斯特（Westchester）、长岛（Long Island）等31个县（county）以及纽约以北部分地区如康涅狄格州、新泽西州和宾夕法尼亚州，星期日版的发行量则有38%来自"大纽约地区"，其余62%来自其他地区。目前，纽约时报集团主要通过纸质版、网站和移动客户端发布内容并获取利润。截至2018年第三季度，《纽约时报》已在全球195个国家拥有400万付费用户，这一数字超过了时报集团历史上任何一个时期。据纽约时报集团2017年的年度报告披露，2017年《纽约时报》在美国的发行量为周中版（周一至周五）54万份，周日版106万份。国际范围内，2017年《纽约时报》在其他国家的发行量为17.3万份，比2016年的19.7万份有所下滑。

从纽约时报集团近几年年度报告数据来看，新闻纸的消耗量从2001年开始一直处于减少的状态，这与报纸发行量的削减有很大关系。报社员工数在2001—2004年尚有缓慢的增长，但在2004年之后，纽约时报媒体集团的从业人员数量几乎逐年递减，截至目前仍未看到任何回增的迹象。与报纸生存息息相关的收入情况亦不容乐观，同样也是自2004年以来一路下滑。以上三方面的数据基本反映出了《纽约时报》目前的基本状况——传统报业发展遭遇瓶颈，生存问题令人担忧。

然而，令人感到欣慰的是，尽管传统报业表现不佳，但基于其数字平台上的在线业务却日趋发展。《纽约时报》网站的读者遍布全美乃至全世界。据在线读者统计机构 Media Metrix 透露，2017 年纽约时报网站平均每个月有近 9 700 万美国用户通过电脑或移动设备登陆访问。而从国际数据来看，其来自境外 IP 的访客数每个月达到 3 900 万。换言之，2017 年纽约时报网站的月均访客数共达到 1.5 亿。电子领域的收入主要来自广告，其类型包括在线展示广告（如通栏广告、半版广告、大幅面广告等）、分类广告（如地产广告、需求广告等）以及内容关联广告（其链接一般由谷歌提供）。其中来自纸质版和数字平台的展示型广告占据了纽约时报 2017 年度广告总收入的 87%。值得一提的是，据 MediaRadar 的统计，2017 年《纽约时报》纸质版的广告市场份额超过了《华尔街日报》《今日美国》等大报，跃居美国各大报纸头名。另据纽约时报集团 2018 年第二季度财政报告显示，2018 年第二季度的总收入较上一年同期增长了 1.8%，达到了 4.146 亿美元。订阅收入增长了 4.2%，广告收入减少了 9.9%，其他收入增长了 40%。付费电子订户比去年同期增长了 24%。新增长的 10.9 万用户中，6.8 万来自集团的数字新闻产品，4.1 万来自集团的烹饪和字谜产品。

《华尔街日报》创刊于 1889 年，总部设在纽约，是美国乃至全世界影响力最大的财经类报纸。其成立的初衷是为客户收集、摘抄商业信息，以适应商界对信息日益增长的需求。经历了创刊之初的混沌与磨合之后，《华尔街日报》在 1979 年的订阅量和发行量一跃至全美第一。不仅如此，道·琼斯集团还在世界范围内扩张其报业版图。1976 年，《亚洲华尔街日报》创刊，总部设在香港，在亚洲拥有 15 个分社及近 70 名新闻从业人员，发行遍及整个亚太地区。创刊于 1983 年的《华尔街日报欧洲版》总部设在布鲁塞尔，共有编辑记者近 70 人，分别在德国、比利时、意大利、瑞士、西班牙、英国和以色列设有分印点。1996 年，作为印刷版报纸的配合和补充，《华尔街日报》网络版应运而生，并一举成为目前美国最大的付费—订阅新闻网站。2004 年 11 月，Oasys 移动公司联合《华尔街日报》推出了一款手机应用程序，通过这一程序，读者可以在手机上阅读到《华尔街日报》网络版的内容，这为读者阅读到最新的财经新闻和即时的市场、股票信息提供了便利。2005 年 9 月，该报又推出了周末版，免费向所有订户发放，旨在吸引更多的商业广告。

经过百余年的发展和变迁，终于形成了如今层次丰富的《华尔街日报》报业体系，其下包括《华尔街日报》、《亚洲华尔街日报》、《华尔街日报欧洲版》、《华尔街日报》网络版、《华尔街日报》中文网络版、《华尔街日报》专版、《华尔街日报》教室版、《巴伦周刊》、财经新闻网站 Marketwatch 和《远东经济评论》,整个报系在全球设立了42个分社,拥有近600名记者和编辑,其全球付费发行量超过1900万份。2007年,新闻集团以58亿美元的高价收购了道·琼斯集团,《华尔街日报》也随着道·琼斯集团一起成为默多克庞大新闻帝国版图下的一分子。

《华尔街日报》的发行量一直居于美国报纸的领先地位,即使在2008年美国遭遇严重经济危机时,该报还能在第二年保持发行量0.6%的微弱增长。[①] 2010年9月《华尔街日报》(美国版,national edition,周一到周六发行)在美国的发行量为167.8万份,其中在美国东部、中部和西部地区的发行量分别为76.5万份、52.9万份和38.4万份。在全球范围内,其国际版(global edition,周一到周五发行)的发行量为183万份,而《亚洲华尔街日报》和《华尔街日报欧洲版》的发行量则分别为8.2万份和7.3万份。整个报业体系的付费订阅量一共高达206万,比上一年同期的202万增长了1.8%。收入方面,据新闻集团2010年年度报告透露,2010年新闻集团收入总额高达327.8亿美元,比2009年增长了20多亿美元,从而达到与2008年基本持平。而对于默多克新收购的道·琼斯集团来说,2010年其收入比2009年下滑1%,亏损的部分主要来自道·琼斯旗下的信息服务和财政指标业务(financial indexes businesses)。幸运的是,道·琼斯的另一个主营板块《华尔街日报》凭借其2010年更高的发行量和广告收入成功地抵消了一部分亏损,而最终使得道·琼斯的收入下滑幅度定格在1%。在2011年第一财政季度上,《华尔街日报》及其网络版的收入比上一年同期增长了17%。印刷版广告收入增长了21%,电子领域广告收入上涨了29%。[②] 目前,《华尔街日报》的数字订阅用户还在不断增长,仅在2017年前三个月,其数字订户就增加了30.8万,其中以年长富裕的男性为主要的用户群体。同时,其2017年的发行量也超过了《纽约时报》和《今日美国》,以211万份居美国报纸发行量榜首。《华尔街日报》还在不断创新,为读者提供更多的服务。

与《纽约时报》的精英化路线以及《华尔街日报》的专业性路线不同,

---

① JoePompeo. Wall Street Journal's circulation up New York Times' circulation down[N].Business Insider.2010-04-26.

② Dowjones. Circulation [EB/OL]. [2018-06-28]. http://www.dowjones.com/pressroom/releases/2010/08252010-wsj-circulation-0077.asp.

《今日美国》是一份针对美国普通民众的全国性报纸。它创刊于1982年，距今只有短短三十多年历史，其创立之初是为了解决美国地区性报纸泛滥而全国性报纸缺乏的问题，满足人民了解全国的资讯、天气、旅游等信息的需求。由于在版面上和发行上标新立异，《今日美国》的发行量从1982年创刊之初的20万份到2010年增至180万份，其中日零售量42.5万份，读者总数330万人次，45%以上拥有大学及以上学历。然而，在这场来势凶猛的报业寒流中，《今日美国》同样无法避免发行、广告下滑的命运。从2003年到2006年，《今日美国》的广告收入一直稳步增长，但到2007年其广告收入比前一年减少了5.4%（约合4 390万美元），之后更是逐年下滑，以至于在2010年，《今日美国》印刷版仅售出2 300个广告版面，比2005年减少了近50%。尽管甘尼特集团一直没有公布《今日美国》收入下滑的具体数额，但据美国报纸分析师阿托里诺（Atorino）透露，《今日美国》的收入通常占整个甘尼特集团的10%，这也意味着该报的收入可能由2005年的6.5亿美元跌落至2010年的3.8亿美元。[①]《今日美国》及甘尼特集团旗下其他报纸惨淡的景象导致甘尼特的股价从2005年到2010年下滑了近70%。在收入锐减的巨大压力下，2007年该报不得不裁减了编辑室里的49个职位，裁员幅度为9%，到2010年整个新闻编辑室中只剩下1 400名员工，比2004年减少了400个。[②] 为了进一步缓解开支上的沉重负担，甘尼特集团从2007年就开始实行薪资停涨制度，该公司的女发言人泰拉·康奈尔女士说，当年"将有80余名公司高级管理人员不享受加薪"。2009年年初，甘尼特集团主席克雷格·杜博（Craig Dubow）又宣布，在2009年第一个季度实施长达一周的"无薪休假"，休假员工占了整个公司的一半以上，甚至包括杜博本人。[③] 至于第一季度之后，"无薪休假"是否还会在其他时间继续实行，则取决于未来的收入情况。相关数据见图2-6。

从图2-6的走势可以看出，无论是《今日美国》的报纸发行量，还是发行收入或广告收入，均从2005年开始全面下滑。与此形成鲜明对比的是，数字领域的经营也正是在2005年前后渐有起色，而到2008年，其增幅比上一

---

① Michael Liedtke. USA Today rewrites strategy to cope with the Internet[N/OL].(2011-03-23)[2018-06-25].http://news.yahoo.com/s/ap/20110323/ap_on_hi_te/us_transforming_usa_today.
② Nat Ives. USA Today:"Mcpapers"in Modern Times[J].Advertising Age,2008,79(22):22-25.
③ Michael Malone. Furloughs Force Gannett GMs to Sidelines[N].Broadcasting and Cable,2009-02-16.

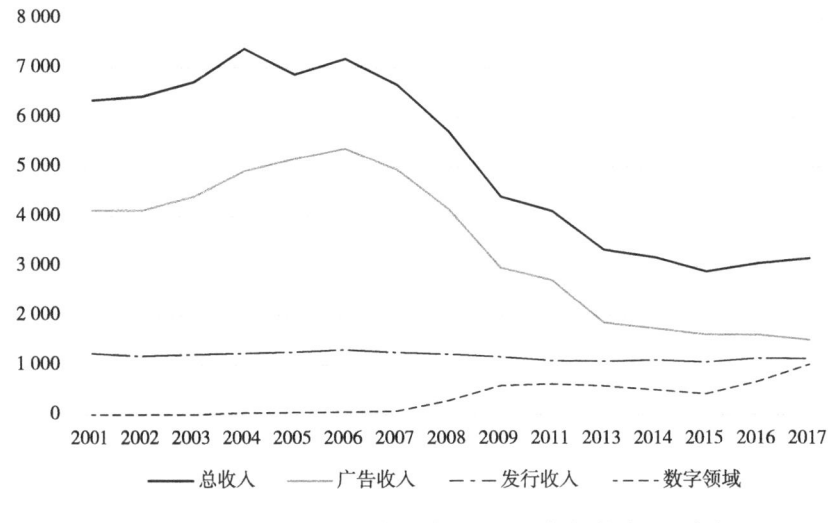

图 2-6 2000—2017 年《今日美国》报纸总收入、发行
与广告收入以及数字领域收入对比（单位：百万美元）①

年竟高达 300%。尽管随着 2009 年美国经济研究局（National Bureau of Economic Research）宣告美国经济危机结束，《今日美国》报纸的总收入在 2009—2010 年间减缓了下滑的幅度，但报纸过去的辉煌已不复存在，如今的《今日美国》和其他美国报纸一样只能在生存的边缘苦苦挣扎，不断寻找新的赢利模式。根据媒体审计联盟（Alliance for Audited Media，AAM）的统计，2017 年以来，《今日美国》的发行量为 310 万份，其中美国本土的日均阅读量为：周日版 1 100 万次，周中版 500 万次，其中数字用户的月均访问量为 4 300 万次，另有 2 450 万用户下载了《今日美国》的客户端。

通过前文对美国《纽约时报》《华尔街日报》《今日美国》现状的阐述，可以看出以这三大报纸为代表的美国报业具有如下发展特点：传统板块受挫、新兴板块崛起，以及在此基础上开始混合商业模式的探索。其中，传统板块指报纸在印刷领域的业务，而新兴板块则是报纸在数字领域的业务。和美国其他报纸一样，《纽约时报》和《今日美国》的传统板块即印刷版受此次报业危机影响较大，它们的发行量和广告收入在此期间均不同程度的下挫，其下挫幅度在 2008—2009 年达到最大。由于印刷版是报纸的主营板块，它的不

---

① 该表由笔者根据甘尼特集团2001—2017年年度报告数据统计绘制而成。

景气直接导致了报纸总收入的下滑，即使电子领域的业务有所起色，也仍然无法弥补印刷版收入减少的那一部分。然而，这里特别要指出的是，尽管在这样的危机环境下，《华尔街日报》的发行量仍然获得了微弱的增长，这与其独特的视角与专业定位不无关系，只是相较于该报以往的业绩，如此微弱的增长实际上亦是下滑的表现。在新兴的数字领域方面，自从三大报纸自20世纪90年以来开辟网络版以来，这一领域一直未给报纸带来盈利（《华尔街日报》网络版除外），直到21世纪以来，数字领域的业务状况才有所起色，勉强能自负盈亏。如今，在这次报业危机中，与印刷领域的惨淡状况截然相反，数字领域的广告收入反而呈现增长态势，如2010年第四季度纽约时报集团数字领域的广告收入比去年同期上升了11.1%，甘尼特集团数字领域的收入则上升了5%。而对于《华尔街日报》来说，其数字领域的收入一直是报纸总收入的重要来源，这与该报网络版的收费模式有关，同样由其特殊的专业性所决定。随着来自数字领域收入的增加，报纸的管理层意识到不能再单一地依靠印刷版的收入，而应当积极发展数字领域的其他业务，如网络电子商务的开展以及网络新闻收费模式的探寻。在网络新闻收费方面，《华尔街日报》无疑是成功的典范，《纽约时报》也在2011年3月跨出了实质性的一步。数字领域的崛起似乎让报纸看到了未来的希望，尽管报纸印刷版已经远离过去的辉煌，但其网络版的业务却正在起步，并稳步发展。随着网络与手机、平板电脑等移动设备的结合和广泛应用，相信报纸未来在这一领域会有更广阔的前景。

二、中国主流报纸的发展现状与态势

《人民日报》诞生于1948年的河北省平山县里庄村，由《晋察冀日报》和晋冀鲁豫《人民日报》合并而成，为华北中央局机关报，同时担负党中央机关报职能。1949年3月15日，《人民日报》随中央机关迁入北平。同年8月1日，中共中央决定《人民日报》为中国共产党中央委员会机关报，并沿用1948年6月15日的期号。1992年，《人民日报》被联合国教科文组织评为世界十大报纸之一。《人民日报》的新闻信息采集渠道遍布国内外，发行至全国及世界100多个国家和地区。截至2017年1月1日零时，人民日报发行量达到318万份，实现连续15年稳定增长。

作为中国共产党中央委员会机关报，《人民日报》担负着积极宣传党的理论和路线方针政策，积极宣传中央重大决策部署，及时传播国内外各领域信息的重要职能，发挥着确立和引导主流舆论"定海神针"的作用。《人民日报》依托党中央的扶持，面向全国发行，其读者群体广，影响力大。它一方面传达和解读中央的重要政策指令，另一方面也代表公众监督社会，反映民声，诉说民意。可以说，它充当着党和政府与人民群众之间沟通的桥梁作用。为了适应时代的变迁与受众的需求，历史上《人民日报》曾多次展开版面和文风的改革，《今日谈》《思想纵横》《声音》等栏目都是该报中颇具影响力的栏目。1985 年，《人民日报》开设海外版，以更好地向海外华人传播国内的政治、经济信息，适应中国改革开放的发展趋势。20 世纪 90 年代，随着互联网的兴起，《人民日报》作为党报中的领头羊，也积极展开报业转型的思考与探索。1997 年 1 月 1 日，《人民日报》网络版创刊，《人民日报》由此跨出了从传统纸媒向数字化转型的第一步。2000 年 8 月，《人民日报》网络版正式更名为人民网，并成为人民日报社探索媒介融合以及实现宏大发展战略的重要平台。

人民日报社高层一直非常重视报社的媒介融合实践，2008 年初，时任《人民日报》总编辑的张研农明确提出："在一定意义上可以说，赢得了网民我们就赢得了未来，《人民日报》发展就有了广阔的前景。"① 2012 年以来，《人民日报》先后借助新浪和腾讯等平台，开通法人微博和微信公众号。7 年以来，《人民日报》的微博和微信均获得迅速发展，在用户中树立了良好的口碑。截至 2018 年 3 月 31 日，《人民日报》法人微博粉丝总数已超过 1 亿，继续保持中国媒体第一微博的地位。而《人民日报》微信公众号用户数则超过 1 800 万，在近 2 800 万公众号中影响力排名第一。随着媒介融合的深化，《人民日报》新闻客户端 2014 年 6 月正式上线，其以技术为支撑，以母报的优质内容为依托，迅速吸引了用户的关注和下载。截至 2018 年 3 月，《人民日报》新闻客户端的用户下载量超过了 2.37 亿次。在移动互联网的时代，《人民日报》新闻客户端不仅占据了发展的先机，更利用这一平台提供资讯服务，踏踏实实帮百姓解决难题，被广大用户称为"为老百姓办事的客户端"。据第三方机构统计，在前十名新闻客户端中，《人民日报》客户端是唯一由中央主流媒体创办的客户端，也是其中最"年轻"的一个。

2017 年 1 月，《人民日报》全媒体平台"中央厨房"正式建成投入使用，成为传统媒体和新兴媒体从"相加"阶段迈向"相融"阶段的重要标志。该

---

① 张研农.在新的历史起点上开创人民日报新闻宣传新局面[J].新闻战线,2008(3):4-9.

中央厨房不仅协同统一发稿，更是集新闻的生产、传播和运营为一体的核心平台。借助这一平台，人民日报社得以打通报、网、端、微，统筹协调采编资源，重构策采编发网络，再造新闻生产流程。

《浙江日报》是中共浙江省委机关报，创刊于1949年5月，近70年来一直是浙江省最具权威性、公信力和影响力的主流纸质媒体。《浙江日报》始终坚持党性和人民性相统一，持续推进新闻创新，全力打造全国一流省级党报。其发行量常年列全国省级党报前三名，千人拥有量和广告利润列全国省级党报第一，已连续6年入选"中国500最具价值品牌"。

《浙江日报》的数字化探索相对《人民日报》更晚。1999年1月1日，《浙江日报》建立了浙江在线网站，通过与读者的各种互动提升新闻采编技巧，扩大传统媒体的影响力。2000年6月，浙江日报报业集团成立。2002年，浙报集团作为出资人，在全国首创报业集团有限公司。2009年浙报传媒控股集团公司成立，旗下拥有《浙江日报》《钱江晚报》《浙江老年报》《乐清日报》《上虞日报》等传统主流媒体33家，新兴媒体300多个，网络注册用户共6.6亿、活跃用户5 000多万、移动用户3 000多万，独立法人单位135家，现有职工6 800余人，构建了报刊规模全国最大的传媒阵营。2011年，集团媒体经营性资产在上海证券交易所成功上市，成为全国第一家媒体经营性资产整体上市的省级报业集团，之后收购了杭州边锋、上海浩方，着力打造资本、技术、用户三大平台。2018年，浙报传媒控股集团有限公司连续两年获得"全国文化企业30强"称号，为国内唯一入选的报业集团。根据浙江日报报业集团官网的介绍，浙报集团为全国首批"数字出版转型示范单位"，《浙江日报》《钱江晚报》连续多年入选"中国500最具价值品牌""亚洲品牌500强""世界媒体500强"。

2014年，浙报集团成立了数字采编中心，建立了浙江新闻客户端。集团旗下的纸媒也借此契机纷纷触网，网站、微博、微信、客户端数量激增，达到了300多个。2016年浙报传媒获准募资19.5亿元，全部投入互联网数据中心项目开发。其原先分端而治的报纸、网站和客户端也从生产机制到采编队伍全面融合，形成了"三圈环流"的新媒体矩阵。短短6年间，浙报集团从一家传统报业集团转型为现代企业制度的传媒集团，又从一家传媒集团升级为挺进互联网产业的新型传媒集团。[①]

[①] 左志新.媒体深度融合的"浙报模式"[J].传媒,2017(10):10.

综合《人民日报》和《浙江日报》的发展历程和现状，可以发现作为中央和地方的党报，尽管《人民日报》和《浙江日报》在发行量的压力上没有都市报大，但它们都没有安于现状、墨守成规，而是多次进行了文风、发行、人员机制的改革，以适应时代的发展。在网络大潮到来之初，它们都建立了网站，借助网络平台展开数字化转型，寻找适合自己的发展道路。从20世纪90年代的简单触网，到进入21世纪以来"两微一端"的建立，再到2017年左右"中央厨房"的投入使用，《人民日报》和《浙江日报》的融媒发展实现了从单一化向纵深化发展，从与互联网的相加到相融，从单向度融合向立体化、多层次融合的发展过程。新的全媒体矩阵不仅继承了原有纸媒的优质内容，更好地发挥了主流媒体舆论引导的功能，更利用新技术实现了人、报、网的交互，通过公益活动、微博问政等功能打造出全新的互动服务平台。在内容和技术的双重保障下，《人民日报》和《浙江日报》的新媒体矩阵近年来都推出了不少爆款的现象级产品。

第三章
互联网生态中的报业创新

20世纪90年代，报业在互联网环境中的发展与创新离不开前互联网时代技术变革的铺垫。在前互联网时代，即20世纪80年代到90年代中期，报业掀开了技术革新的潮流，从告别"铅与火"到走进"光与电"，从传统采编到电子采编系统，从黑白电子出版到彩色电子出版，报业的各个流程都发生了翻天覆地的变化。吴锋将报业早期的技术变革归纳为三个发展阶段：第一阶段是20世纪80年代末报刊出版采用计算机激光照排系统替代铅活字排版，实现了从"铅与火"到"光与电"的飞跃，这一过程被称为"印刷革命"；第二阶段是20世纪90年代中期，报业技术革命波及更广泛的领域，报刊出版引入综合新闻业务网络（NISN，News Integrated Services Network），采编环节逐步进行了采访编辑的电子自动化管理，实现以"光与电"代替"纸与笔"的跨越，这一过程被称为"采编革命"；第三阶段是自21世纪初起，报刊社的出版、发行、广告等经验管理业务的信息化建设提上日程，一大批生产管理软件应运而生。这也是报刊发展史上的又一个重大变革，它推进了报刊的广告、发行等活动走上整合经营管理的新时代，实现了报刊出版信息化管理的"第三次浪潮"——"经营革命"。①

第一节　前互联网时代报业技术的发展

20世纪90年代之前，报业技术的变革主要体现在印刷、采编和经营管理三个方面。

一、报纸印刷环节的变革

报业的发展得益于印刷技术的发明和革新。15世纪中叶，德国工匠古登

---

① 吴锋.我国报刊发行信息管理系统开发的现状与对策[J].今传媒,2007(10):16-18.

堡发明的活字印刷随着宗教改革的推进和商业需求的驱动而迅速从德国向欧洲各国传播。印刷术的出现结束了手抄新闻的时代，它使得报纸的批量复制成为可能，西方报业由此进入了"铅与火"的时代。19世纪中期，西方的铅活字印刷术传入中国，并成为中国出版业最主要的印刷手段。从15世纪到20世纪中期，以"铅与火"为主的印刷方式占据了世界印刷行业的统治地位。20世纪40年代，随着电子技术和光学技术的进步，西方国家率先采用了电子照排技术进行印刷，即运用照相工艺在感光材料上进行排版。西方的照相排版一共经历了四代不同的技术：第一代是20世纪40年代美国发明的手动照排机；第二代是整体字版自动照排机，也称光机式照排机，1956年由美国福顿（Photon）公司研制成功；第三代是数字化点阵照排机，又称阴极射线管照排机，1965年由德国海尔（Hell）公司研制成功；第四代是激光照排机，1974年由英国蒙纳（Monotype）公司在结合电脑技术与激光技术的基础上研制成功。① 激光照排的诞生和运用使得西方国家告别了"铅与火"对印刷业长达500年的统治历程。

在照排技术不断更新换代的同时，电脑技术也被逐渐运用到报纸排版当中，由此开启了电子排版的新篇章。当时的计算机已经不但能用于信息检索和数据处理，还能被用于处理声音和图像。这就意味着，新闻中的文字、声音、图像等不同的形态都能转化为计算机所处理的数字形式。1977年，美国94%的日报已经从热排过渡到照相排版，65%采用了电子计算机，57%采用了录像显示终端机。20世纪80年代，扫描仪使色彩分解后通过卫星传输成为可能，其价格也变得能为大部分日报所接受。② 从20世纪40年代到70年代，西方的照相排版技术历经四代变革，极大地推动了报业的发展。

20世纪70年代，国际上衡量一个国家报纸印刷出版先进水平的重要标志有：第一，淘汰铅的程度；第二，印刷机械的更新程度；第三，电子设备的应用；第四，新闻的传播手段；第五，电子科学的发展。③ 从这几个角度来看，中国的印刷技术相对落后，采用的仍然是手工拣字、排版。排字工人需要将原稿按照编辑规定的字号、字体和宽度排成长条。一般来说，一个熟练的排字工每小时可排2 000字以上。为了提高效率，一篇长稿通常会拆分成几

---

① 马涛.中国报业数字化30年[M].北京：中国传媒大学出版社，2014：8.
② 屠忠俊，吴廷俊.网络新闻传播导论[M].武汉：华中科技大学出版社，2002：20-22.
③ 蒋阿福.报纸是怎样印刷和出版的[J].新闻战线，1980(7)：49-50.

段由好几个工人一起负责。有时稿件中有个别生僻字没有现成的铅字就得由刻字工临时刻制。除此之外,报纸印刷还要经过压纸型、铸铅版、上版印刷等多道工序,既考验工人的体力,又容易对环境造成污染,同时报纸的时效性也难以得到保证。据估算,20世纪80年代工人手工拼一块版的时间平均为70~80分钟,而新闻从交付稿件到付印则要180分钟。以北京为例,市区投送到户要到上午10点以后,二环路要到11点,三环路附近要到下午,远郊县的个别地区根本见不到当天的报纸。各省省报当天见报率也只有50%多一点。[①] 由此可见,当时中国的印刷技术远远落后于西方发达国家,印刷技术的改进和变革迫在眉睫。

正是看到了西方报业技术的优势,我国的《人民日报》《光明日报》《文汇报》《解放日报》《金融报》等都相继引进和使用了进口照排系统。然而,进口的照排系统一方面价格昂贵,另一方面也缺乏优秀的汉化软件,这促使我国开始考虑研制适合汉字的中文照排系统。从1975年开始,王选就带领团队着手研究我国计算机汉字激光照排系统和电子出版系统,并设计出了相应的专用芯片,获得了相应的发明专利权。之后,他又继续研发了大屏幕中文报纸编排系统、彩色中文激光照排系统、远程传版技术和新闻采编流程管理系统等。

20世纪80年代末到90年代初,我国印刷技术的突破主要得益于两个机遇:[②] 一个是国家科研攻关项目中的"748工程"。这是一个用计算机处理汉字,解决在出版印刷中保留、发展和提高汉字排版能力的项目。它主要解决了汉字信息高倍率的压缩和还原,以及可以用计算机排版的技术。第二个机遇是自1983年起,国家在技术改造项目中设立了印刷专项,以改变整个印刷及设备器材工业落后的局面。为此,国家安排了专项拨款和贷款,投入造纸、油墨、PS版、胶片、印刷机、计算机、照排机等工业及部分中央级报纸印刷厂的技术改造,并重点支持发展印刷事业的科研单位,每年安排拨款5 000万元,贷款2亿元左右,使涉及印刷的相关行业逐步发展起来,为全国印刷业的改造提供了相应的技术支持和物质基础。在这两个项目的支持下,诞生了我国第一代自主研发的华光汉字编辑排版系统,并几经改进升级到二代、三代系统。

---

① 中国印刷技术协会.报纸印刷技术的历史发展[M]//中国印刷年鉴(1991—1992).北京:印刷工业出版社,1992.

② 夏天俊.报纸印刷的现状及发展趋势[J].中国印刷,1996(3):5-10.

随着这一系统的诞生和升级，激光照排技术迅速在国内各大媒体推广开来。1990年，我国中央和省市级报纸除《西藏日报》外，全部采用了国产激光照排系统。1992年，《西藏日报》用藏、汉两种文字编排的激光照排机也投入使用。到1993年，除了各省市报纸和特区报纸之外，80%的地市报也普及了激光照排系统。1995年，全国1 500多家报社全部采用了激光照排系统，最终全行业实现了计算机排版，彻底告别了过去的"铅与火"时代，提升了报纸信息的承载量和传播时效性。

二、报纸采编环节的创新

采编系统进入无纸化办公同样与计算机技术的发展密不可分。计算机技术的进步首先带来了版面编排和版面印刷流程的变革，在减少资源浪费的同时，极大地提高了报纸的编排和印刷效率。但报纸从写稿到出版，中间经过的程序多达20多道，印刷只是其中的一个环节，其所涉及的主要是报纸终端的输出问题。如今，这一个环节效率的提升更加突显了其他环节效率低下的现状，如何在编审环节有所改进，提高编审人员的协同工作效率，成为当时需要思考的主要问题。

与印刷这一终端输出相比，报纸的采编属于前端输入的范畴。由于终端已经革新为激光照排，所以排版用到的稿件和图片都需要进行数字化处理，之后才能使用计算机编排。相比之下，前端的采编方式仍然是记者、编辑在稿纸上手写稿件，并在稿纸上修改稿件。这就导致了报纸在写稿前端和印刷终端中形式的不统一，因此需要增加中间人工录入的环节将纸上的文字录进计算机中，转变为数字的格式。这一中间环节的介入在一定程度上又影响了报纸的效率，因此印刷阶段效率提升与采编阶段效率偏低的矛盾日益突显。

在这样的背景下，计算机技术的普及犹如一柄利剑，迅速斩断了报纸采编阶段效率瓶颈的束缚。利用计算机直接编写稿件，一方面删减了不必要的中间录入环节，另一方面也减少了在录入稿件时可能带来的错误率，有效地降低了工作成本，极大地节省了报业生产中的人力和物力，提高了效率。20世纪90年代初，有些报社基本上完成了第一代编辑系统应用软件的开发。此系统的基本内容包括：记者和编辑全部用计算机写稿、改稿；群众来稿及特约的稿件等工作文件全部在计算机网络上流动；原本体现在纸上的编辑、主任编辑直到主管总编的删、改、定，全部体现在计算机上，并保留每层工作的痕迹，限定工作权限，保证编辑工作的安全。该系统与数据库联网，可以直接查阅或者选取有关材料，调入见报稿内。该系统包括了各版的分工、转版以及与广告的配合等。① 1994年，《深圳晚报》首先采用新闻采编流程计算机管理系统，告别"纸与笔"的时代。1995年，光明日报社开通方正综合新闻业务网，该网连接170多台微机，其规模为国内报社之最。在1 200平方米的采编中心，每人一台电脑工作桌，实施无纸笔文字处理。② 也正是从这一年起，北京的新闻界兴起了一场更换装备的热潮，一时之间计算机成为各报社的新宠。可以说，报业技术改造进入了建设新闻综合业务处理系统的新阶段。所谓报社综合新闻业务处理系统，实际上是报社内部的一个电脑网络，用来处理报社的新闻业务工作和日常经营管理工作，它是实现报社印刷、编辑、经营管理多个环节自动化、网络化、智能化的大型高技术集成环境。③

1999年，我国首家电子采编实验室在复旦大学新闻学院建立，这个实验室采用清华紫光集团开发的新闻采编软件。它按照报社已经实现网络化的编辑部工作模式来运作，能够在计算机联网的条件下，完成报纸采编流程的全过程，从写稿、编稿、组版、拼版到出报纸的大样，基本实现"采编无纸化"。该项目是清华紫光集团、解放日报和复旦大学三家合作的产物。整个工程由解放日报电脑中心承担方案设计、网络布线、设备选型和安装，以及系统调试等工作；新闻采编软件则由清华紫光集团免费赠送。该软件也先后在解放日报社、劳动报社和国内其他几家报社推广应用。

总体而言，20世纪80—90年代，我国的新闻采编技术一共经历了四代的变迁。第一代新闻采编系统是以文件和文件夹的方式来控制稿件和流程的，功能和应用模式都非常简单；第二代是简单数据库的模式，但数据库仅用于存储文档；第三代是以数据库为平台的应用模式，有严整的权限体系和流程控制，但流程固定、功能刻板、运作模式单一；第四代是以具有强大管理和控制功能的大型数据库为核心的智能群组模式。④ 其中，第一代和第二代采编系统主要侧重于内容的生产，而第三代和第四代的系统则逐步将其他管理职

---

① 从"铅与火"到"光与电"印刷术见证科技创新[EB/OL].[2009-09-21].http://news.xinhuanet.com/tech/2009-09/19/content_ 12079379_ 3. htm.
② 汤代禄,孙晓滨.报纸采编流程变革中的技术身影[J].青年记者,2008(12):20-21.
③ 屠忠俊,吴廷俊.网络新闻传播导论[M].武汉:华中科技大学出版社,2002:20-22.
④ 马涛.中国报业数字化30年[M].北京:中国传媒大学出版社,2014:18.

能纳入其中，实现了采访管理、图片管理、新闻线索管理、编采状况监控等的统一。

到 2000 年，以计算机为核心的电子化采编系统基本在全国各主要报纸得到推广和普及，编辑记者纷纷放下传统的纸笔，开始逐步使用计算机采编系统进行稿件编写和修改。这一革新被视为继印刷变革之后报业发展的第二次革命，它减少了稿纸的使用，提高了报纸稿件编写、修改的效率。

三、报纸经营管理流程的电子化

报纸的生产过程包括信息的采集、加工和发布等环节，每个环节之间都需要相互协调、沟通以及完成信息的传递和回传。经过几十年的发展，报业首先在印刷环节实现了激光照排，甚至建立了数字化、自动化程度极高的印务中心。之后又在采编环节展开了数字化改造，实现了新闻采编系统的一体化工作流程。20 世纪中后期以后，随着互联网的发展，报刊的全面数字化建设被提上议事日程。与此同时，由于国家政策的转向，报纸作为媒体的经营属性日益凸显，因此，报业下一步的改造重心就落在了经营管理方面，经营革命成为继报业完成了印刷革命、采编革命之后需要解决的第三个问题。

在经济发展以及报业自主经营的背景下，传统的手工财务管理和业务管理已无法适应广告量的增长，手工管理与计算机管理相比其弊端显而易见。例如，手工管理中容易出现客户信息的泄露，财务报表统计滞后，账目不准确，欠款统计滞后导致的欠款率高，分类或分栏小广告无法精确划版，遗漏客户已经预定的广告，无法永久保护客户的广告稿件，经营决策实施过程中存在延迟等。

为此，各计算机公司加大了对报纸电子管理系统的研发，其中以方正集团开发的一系列系统对报业影响最大。方正文韬新闻采编系统主要用于管理报社的新闻采集、加工、稿件传送，稿件的编辑、审校、签发组图，图片的扫描、制作、签发，大样的划版、组版、审清样、签大样，印前生产监控等环节。方正渊博报业信息仓储系统是专为报纸设计的资料存储检索系统，它检索出来的结果可以直接剪贴到编辑的稿件中。该数据库信息全面，且多点关联，有利于采编流程效率的提高。方正经略广告系统则包含日常业务、经营管理、决策分析三个层次的内容，用于协调管理报社的广告业务、客户服务、财务和版面等流程。

1995—2000 年，方正经略广告管理系统从最初的 1.0 版本逐步升级为 1.5 版本、2.0 版本、2.2 版本，并先后在《深圳特区报》《羊城晚报》《中国计算机世界报》《北京青年报》《宁波日报》中投入使用。该系统充分利用 Client/Server 的体系结构，所有的数据和主要业务逻辑均放在服务器上，保证了系统的安全性、可靠性和可管理性。它还利用开发工具提供的缓冲技术（CacheUpdate）和客户端缓存技术，减少不必要的访问数据库次数；充分利用数据库的存储过程和触发器，保证数据的完整性，而且最大限度地减少数据流量，大大提高了系统的性能。[①] 通过该系统，报纸的广告制作与广告业务的接洽和管理得以结合，一个接稿、财务、划版、制作、查询、发稿的一体化流程得以确立，既方便了客户，又利于报纸的统筹管理。

除了广告管理系统之外，客户关系管理系统（Customer Relationship Management，CRM）和企业资源规划系统（Enterprise Resource Planning，ERP）也是报业实现电子化经营管理中的重要系统。客户关系管理系统是一套基于大型数据仓库的报社对外服务管理系统。CRM 既是一种概念，也是一套管理软件和技术，利用 CRM 系统，企业能搜索、跟踪和分析每一个客户的信息，从而知道什么样的客户需要什么东西，真正做到一对一，同时还能观察和分析客户行为对企业收益的影响，使企业与客户的关系更为紧密并使企业利润得到最大化。[②] 报纸通过运用这一系统，可以对报社的所有客户（包括广告客户与发行客户）资源进行管理，它通过为客户提供各种便捷的服务，诸如信息查询、预约版位、信息反馈等，满足客户不同的需求，提高报纸与客户互动的效率，从而改善报纸与客户之间的关系。

企业资源规划系统又可分为人力资源管理系统、资产管理系统、财务中心管理系统、物流管理系统、印刷业务管理系统等部分。其中，人力资源管理系统实现对职工的档案、考勤、劳资等网络化管理；资产管理系统对资产从计划、采购、使用、折旧、维护、流转、报废等全流程进行管理。财务中心管理系统对报社的经营状况、预算管理等财务状况进行分配管理，实现对报社财务的网络化管理，加强资金的合理调配和应用；[③] 这几个子系统相互协作，合理规划和安排了报纸的各种资源，如财务管理系统可以与人事系统、行政系统、广告系统、发行系统打通，进行数据的共享和交换。

[①] 张先为.现代信息技术与报业广告经营[J].声屏世界·广告人,1998(6):23-24.
[②] 黄于文.CRM 在羊城晚报广告管理系统中的体现[J].中国报业,2002(4):39-41.
[③] 石磊.分散与融合——数字报业研究[M].北京:中国社会科学出版社,2010:119-120.

报纸经营管理流程的另一个重要环节是发行，发行量的高低直接影响着报纸的广告收入，因此发行系统的作用不容小觑。从20世纪50年代初到80年代初，我国一直实行的是邮发合一的发行方式，邮政遍布全国的发行网络极大地节约了报社的人力与物力。然而，这种方式随着报纸发行量的增大、发行地域的广阔，日益显示出其弊端。20世纪80年代，自办发行成为诸多报社顺应潮流的选择，相应的，报纸发行业务管理系统也日益受到重视。报纸发行业务管理系统依托于计算机、互联网、数据库和远程通信等技术，它们相互联结，从而将各个发行站的报刊征订数据、零售摊点的零售数据发送到报社发行处。系统再根据报社对发行工作的具体要求，自动处理和分配各类数据。经过发行处确认后，系统又将发行数据和控制信息传递给各发行站、零售摊点、印刷厂和上级主管部门。在这一过程中，系统会对各类数据展开统计并形成报表，使各相关部门能在第一时间了解不同环节的数据情况。

报纸经营管理流程中的子系统各自为政，且各有所长，相得益彰。从财务管理、发行管理到广告管理，改进了业务管理的流程；从数据采集、数据分析到数据传输，为报纸决策提供了保障；从客户登记、客户追踪到客户反馈，建立了报纸与客户的良好互动机制，最终形成一个全方位的基于网络的管理和控制系统。

第二节　报网的首次接触

从20世纪90年代开始，互联网在全球的蓬勃兴起。在1993年美国政府宣布信息高速公路计划、1994年美国网景公司推出互联网浏览器Netscape Navigator之后，一场网络冲浪的高潮从美国迅速席卷世界各地。这场信息革命将电脑、通信、传媒融为一体，不但改变了人们的生活方式，还使麦克卢汉关于"地球村"的预言成为现实。互联网的勃兴引起了报业的关注，也由此引发了报界自诞生以来的最大一次变革——从"纸质化"转向"去纸化"乃至"无纸化"。从全球范围来看，报业的这场"无纸化"革命经历了三个阶段：第一个阶段是20世纪90年代初到90年代中期，报纸将纸质版的内容按照版面或类别全盘搬运到网上，制成电子版的报纸供网民浏览，这是报网接触的萌芽阶段；第二个阶段是20世纪90年代末到21世纪初，报网的接触从简单的电子版（或网络版）向以新闻为主的综合性网站纵深发展；第三个阶段在2010年以后，随着社交媒体的兴起和移动互联网的发展，报网深化了融合的形式和力度，通过客户端和社交媒体网站来打造全媒体平台。如果说第一个阶段还主要停留在"复制—粘贴"上，那么第二个阶段则更注重结合互联网的特点，以形式加内容的方式丰富传统媒介的网站，满足用户更多元化的需求，而第三个阶段又融入了移动的要素，进一步解放了用户使用的场景，力图实现"相加"到"相融"的转型。不论哪个阶段，都离不开各类数字技术作为支撑和保障。信息技术，正在创造一个又一个新媒体样式、一个又一个商业神话。虽然有人将网络媒体称为泡沫，将方兴未艾的传统媒体投资及仍处于襁褓中的宽带与无线互联网称为"下一个泡沫"，但是人们仍将义无反顾地投身其中。而被技术与资本联手改造的媒体，反过来，也将对社会、经济、文化等各个层面进行全方位的改造。[①]

一、报业数字技术的创新发展过程

报纸的发展离不开技术，从过去的"铅与火""纸和笔"到如今的采编流程计算机化，每一次的重大技术进步都给报业的发展带来了质的飞跃。技术的创新一方面解放了报业的生产力，推动了报业的繁荣；另一方面也促使了其他媒体形态的诞生，如广播、电视、互联网、手机等。各种媒体不仅在受众、广告等方面相互竞争，还在技术的创新和运用上相互较劲，因为对于它们来说，技术上的领先就意味着市场上的先机，技术上的创新更意味着未来的发展潜力。目前对于报纸产业来说，首先必须运用新的采编和印刷技术守住自己传统报业的阵地，同时更为重要的是要大力开发和运用网络技术、移动技术开拓新的平台，将其业务范围扩展至其他移动新媒体领域。信息技术的发展，正在深刻地改变着传媒业的版图，这种改变是持续而剧烈的。总体来看，在当前的技术环境下，数据存储、数据传输和数据挖掘三大技术对报纸的网络平台和移动平台影响较大，它们的进步和创新为报纸的发展带来了更为广阔的空间。

按照罗杰斯的观点，一项技术创新通常包括两个方面：硬件和软件。硬件包括工具，它能从材料或物质方面体现技术，如设备和产品等；软件则包括提供给工具的信息，如知识、技能、程序或构成信息基础的原则。数据存储、数据传输和数据挖掘技术属于技术的软件部分，它需要借助硬件平

[①] 陆群,张佳昺.新媒体革命:技术、资本与人重构传媒业[M].北京:社会科学文献出版社,2002:2.

台——计算机——才能够被应用,软件技术的创新使得计算机得以成为人脑的延伸,帮助人们完成某些特定的任务。

存储技术是指将数字信息保存在服务器中,便于查找检索的一种技术,目前已经广泛应用于媒体出版行业。如,音视频存储常用的技术有 LTO、DLT、AIT 等。传统纸质媒体对于信息存储的需求已经逐渐从第一阶段的基于全文检索的全文数据库和第二阶段的基于报纸版面的信息仓储,向第三阶段的基于报社数字资产管理(DAM)方向发展。① 在报纸等媒体行业,从业人员所接触到的信息量通常很大,如一个视频有时会有几百个 GB 的数据量,因此在搜集和查找上需要花费大量的时间和精力。存储技术的发展使得各类信息能够被保存在服务器中,从而方便查找和检索,因此这种技术在印刷出版业比较常用。在报业的运作中,报纸不仅能通过存储技术把已发表的文章、版面、图片以及与之相关的各种资料存储在一起,还能保存形式更加广泛的数字信息,如音频、视频、多媒体文件等。在各种自动或半自动采集工具的帮助下,报纸的工作人员极大地节省了用于搜集资料和加工信息的时间,从而提高了工作质量和效率。在业务方面,存储技术对于图片的管理、采集、发布、存储具有革命性的意义。它实现了图片资产管理、采编接口、图片交易、图片分发和图片制作等几个客户端模块,把图片的入库、管理和查询、制作、数据转储等环节统一管理,还能够对图片库进行分类和查询。图片存储系统能够进行版本管理,系统的版本属性记录了图片的制作状态、采编选用情况、图片的制作版本情况等信息,为图片使用的统计提供了大量信息。与采编系统集成后,能够完成稿件和图片的采集、编辑加工、签发和排版,实现图文合一的生产制作和管理过程。②

对报业有重要影响的还有数据挖掘技术。数据挖掘又称知识发现(Knowledge Discovery in Database,KDD),是从大量数据中抽取有意义的、隐含的、以前未知的并有潜在使用价值的知识的过程。利用数据挖掘技术可以分析各种类型的数据,例如结构化数据、半结构化数据以及非结构化数据、静态的历史数据和动态数据流数据等。③ 也就是说,数据挖掘技术是一种深层次的数据分析方法,它在报业领域有着很大的作用。众所周知,报社通常保存着海量的资料,如《纽约时报》就常被人们称为"历史的记录者""新闻

---

① 张旭苹.信息存储技术[M].北京:电子工业出版社.2001:12
② 徐昕.现代信息技术下传统报业发展对策研究[D].哈尔滨:哈尔滨工业大学,2007.
③ 苏新宁.数据仓库和数据挖掘[M].北京:清华大学出版社,2006:9-23.

的资料库",它的版面也从 20 世纪 60 年代 10~20 版扩张至现在的 100~200 版,在这些庞大的信息量背后存在着哪些文档之间的关联,又蕴含着什么样的规律,这都是之前的技术所无法侦测到的。而如今的数据挖掘技术所要做的就是通过语义分析、知识管理和商业智能从大量的、不完全的、有噪声的、模糊的、随机的实际应用数据中,提取隐含在其中的、人们事先不知道的但又是潜在有用的信息和知识。和传统的数据分析方法(如查询、报表、联机应用分析)相比,数据挖掘最大的不同是在没有明确假设的前提下挖掘信息、发现知识,它常用的手段包括关联分析、序列分析、分类、预测、聚类分析、偏差分析以及时间序列分析,通过这些技术找出不同内容之间因果、时序或者相似等各种可能的规律。

目前国内不少报社已经建立了自己的数据库系统,用以支持客户服务、内容搜索、资讯搜集等服务。其中大多为关系数据库。关系数据库(Relational Database)中通常存储和管理的是结构化的数据,它将一个实体的各方面信息通过离散的属性进行描述。而文本数据库(Text Database)或文档数据库(Document Database)则通常存储和管理的是半结构化的数据,例如新闻稿件、研究论文、电子邮件、书籍以及 Web 页面等都属于半结构化数据。空间数据库、多媒体数据库中存放的是非结构化数据,例如地图、图片、音频、视频等都属于非结构化数据。相对于半结构化和非结构化数据来说,针对结构化数据的数据挖掘技术比较成熟,市场上有很多的商品软件可以使用,用得较多的包括 IBM Intelligent Miner、SAS Enterprise Miner、SGI MineSet、Clementine SPSS 以及 Microsoft SQL Server 2000 等,国内的北大方正针对媒体行业开发了专门的数据库搜索软件。关于半结构化和非结构化的数据挖掘软件尚不多,相应的算法相对还较少。[1]

报纸的出版是一个复杂的过程,从信息的采集、存储、编辑到发布,不仅需要存储技术、挖掘技术的协助,还需要传输技术的配合。而从管理的角度来看,这一过程也不是一两个部门能够独立完成的,而是涉及整个报社,因此它所需要的不是某一两个相应的软件,而是能实现报社资料内部传输的一套系统。一般来说,传统媒体的信息传输主要基于实体形式,但这已经无法满足现代社会对信息量以及实时性的需求,因此将文本、图片、音视频等内容数字化,利用光纤、同轴电缆、微波等各种介质通过互联网进行传输,

---

[1] 徐昕.现代信息技术下传统报业发展对策研究[D].哈尔滨:哈尔滨工业大学,2007.

已成为必然的解决方式。在目前的技术条件下，传输可以根据服务对象分为两类：一类是工作人员与媒体中心之间的交互；另一类是用户与媒体中心之间的交互。其中工作人员与媒体中心的交互已经不仅仅局限于简单的交互数据（例如通过电子邮件），而是把数据传输和整个数据管理系统集成为一体，从而帮助报社的记者、编辑、编辑部主任、总编辑在电脑网络系统上完成写稿、改稿、组版、校对、传送、签发的全过程，并能对稿件进行多项统计管理工作，为报社提供一个完整的采编管理流程，全面实现采编过程的计算机网络化和自动化，使编辑部工作"告别了笔和纸"，大大减少了工作环节。[①]而与用户之间的信息交互是现在各大媒体都非常关注的方面，可以说，在将来的10年甚至20年内，都将是业内发展的重点。

随着纸媒的上网，其网站上可能会出现各种音视频文件，用以进行多元化的信息展示，而流媒体技术则恰恰适应了这种需求。传统的网络传输音视频等多媒体信息的方式是完全下载后再播放，下载常常要花数分钟甚至数小时。而采用流媒体技术，就可实现流式传输，将声音、影像或动画由服务器向用户计算机进行连续、不间断传送，用户不必等到整个文件全部下载完毕，而只需经过几秒或十几秒的启动延时即可进行观看。在观看的同时，用户的电脑后台仍然在下载剩余的部分。也就是说，流媒体技术的出现提升了观看的效率，满足了一边下载一边观看的场景需要。目前，流式传输技术主要分为两种，一种是顺序流式传输，另一种是实时流式传输。顺序流式传输是顺序下载，在下载文件的同时用户可以观看，但是，用户的观看与服务器上的传输并不是同步进行的，用户是在一段延时后才能看到服务器上传出来的信息，或者说用户看到的总是服务器在若干时间以前传出来的信息。在这个过程中，用户只能观看已下载的那部分，而不能要求跳到还未下载的部分。而在实时流式传输中，音视频信息可被实时观看到。在观看过程中用户可快进或后退以观看前面或后面的内容，但是在这种传输方式中，如果网络传输状况不理想，则收到的信号效果会比较差。[②]

与任何一种技术创新一样，数据存储技术、挖掘技术和传输技术从出现到广泛应用经历了漫长的历程。罗杰斯认为，创新—发展过程可以分为6个阶段：需要/问题、研究（基础/应用）、发展、商业化、扩散和采纳、结

---

① 舒华英,胡一闻.移动互联网技术及应用[M].北京:人民邮电出版社,2001:83.
② 徐昕.现代信息技术下传统报业发展对策研究[D].哈尔滨:哈尔滨工业大学,2007.

果。尽管罗杰斯本人指出，这6个阶段的划分有些武断，因为它们并不总是按这个顺序发生，某些阶段可能在不同的创新中被忽略[1]，但这样的划分还是为人们了解创新—发展的整个过程提供了可供参考的依据。正如罗杰斯所言，创新—发展过程通常始于意识到某种问题或需要的存在，这种意识刺激人们去开展研究和开发活动，从而创造一种解决问题或满足需求的创新措施。[2]

对于新闻从业者来说，面对浩瀚的信息海洋和复杂的工作流程，他们确实需要某种技术帮助其快速地搜寻和传输信息，以提高他们的工作效率，为此数据存储技术、挖掘技术和传输技术有了存在和发展的需要。正是有了这样的需求，研究机构或研究人员才开始投入人力、物力对其进行研究和开发。研究和发展是一个连贯的过程，它们是一项创新的基础阶段，在一项技术或产品研发出来之后，更为重要的是将其商业化并推向市场的扩散过程。商业化是指创新产品的生产、制造、包装、市场推广和发行，是从研究出的理念向产品或市场的销售服务的转换。[3] 商业化的包装有助于创新产品的扩散，有时将相关联的产品结合起来包装能达到扩散的更优效果。例如，这里所提及的数据存储、挖掘和传输技术，事实上它们三者存在着紧密的联系，都是基于二进制的数字技术，其中存储是挖掘的基础，挖掘是存储的高级阶段，而传输是联结一切二进制信号的纽带。三者的结合推广可以更好地向世人展示数字技术所带来的优势。在扩散过程中，已经尝试这些新技术的新闻从业人员将起着示范的效果。罗杰斯认为，潜在的采纳者会模仿和跟随这些同辈人士的行为，而这种模仿和跟随正是扩散过程的核心。

以数据存储技术为例，它的发展经历了三个阶段：第一阶段，基于全文检索的全文数据库；第二阶段，基于报纸版面的信息仓储；第三阶段，基于报社数字资产的管理。[4] 数字资产管理出现于20世纪80年代，在当时是一个新兴的概念，因此只有少数几个媒体企业率先尝试。由于数字资产管理是以数字资产的获取、存储与重复利用为目标的，因此具有再利用性，通过再利用创造新的商业价值。对于内容而言，如果想被再利用、再增值，就需要使

---

[1] Everett M Rogers. Diffusion of innovations[M].New York:Free Press,2003:119-122.
[2] Everett M Rogers. Diffusion of innovations[M].New York:Free Press,2003:124.
[3] Everett M Rogers. Diffusion of innovations[M].New York:Free Press,2003:128-131.
[4] 数字资产即数字化形式的资产,如音频/视频、电子文本/文件、图表/图像、多媒体文件等各种数字化新闻信息;而数字资产管理就是利用计算机技术实现对这些数字化内容进行有效的管理和利用。

内容成为资产。如果想要将内容变为资产，就需要加入权限管理。权限管理简而言之，就是指什么人在何种情况下可以对哪些内容做什么样的操作。加入了权限管理后，对内容的利用就可以因人而异，使得内容信息可以被再利用，生成资产价值。行业创新者的带头模范作用以及数字资产管理带来的益处使得这项技术很快在新闻媒体、图书出版、娱乐服务及政府医疗等领域扩散开来。自20世纪90年代起，国外媒体企业开始纷纷建立数字资产管理系统，目前该系统在欧美报纸业已经较为普及。在数字资产管理系统下，所有的信息集中于同一个内容模块，这无疑提升了信息搜集、采编和发布的效率，为网络报纸的推出提供了最基本的技术支撑。

二、电子版报纸的兴起

新闻出版界在技术上和形态上的创新与改革从未停止过，光盘、数据广播、图文电视等都是当时创新的产品形态。早在20世纪70年代，新闻出版界就敏锐地捕捉到了信息技术可能会给新闻业带来的巨大影响。因此，如何使先进的互联网技术为我所用，成了当时新闻出版界思考的重点问题之一。而"电子报纸"就成为报纸平稳过渡到网络平台的最佳选择。

所谓"电子报纸"，即报刊的电子化，即在电脑上看报纸。由美国国会图书馆编目发行处参加编制的《连续出版物载体转换编目手册》（以下简称《手册》），在2002年的修订版中对"电子报纸"的概念作了如下界定："一种电子报纸（e-newspaper）必须符合同时是一种报纸和一种远程存取的电子连续出版物的定义：一种登载专业性或一般性时事新闻、以机读形式发行、通过与电子计算机连接的输入输出装置存取的连续出版物。电子报纸目前最经常通过互联网存取。"《手册》接着解释："这个定义将随着在线报纸概念的继续发展而发展。电子报纸通常与现存的一种印刷报纸有联系。大多数电子报纸虽有大事记，但没有细目，许多电子报纸保存过期在线报纸档案。"[①]这就意味着，无论你在哪儿，只要有一台装有调制器的便携式个人电脑，通过普通电话线即可与某一报社的电子信息网连通，从而可以看到所有上网的报纸的内容，而不必等到第二天邮差将报纸送进家门口。因此，电子报最大的优势就在于其时效性强，省去了报刊印刷和发行的时间，提高了信息传播的效率。同时，由于互联网跨国界的特性，电子报还能在这一空间中实现跨

---

① 林穗芳.电子编辑和电子出版物：概念、起源和早期发展(上)[J].出版科学,2005(5):6-16.

国传播，扩大报纸的传播力和影响力。在阅读电子报的过程中，读者如果发现有用的资料只需按相关的功能键就能将其存储或打印出来。更为有利的是，在网络资料库和数据库的帮助下，电子报比纸质版报纸增加了检索功能，读者可以在电子报中浏览到过刊中的任何一期，也可以从一条新闻出发阅读与该新闻有关的其他新闻，甚至可以通过电脑与编辑和记者讨论新闻事件、发表看法。

对于报社来说，由于省去了印刷和发行这两个环节，报社节省了新闻纸、油墨、排版、付印和寄送等一大笔开支，降低了出版的成本。同时由于新闻时效性的增强，报纸在与其他媒介竞争中也提高了竞争力。在电子报刊中，编辑可以随时把编好的新闻输入联机网络，因此突破了纸质版只能一天出一两版的限制，改变了传统的报刊采编方式。更为重要的是，电子报刊的出现，将使任何人进行编辑出版活动成为可能，以往大众传媒业所有权的集中和垄断局面被打破，使新闻自由、出版自由得到空前扩大。[1]

美国可谓是世界上最早探索报纸电子化的国家。早在20世纪40年代，《纽约时报》《芝加哥论坛报》《迈阿密先驱报》等报纸就曾以无线电广播的方式向数以万计的家庭传真机发送报纸，由此开启了全球范围内电子报纸出版的探索之旅。随着20世纪五六十年代电视的普及和繁荣，这种传真报纸逐渐失去了市场。报界开始寻找以电子媒介把报纸传送到家庭和工作单位的新方式。随后，英国在20世纪70年代也开始了通过电子形式来传播印刷报纸内容的尝试，通过信息传视系统将报纸的内容呈现在改装后的电视机上，这也是后来在计算机屏幕上阅读报纸的雏形。由此可见，这一时期电子报纸出版的试验主要是针对电视用户展开的。

进入20世纪80年代之后，电子报纸的载体从原来的电视转移到了在线信息服务公司。据戴维·卡尔森教授主编的美国《在线大事年表》中的记载，"1980年7月《哥伦布电讯报》成为通过Compuserve（电脑服务）公司提供电子版的第一家报纸"[2]。其后，又有11家报纸与Compuserve合作，通过该公司的系统和拨号网络传输电子版报纸。随着技术的进一步发展，1990年，因特网（Internet，也称互联网）最终取代了阿帕网（ARPAnet），电子报纸的载体再一次发生变化，由此开始了以互联网为主要发行渠道的时代。新闻出

---

[1] 闵大洪.电子报刊——报刊业一道新的风景线[J].新闻记者,1996(9):44-46.
[2] Carlson D. Compuserve [EB/OL].[2015-03-12]. http://iml.jou.ufl.edu/carlson/history/compuserve.html.

版界通常将美国《圣何塞信使新闻》视为世界上第一家在互联网发行的报纸,但人民日报社林穗芳在考证中提出该报并不能被称为第一。林穗芳认为,最早的连续不断出版的在线报纸应该是《沃斯堡明星电讯报》,该报在1982年启动了星文(Star Text)BBS系统。① 结合佛罗里达州圣彼得堡市波因特研究所图书馆馆长戴维·谢登(David Shedden)编的《新媒体大事年表(1969-1998)》和卡尔森《在线大事年表》提供的资料可以发现,从1992年到1996年间,美国共有10家报纸推出了在线版:

1992年1月《圣路易邮报》以Post-Link(邮报链接)的名称使用Star Text软件出BBS版,1995年改上DelPh(德尔法)网。

1993年9月《米德尔塞克斯新闻》上互联网推出GoPher版。

1994年3月《亚特兰大日报》和《宪法报》上Prodigy(神奇)网,网站名Access Atalanta(接入亚特兰大)。

1994年5月《哥伦布电讯报》上ColumbusFreenet(哥伦布免费网)。

1994年6月《纽约时报》上美国在线网,网站名@Times,1996年1月上万维网。

1994年10月《洛杉矶时报》上Prodigy(神奇)网,网站名Times Link(时报链接)。

1994年11月《旧金山纪事报》和《旧金山考察者报》在互联网联合创办旧金山门户网站(The Gate),发布新闻。

1995年6月《明尼阿波利斯明星论坛报》上Interchange(交换)网。

1995年7月《华盛顿邮报》上Interchange网,网站名为Digital Ink(数字墨水),1996年6月上互联网。

通过对比这一组数据可以看出,1993—1994年通过互联网发行电子报的传统报纸有3家;1995—1996年有2家;其余5家则或是通过互联网以外的网络发行的在线版,或是在1996年以后才陆续上互联网。由此可以大体作出判断:美国传统报纸只有少数在20世纪90年代上半期(1990—1994)通过互联网发行在线版,多数是在1995年以后才上互联网的。② 到1996年年底,整个美国共有124家日报上了互联网,其中不同规模的报社调派了不同数量的人手负责电子版的事务。通常,小型报纸中只有1人负责电子版的编辑,

---

① 林穗芳.电子编辑和电子出版物:概念、起源和早期发展(上)[J].出版科学,2005(5):6-16.
② 林穗芳.电子编辑和电子出版物:概念、起源和早期发展(上)[J].出版科学,2005(5):6-16.

而大型报纸中的电子版编辑记者一般在 5~50 人。1997 年，上网的美国报纸则增长到 500 多家，占美国报纸总数的 1/3。而在世界范围内，根据美国新闻学会 1996 年 2 月发布的调查显示，当时全球共有 900 多家报纸开通了基于互联网的电子报纸。

就在西方国家的报纸纷纷搭载互联网这艘"航船"的同时，中国的报纸也在积极寻求途径，探索"乘船"的方式。1993 年，中科院物理研究所开通了中国第一条 Internet 专线。同年 12 月 6 日，《杭州日报·下午版》最早展开了电子化的探索。作为一家地方报纸，《杭州日报》主要是通过杭州市的联机服务网络——展望咨询网——传送电子版。其具体操作是：报社编辑部通过通信线路将已在电脑中编好付印的报纸内容输入电脑联机服务公司的网络，用户通过电话线，用单位或个人的电脑即可调阅已经进入联机服务的报纸内容。[①] 不过在当时，中国尚未与国际互联网络接通，这份报纸的影响极为有限。

1994 年 4 月初，中美科技合作联委会在美国华盛顿举行。会前，中国科学院副院长胡启恒代表中方向美国国家科学基金会（NSF）重申连入 Internet 的要求，这次终于得到认可。同年 5 月，中国科学院高能物理研究所设立了国内第一个 Web 服务器，并推出中国第一个网站——"中国之窗"，提供有关中国的新闻、经济、文化、商贸等图文并茂的信息。1994 年 5 月《中国日报》开通了电子版，成为我国第一家全国性电子报纸，只是当时还没有接入互联网，但国内外的读者通过拨通长途电话，可以在计算机屏幕上读到报纸内容。[②] 1994 年 9 月 25 日，英文版的《中国日报》刊登了这一消息："中国与世界 10 000 个大学、研究所和计算机厂家建立了计算机连接。这个连接通过北京与卡尔斯鲁厄的两台西门子计算机实现。" 11 月 8 日，NFS 的主任斯特芬·沃尔夫（Stephen Wolff）表达了对中国接入国际计算机网络的欢迎。1995 年，《中国日报》网站开通，成了国内最早上网的报纸。当时《中国日报》还没有自己的服务器和域名，就借用了中国最早上网的中科院高能物理所的服务器。

1995 年，《中国贸易报》在网上开办了电子版，而这一年也被认为是中国网络媒体元年。这主要是因为在这一年，邮电部开通了中国公用计算机互

---

① 姜青青.杭州日报"触网"记[J].中国报业,2012(4):70-71.
② 林穗芳.电子编辑和电子出版物:概念、起源和早期发展(上)[J].出版科学,2005(5):6-16.

联网（Chinanet），从而为中国报刊进入国际互联网打开了大门。1995年10月20日，《中国贸易报》（电子版）在人民大会堂举行了开播演示。这是国内第一家正式在国际互联网络上发行的电子日报。该报每周一至周五出版，每日播出1.5万字，其中中文1万字，英文5 000字。该报通过中央电视台图文电视、国际电脑互联网络和全国性电子邮件网，采用电视、联机、电子投递三种方式向国内外发行。其总编辑孙维佳指出，电子版的创办体现着当代新闻业革命性的思维和实践，它旨在创立一种全新的新闻媒介形式，打破纸介质报纸在出版发行中所受到的时间（时效）和空间（地域）的限制，为广大读者提供更简明、更迅捷的服务。[①] 之后，该报又与美国《中华经济时报》合作，创办了我国第一家在国外注册和发行的英文电子报纸《中国贸易报》（英文版），让中国电子报走向世界。

此外，国内唯一的一家留学生刊物《神州学人》也在1995年实现上网。它的电子版《神州学人周刊》搭建了一座祖国和海外学子沟通的桥梁。同年11月，该报电子版被美国图书馆计算机网络中心正式编目，成为被此类大型图书馆编目的第一个中国网上中文新闻媒体。1997年8月，《神州学人》电子版被国务院新闻办公室批准进入中央对外宣传信息平台。

到1995年年底，国内接触互联网的报纸已经达到了七八家。同美国一样，这些第一批上网的报纸大多为名不见经传的小报，这主要也是因为小报不受大报规模、口碑、机制等条件束缚，在创新或转型中比较方便。这批报纸开启了中国报业数字化转型的先河，代表了中国传统媒体对互联网的向往和探索，可谓是时代的英雄。但是，这一时期从纸媒到网媒的创新却也相对原始和粗糙，电子版不仅在内容上只是纸质版的简单翻版，形式上在网站的呈现也比较单一，且网站界面简单。因此，除了另辟一条传播渠道之外，这些报纸在采编、制作、运营上和之前并无很大不同，也未给中国报业应对新媒体的冲击带来任何实质性的帮助。

1996年，随着中国公用计算机互联网、中国金桥信息网、中国教育和科研计算机网、中国科技网等的先后开通，以及大量网络服务商的出现，互联网技术在我国有了巨大的发展，这也为报纸的上网提供了进一步的技术保障。因此，从1996年开始，我国出现了一场中国报刊积极上网的热潮。1996年1月2日，《广州日报》电子版通过新加坡报业控股的服务网站"亚洲一号站"

---

① 闵大洪.电子报刊——报刊业一道新的风景线[J].新闻记者,1996(9):44-46.

正式进入互联网络。电子版上网的第一天，编辑部就收到来自世界各地的大量中英文电子邮件，对能在网上及时看到《广州日报》表示兴奋和激动。为了扩大影响，电子版陆续增加了英文信息的比重和栏目。《广州日报》也由此成为我国第一份上网的地方性报纸。到1996年年底，我国共有30余种报纸和近20种杂志、1家通讯社上网。

1997年1月1日，《人民日报》网络版正式推出，这对于中国报业的数字化进程具有重要意义。《人民日报》是中共中央机关报，《人民日报》网络版的推出，意味着"国家队"出击新媒体。1997年6月18日，国务院新闻办正式批准《人民日报》及其所属"六报四刊"进入国际互联网。此举不仅意味着《人民日报》的网络发展有了保障，也意味着整个中国媒体的网络化之路得到了有关部门的认可。[①]

1997—1999年是互联网在中国急剧升温的3年。截至1999年6月30日，国内上网的计算机达到146万台，上网用户约400万。CN下注册的域名多达18 396个，WWW站点数有5 300个。同一时期，我国国内上网报纸有273种，其中全国性报纸有25%、地方性报纸有11.6%开辟了网络版。除了青海、西藏之外，国内其他省、市、自治区均有报纸上网。所有上网的报纸中以晚报、晨报、早报为代表的都市报所占的比例最大；其次是商报、金融报、证券报等经济类报纸；再次为党报、机关报。半年之后，即到1999年年底，国内上网的报纸发展到了1 000多家，具有独立域名的新闻宣传单位则达到700多家。从数量上和发展规模上看，1999年出现了我国报纸上网的第二场热潮。

从20世纪90年代初到90年代末，中国报纸经历了近十年"摸着石头过河"的历程。这期间报纸的电子版在内容上呈现出三种类型：第一种是完全复制型，即电子版原封不动地搬运了纸质版的内容，两者没有任何差别，这也是当时大多数报纸采用的做法；第二种是稍有扩展型，即在纸质版内容的基础上，电子版有所创新，如开办一些特色栏目，介绍报社活动，利用网络的互动性展开网上调查等；第三种是新闻网站型，即将电子版升级为新闻网站，结合网络的优势建立起不同于纸质版的新闻媒体，其内容在丰富性和时效性上都比原来的印刷版更胜一筹，如《无锡日报》自1999年开办网络版以来，除了每天准时发布日报、晚报电子版外，还每天更新网站上自办的10多

---

① 石磊.分散与融合——数字报业研究[M].北京:中国社会科学出版社,2010:123.

个栏目,处理网上来信来稿,并及时编辑制作国内外重大事件和本报大事的网上专题。这种做法有助于扩大报纸的影响力,为报纸在互联网上建立了良好的口碑和品牌形象。除了上述三种类型以外,还有少数报纸虽然也上了互联网,但并不注重内容的维护和更新,而只是为了在网络中申请和注册域名而抢滩互联网。

三、电子报纸的发展瓶颈

虽然电子报纸在国内外以星火燎原的态势迅速发展,但在这场堪比野蛮生长的运动中也出现不少问题,面临着共同的困境。

首先,投入与支出不平衡的问题。有人说"网络是金钱堆出来的事业",也就是说要想在网络上有所成就,首先得舍得花钱,敢于投资。目前,国内外的电子报纸都处于起步阶段,尚未找到明确的盈利模式,前景也不甚明朗。因此,这样的高投入可以说在短期内未必能带来高收益。斯坦福互动式媒体研究中心的访问学者丹尼斯·卡鲁索(Denise Caruso)认为,从目前的经济模型看,报纸上网难以在短期内获取很大回报。他认为原因有三:一是新闻成为商品,但是这种商品制造成本非常昂贵,而售价却非常低廉,新闻上网后,制作费用更高。二是广告是传统报业的主要支撑者,对于电子报纸来说却不是一种可靠的收入来源。新闻是卖不了多少钱的,但电子报纸不仅面临着报业内争取广告客户的竞争,同样还面临着如美国联机网络、微软网络以及其他上网的出版物和电视的巨大竞争压力,它们都在想方设法地吸引广告客户。三是电子报纸的某些服务并不独特和吸引读者,读者完全可以从其他各种渠道获得目前电子报纸提供的各种服务,因此并不必然去订阅电子报纸。①

其次,管理部门的混乱问题。作为一种新生事物,电子报纸并没有统一的管理要求或管理规定,这就导致了不同报社对其管理模式的不同。例如,有的报社将报纸电子版的归属部门归于编辑部,有的报社将其归为技术部,有的将其归为广告部,有的还成立了新兴的网络部专门对其负责管理,还有的则没有明确的归属,由几个部门共同管理。同时,专门用于负责电子报纸的人员数量各报社也不尽相同。少一点的有四五人,多的可达六七十人。② 人

---

① Denise Caruso. Show Me the Money![J].Columbia Journalism Review,1997(7-8):32-33.
② 姚广安.中国网上报纸的发展、现状与机遇[J].记者摇篮,2000(3):9-11.

手工种涉及网络编辑、网络技术人员、美工等。

最后，互联网中版权不明晰。长期以来，人们都存在一个误区，那就是网上的内容是公开且免费的。这就造成了报纸纸质版的内容被搬上互联网之后，被其他各大商业网站免费转载使用，而报纸一方面希望通过借助商业网站提高自己的影响力，另一方面也没有意识到这实际上已经涉及侵权问题。在 2008 年首届中国版权年会和报业版权战略研讨会上，光明日报法律部黄晓处长指出："我们（报纸）在这儿种草，他们（网站）养羊。他们的羊是吃着我们的草长大的，但是吃羊肉的人只知道产羊的地方，并不知道草的来源，所以我们的利益反而没有得到保障。"① 这种"拿来主义"最终导致了传统媒体的草养大了网络媒体的羊，而当羊被养大之后有了自己种草的能力，便再也不需要传统媒体提供的草了。因此，先期版权意识的淡漠为后来报纸在互联网上的发展受挫埋下了隐患。

第三节 报网的亲密互动

随着报纸网站的发展以及报社对互联网传播规律的熟悉，报纸网站开始从纸质版的"翻版"逐渐向综合性网站转变。这一转变不仅体现在内容更及时、容量更大、辐射地域更广，还体现在形式上互动频率提高、互动手段多元，同时更增加了多种服务功能。由于其经营范围的扩大，报纸网站不再以母报的网络版或电子版自居，而是为自己未来的发展寻找更广阔的定位，它们开始直接称自己为某网站或某在线。从纸质版到电子版，再到综合网站，报纸在互联网的天空中坚实地走着它创新的每一步。

对于报纸来说，与因特网的结合是一项里程碑式的创新，其核心是报纸开始借助网络平台来发布内容，但是对于在网络上发布哪些内容、以什么样的形式来发布内容，不同的报纸又有不同的理解，于是在网络报纸这项创新举措的背后，不同的报纸企业展开了它们再创新的探索。

再创新，也被称为再创造（re-invention），埃弗兰德将它定义为：较之最早由创新代理机构所推行的形式，再创新是创新在个人使用过程中发生的偏离（departs from the core）。罗杰斯则认为，再创造是用户在采用和实施一项

---

① 王俊秀.中国版权协会发布报告:网络不能再吃纸媒的"廉价大餐"了[N].中国青年报,2009-06-23.

创新时,创新发生变化和被改变的程度。① 再创造在创新的扩散过程中非常普遍,因为创新本身就具有新颖、灵活的特性,因此按照罗杰斯的说法,创新并不需要一成不变,采用一项创新也不必消极地遵守固有模式。在网络报纸的创新采纳中,毫无疑问所有采纳者都遵循了"报纸上网"这个核心理念,但在一些具体的操作上进行了再创造。例如:《纽约时报》和《今日美国》在"触网"的早期采用的是将报纸印刷版的内容直接复制到网络中,免费供读者浏览,而《华尔街日报》则选择了收费阅读的模式;《人民日报》和《浙江日报》则是建立了综合性的、多功能的新闻网站。随着报纸印刷版的式微及其网络业务的深入,许多报纸在"触网"之后又在后期做了一些再创造的调整。本节将以美国和中国的主流报纸为切入点,剖析其在报网亲密互动过程中各自的再创新模式。

一、美国主流报纸网站的再创新

(一)《纽约时报》:巧妙运用互联网的特性

从20世纪30年代首创报纸教育工程(Newspaper in Education,NIE)至今,《纽约时报》从来不乏创新精神。1996年1月,作为早期的大多数,《纽约时报》采纳了网络报纸的创新,建立了自己的报纸网站 www.nytimes.com,提供《纽约时报》的在线阅读。事实上,报纸网站的建立是报纸另一轮竞争的开始。席勒在《数字资本主义》中指出,由于原本不相干的流通系统正逐步统一到因特网技术平台中,网络作为流通体系的功能性得到不断的加强与扩展,这使得现有的产品流通渠道陷入了困境,因此各媒体公司必须在保存现有流通体系的同时在网络中同样争得一席之地。这就意味着,媒体公司的竞争范围从原有的流通体系扩张到了网络这个新流通体系。席勒进一步提出,在新流通体系中,以往分散的媒体产品及节目形式正向一个单一的多媒体平台汇集,因此"在这个新的共享的网络空间中,以前各不相同的媒体产品如何才能保留分散的收入来源?人们熟悉的各种传统媒体又如何才能保留自己的个性呢"?② 在因特网这个兼容并包的新媒体中,不仅同类媒介的竞争变得更加激烈,甚至连原本相去甚远的媒介形式也不得不直面竞争,为此,每一家媒体公司都试图在网络空间中保留自己原本的风格,同时尝试塑造某些新

---

① 埃弗雷特 M 罗杰斯.创新的扩散[M].辛欣,译.北京:中央编译出版社,2002:17.
② 丹·席勒.数字资本主义[M].杨立平,译.南昌:江西人民出版社,2001:133.

的个性。

《纽约时报》在网络中的再创造与因特网的特性紧密相关。雷跃捷认为，因特网的传播特征可以分别从三方面来考察：传播的内容及其表现形式、传播方式，以及传受关系。在传播的内容及表现形式上，因特网具有以下六个特点：数字化、全球性、信息的丰富多样性与无限性、可存储、易复制、易检索。在因特网的传播方式上，它的特点有迅捷性、多媒体化、交互性。而在传受关系方面，因特网则具有多元性、自由性和个性化的特点。[①] 席勒也从广告商的角度总结了因特网的三大主要特征：交互性、在赞助商和消费者之间建立更直接的关系，以及在审计和监督方面具有无与伦比的能力。由此可见，无论对于广告商还是对于受众而言，因特网都具有其他媒体无法比拟的巨大优势。基于因特网的这些特点和优势，《纽约时报》开展了内容和形式两方面的再创造，尤其推出了个性化的服务和社区平台，以塑造其网络版的形象。

1. 利用网络空间的无限性建设多元化的内容。和报纸等传统媒体相比，因特网拥有无限的空间，可以存储海量的信息，这意味着报纸不仅可以把印刷版无法容纳的内容置于网络，也可以在网络空间中尝试建立海量的多元内容，如针对不同地区的读者发布不同的广告和内容。事实上，《纽约时报》网络版的内容确实比印刷版丰富很多，它不仅拥有报纸印刷版的核心内容，还刊登来自路透社、美联社、新华社等其他媒体机构发布的信息，因此不论在新闻来源还是内容结构层次方面都更为丰富。由于网络报纸具有国际化的特点，其读者可能是来自世界各国的人民，《纽约时报》还在其网站上专门建立了"国际版"（Global Edition）和"本土版"（U. S. Edition），两个版本不仅在内容上各有侧重，在首页的版式上也不尽相同。顾名思义，"国际版"以世界上其他国家发生的事情为发布重点，而"本土版"则以美国本土最近的新闻为主。以2011年4月11日两版的首页为例，两版在文章的数量上不相上下，在内容方面，"国际版"的头条是"地震之后，日本敦促撤离"，而本土版的头条是"奥巴马号召制订计划以减少美国债务"。其他内容和版式对比如表3-1所示。

[①] 雷跃捷,金梦玉,吴风.互联网媒体的概念、传播特性、现状及其发展前景[C/OL].2000网络新闻研讨会中文版. http://www.cctv.com/tvguide/tvcomment/tyzj/zjwz/8236.shtml.

表 3-1

	首页主要内容	视频内容	首页左侧导航频道	首页上区导航栏目
国际版	(1) 地震之后，日本敦促撤离 (2) 对于将钚转变成燃料的质疑 (3) 欧盟对葡萄牙的财政救助将使政治家陷入困境 (4) 奥巴马号召制订计划以减少美国债务 (5) （日本）地震灾区：在困难中前行 (6) 法国禁止罩袍法令正式生效 (7) 穆巴拉克公开讲话否认腐败指控 (8) 卡扎菲接受了非盟提出的停火路线图 (9) 中国在苏里南进一步稳固地位 (10) 法国部队再袭科特迪瓦前总统官邸 (11) 英国作家迈克尔·莫尔普戈作品《战马》将被搬上荧幕 (12) 北约继续打击利比亚 (13) 英国即将公布银行体系改革的重要报告 (14) 警察阻止乌干达抗议活动	威廉王子的皇家婚礼	世界新闻、商业、体育、时尚、艺术、观点、教育、居家、旅游、技术、科学、健康、纽约地区（N.Y./region） 饮酒与饮食 家庭与园艺 书籍、电影、音乐 电视、剧场、周日杂志 T台杂志、博客、卡通 分类广告、纠错 填词游戏、时报学习 多媒体、讣告、播客 视频、一周回顾、天气 婚礼/庆典、服务、订阅 关于时报	亚洲 欧洲 非洲 中东 美洲 美国
本土版	(1) 奥巴马号召制订计划以减少美国债务 (2) 美国共和党面临艰难时刻 (3) 紧密无间的"共和党四人组" (4) 卡扎菲接受了非盟提出的停火路线图 (5) Rory McIlroy 将面临前所未有的困境 (6) 华盛顿的下一个议程：与债务而战 (7) 法国禁止罩袍法令正式生效 (8) Katie Couric 有望主持 CBS 新脱口秀节目 (9) 地震之后，日本敦促撤离 (10) 对于将钚转变成燃料的质疑 (11) 助推解除HIV器官捐赠禁令 (12) 日本远藤制药公司购买美国保险 (13) 大学入学，近在咫尺	西德尼·吕美特：最后的留言	找工作、房地产 汽车、所有分类广告 世界新闻、美国新闻 政治、纽约、商业、财经 新闻、技术、体育、健康、观点、艺术、书籍 电影、音乐、电视、剧场、时尚、饮酒和饮食、家庭和园艺、结婚/庆典、旅游、博客、卡通、纠错、填词游戏、时报学习、多媒体、讣告、播客、视频、一周回顾、天气、T杂志、服务、订阅 关于时报	无

从上述对比中可以看出，国际版的内容相对更加多元化，14篇文章中与美国相关的报道只有2篇，而本土版中与美国相关的报道有9篇，两个版面共有5篇报道有重叠，而这5篇报道的内容都是目前国际上发生的比较热门的大事。而在视频新闻的选择上，国际版刊登的是威廉王子即将举办的皇家婚礼，作为英国王室的继承人，这场婚礼无疑将会是全世界关注的焦点。而本土版则以"吕美特：最后的留言"为标题。西德尼·吕美特是美国著名导演，1957年因拍摄电影《十二怒汉》而闻名于世。美国东部时间2011年4月9日，吕美特因病在家中逝世，因此本土版刊登此视频作为对吕美特最后的哀悼也是非常应景的选择。此外，在版式上，本土版取消了首页上区的导航条，没有像国际版一样在此对内容作详细的地区划分。而在左边的频道导航区中，本土版又将各种分类广告放在所有内容之前，这也是出于现实的考虑，因为国际版的读者大多来自其他国家，即便看到了这些广告，也只可能心动，而不可能行动，而对于本土居民来说，心动加行动无疑是完全有可能的。通过对两个版本的对比可以发现，《纽约时报》在内容的发布和互补上下足了功夫，不仅网络版和印刷版分工明确、相辅相成，还通过网络版中国际版和本土版的区分迎合美国当地和其他国家读者的不同信息需求，从而最大限度地吸引读者的关注，得到读者的青睐和信赖。

　　网络的无限性给网络报纸带来了广阔的空间，而网络的迅捷性则给网络报纸提供了抢占报道先机的有利条件。由于在因特网上发布信息快速便捷，网络本身的传播速度又非比寻常，因此因特网在报道突发性事件和持续性发展的事件时具有与生俱来的时效优势，而报纸与因特网的结合又将这种优势带到了网络报纸中。对于《纽约时报》来说，当遇到突发性事件时，它会在其网站上临时增设"热点新闻"栏目，对该事件进行第一时间的报道以及随后的追踪，方便读者及时了解事情的进展。而此时报纸印刷版的做法通常是，在网络版第一时间报道了事件的发生之后，再对该事件进行详细的解读和深入的调查，从而向读者呈现事件的来龙去脉以及相关的背景材料。可以说，在突发性事件的报道上，《纽约时报》网络版与印刷版在内容上的合作与互动既发挥了各自的长处，又满足了受众对信息的不同需求。为了更进一步发挥网络时效性强的优势，弥补报纸的不足，《纽约时报》网络版实行了24小时的滚动更新，据笔者粗略统计，《纽约时报》网站几乎每隔十几分钟就会发布新的内容，即使在当地时间的半夜或凌晨，也有编辑负责更新来自路透社或美联社等其他机构的新闻。

2. 利用网络空间的多媒体化与交互性建设形式和服务的多样性。众所周知，报纸是纸张与铅字的结合，广播是接收器与声音的结合，电视是荧幕与声音和图像的结合，而在因特网中，数字化的文字、图片、声音和图像可以任意结合，提供受众所需要的不同传播形式，这就是因特网的多媒体特性。网络的多媒体化使得报纸摆脱了印刷版的沉闷，以《纽约时报》为例，它的网络版首页就涵盖了文字、图片、图表、声音和图像等各种多媒体元素。根据笔者的粗略统计，《纽约时报》网站的首页设置大大小小20多幅图片（其中有5幅为广告图片）、2个图表以及2个视频。在版式的设计上，《纽约时报》网络版的风格沿袭了其印刷版的庄重、大气，版面配色简洁、线条流畅，粗体的黑色logo搭配蓝色的文章标题，给人一种简约的明快感。上区和左区清晰的导航链接让人对所有内容一目了然，能够迅速找到自己所需要的新闻。正如尼葛洛庞蒂所说，"数字化会改变大众传播媒体的本质，'推'（pashing）送比特给人们的过程将一变而为允许大家（或他们的电脑）'拉'（pulling）出想要的比特的过程。这是一个剧烈的变化，因为我们以往媒体的整个概念是，通过层层的过滤之后，把信息和娱乐简化为一套'要闻'或'畅销书'，再抛给不同的'受众'"①。正是"推"和"拉"的本质区别引发了媒体与受众传播地位的巨大变化，与传统媒体的将内容硬"推"给受众不同，因特网就像一个信息的海洋，容纳了无限的内容，而受众可以根据自己的兴趣和需要自行索取。

在《纽约时报》网络版中，网络不仅为读者提供多元的内容，还有多样化的服务。例如，读者可以设置自己所在的城市，以便之后每次登录都能看到自己城市5天之内的天气情况。在左侧导航的服务频道中，网站设有"电影票务""我的提醒""移动《纽约时报》""《纽约时报》购物""剧院票务""时报机器""时报限量""时报略读""时报连线"等服务频道，提供的服务主要分为这样几类：①购票，如"电影票务"和"剧院票务"。②购物，如"时报商城"和"时报限量"，其中"时报限量"是《纽约时报》网站新推出的一项电子邮件服务，由于网站每天有不同的限时抢购活动，因此专门设立了此项服务，即通过电邮提醒读者抢购产品的有关信息。③资讯，如"时报略读""时报连线""移动《纽约时报》"，其中"时报略读"是专为忙碌的人士设计的栏目，该栏目会精选《纽约时报》当日最重要的10篇报

---

① 尼古拉斯·尼葛洛庞帝.数字化生存[M].胡泳,范海燕,译.海口:海南出版社,1997:103.

道，方便读者节约寻找信息的时间；而"时报连线"则是为读者提供在线实时阅读新闻的服务。④订阅，如"时报机器"，该服务为印刷版订户提供第一期（1851年9月18日）到1922年最后一期（1922年12月30日）的《纽约时报》报纸的扫描版。⑤提醒，如"我的提醒"，它专门负责为读者提供新闻提醒和股票提醒。读者可以根据自己的兴趣设定关键词提醒、主题提醒、公司提醒和股票价位/成交量提醒，当《纽约时报》网站发现与这些提醒词相匹配的内容，或者股票价位/成交量达到了读者的设定，便会及时给予提醒。多元的呈现形式和多样的服务让读者在获取新闻的同时也感受到了网络和网络报纸的无限魅力。

3. 利用网络空间的自由性与个性化建设个人专栏和网页。在美国，个性化的新闻和信息服务始于20世纪90年代中期。1996年前后，美国出现了一批以"我的……"命名的栏目，如"我的雅虎"（My Yahoo）"我的赛特"（My Excite①），当时这些栏目在内容上并未做出个性化的设置或区分，而只是做了些形式上的调整。对此，纽约时报集团领导层有自己的规划和见解，其数字媒体部总裁马丁·尼桑赫兹（Martin Nisenholtz）认为，"读者不仅仅希望能读到新闻网站上的内容，而且希望能对这些内容做些什么"。对于那些分散的服务，如"我的日历""我的天气""我的文档""我的网页"等，尼桑赫兹认为，"读者到处都能看到日历、文档，设有密码，但是没有人帮助他们把这些东西整合起来……目前我们正在思索究竟能为读者提供什么，但无论什么服务，内容始终都是核心，然后我们要提供的是基于内容之上的应用价值"②。2007年，《纽约时报》网络版为用户提供了免费的个性化专栏"我的时报"（My Times）。"我的时报"允许读者将《纽约时报》网络版的任何标题以及来自时报网站之外的其他外部资源整合到一起，组成自己喜欢的网页。例如，工作上需要关注的新闻可以组成一个网页，而业余时间自己感兴趣的新闻或话题可以组成另一个网页。"我的时报"将读者喜欢的内容集中到一个地方，方便读者集中阅读，它一方面为读者提供了个性化的内容和形式服务，另一方面也充分展现了尼桑赫兹所说的"整合"的概念。

个性化是网络的一个重要特点，它指的是在大众化的基础上增加独特的、另类的、拥有自己特质的需求。《纽约时报》网络版于2011年3月10日新推

---

① My Excite是美国一家著名网站，主要提供丰富的内容和资源，以及完善的搜索服务。

② J D Lasica. Online news media's new mantra: building user loyalty[J/OL]. Online Journalism Review, 2005. http://www.ojr.org.

出的"推荐特辑"(Recommendations)就很好地反映了这一点。"推荐特辑"实际上类似一张"个性化阅读清单",它不仅能记住读者的阅读历史,包括过去一个月读过的文章数量、最常访问的栏目、最常关注的话题,以及最近读过的内容清单,还能根据这些阅读历史为读者推荐其可能会感兴趣的内容。纽约时报媒体集团副主席兼《纽约时报》网站经理丹尼斯·沃伦(Dennise Warren)认为:"作为一个具有深度和广度的报纸网站,我们一直在寻找新的途径来帮助读者找到他们感兴趣的栏目,使他们在平时自己经常看的内容和话题之外发现新的兴趣点……而时报网站的'推荐'栏目为他们提供了更加个性化的视角,同时也给予他们在我们网站驻足时间更长的另一个理由。"[①]尽管之前《纽约时报》网络版曾有过各种个性化服务的尝试,但新推出的"推荐"栏目是在这些基础之上的更高层次的服务,它不像传统的推荐那样只根据内容来推荐,而是将推荐的范围扩展到了话题、国家、栏目等其他方面,因此它不仅具有个性化定制的意义,还具有"偶然性",即它能够帮助读者找到他们自己也没有发觉的感兴趣的领域。更为重要的是,《纽约时报》网络版在宣布收费之后不久推出这一服务,更是具有特殊的意义,为此,本书笔者与《纽约时报》网站的技术主管马克·弗隆斯(Marc Frons)通过邮件进行了交流。弗隆斯告诉笔者,"推荐"栏目的筹划开始于9个月之前,当时主要由时报集团高级软件工程师德里克·高特弗里德(Derek Gottfrid)负责这个项目技术上的事宜。从技术的角度讲,它实际上是一个建立在时报网站数据库基础之上的搜索引擎,引擎根据接收到的内容在网站中寻找可能与之相匹配的其他内容。与传统意义上的"个性化定制"不同的是,推荐引擎不仅关注读者阅读过的内容本身,更加关注读者阅读的规律、他们在《纽约时报》网站的浏览轨迹,以及他们可能会去看的内容。弗隆斯说:"《纽约时报》网站不仅根据你最终选择阅读的内容,还根据你不同的兴趣来推荐内容。对读者访问路径和活动的关注正是时报网站在其已有的个性化平台之外又建立推荐引擎的主要原因。"[②] 由于网络上的信息纷繁复杂,读者很难在第一时间就找到自己需要的信息内容,因此推荐引擎的推出一方面节省了读者在网站上搜寻内容所花的时间,另一方面也能帮助读者挖掘连他们自己也尚未发现的新的兴趣点。"从使用—交互的心理学角度看,推荐引擎就像某种性格测试系

---

① Newyork Times Company. NYTimes.com adds Recommendations Feature[EB/OL].[2013-03-10]. http://www.nytco.com.

② 此处内容来自笔者与《纽约时报》网站技术主管 Marc Frons 的访谈。

统,当你告诉它们一些发生过的事或想法时,它们会据此做出推断……它们所搜集的数据,尤其读者阅读某个话题、某个领域内容的次数是显而易见且可靠的,因此大多数情况下能反映出一些真实的情况"[1]。作为一个个性化引擎,用户的反馈对于改善其功能具有很大的作用。随着使用的人越来越多,其推荐的内容也会越来越精准。目前,引擎主要通过读者在网络上阅读的文章进行推断,但这个缺陷很快就会被填补,因为纽约时报集团打算将这一引擎应用到各种设备上,包括诸如 iPhone 和 iPad 等所有移动设备。正如弗隆斯所说:"我们知道,读者希望能在各个平台,随时随地读到我们的内容。这将会是一个良性循环的过程:读者阅读得越多,引擎推荐得越精确,根据推荐读者又会读得更多,一切呈现螺旋式上升发展的循环过程。"[2] 当被问及"推荐"栏目的推出是否与《纽约时报》网络版开始收费有关时,弗隆斯给予了否定的答复。他说:"不管网站收不收费,我们新闻机构的任务都是尽可能地为读者提供更多相关的信息和报道。对于我来说,哪种运营模式或盈利模式并不重要,关键是要让更多的人阅读我们的内容,访问我们的网站。因此,开发推荐引擎的初衷符合纽约时报集团的发展策略,那就是提高读者的参与度……而在未来,我们希望它不仅仅是一个网页,而能以'个性化'(personalization)和'意外的惊奇'(serendipity)成为读者在《纽约时报》网上的核心体验。"[3]

4. 利用网络空间的交互性与自由性建立社区。2008 年 9 月,《纽约时报》推出时报人(Times People)社区,为该报读者提供自由交流、反馈意见与评论的网络平台,共享和交换有关《纽约时报》的新闻以及其他内容。在时报人社区中,用户可以针对电影、百老汇音乐剧、美食资讯等进行评分和评论。这一建立在纽约时报既有新闻基础上的分享平台,打破了传统编辑对新闻的层次化安排,提供了一种社会化的机制,让使用者获取其想看的信息。读者还可以推荐自己喜欢的新闻让大家来投票。其新闻推荐、新闻评论和评级功能充分发挥了网络传播的交互性作用。最具创意的是,时报人社区的用户不仅能向该社区内的好友推荐文章,还能将自己中意并附加了自己点评内容的《纽约时报》文章推荐给 Gmail,Windows Live(Hotmail),Yahoo Mail,

---

[1] 此处内容来自笔者与《纽约时报》网站技术主管 Marc Frons 的访谈。
[2] 此处内容来自笔者与《纽约时报》网站技术主管 Marc Frons 的访谈。
[3] 此处内容来自笔者与《纽约时报》网站技术主管 Marc Frons 的访谈。

Twitter，MySpace、Facebook 和 iPhone 上的联系人。①

随着 Facebook、Twitter 等社交网站在美国及全球的兴起，《纽约时报》加快了其涉足社交网络的步伐。一方面，它在知名社交网站 Facebook 上建立了专页，并在 2008 年美国总统大选结束之后，在该网站上成功举办了专项推广活动，把有关《纽约时报》的品牌信息传递给 6 830 万人，使该网站上《纽约时报》的粉丝人数从 49 000 增加到 164 000，网民发表评论 34 000 条。② 另一方面，它还率先在 Twitter 上建立了"纽约时报·书籍""纽约时报·艺术""纽约时报·娱乐"等专题报道，吸引了一批年轻读者的关注。《纽约时报》此举充分利用了互联网的价值。因为在 Web 2.0 时代，每一个互联网用户都是一个重要媒体，大众传媒要善于汇聚众多个人的力量，改变传统上由少数专家主导的专业新闻制播体系，建立起由更多"受众"参与的信息传播系统，而这种终端读者参与的传播模式可了解读者的阅读兴趣、提高读者的忠诚度，为未来开发个性化读者信息订制服务奠定基础。③

毋庸置疑，在网络报纸的再创新方面，《纽约时报》充分利用了因特网的特点，发挥了因特网的价值。在网络报纸中，信息的丰富与无限，形式的交互与多元，服务的多样化与人性化改变了读者过去被动接收信息的状况，让读者能够真正根据自己的需求来选择相关的内容和服务。

（二）《华尔街日报》：充分发挥报网交互的优势

《京华时报》的社长吴海民将报网互动过程分为三个历史阶段：第一阶段为纸媒网站初创期的前十年，在这一阶段中，网站作为报纸的延伸，在内容上和经营上都需要依赖母版报纸；第二阶段是纸媒网站进入成长期的新十年，这一时期网站的发展速度可谓日新月异，其宽广的受众面和影响力，丰富的内容和即时的传播，赋予其足够的力量弥补母版报纸的不足；而第三个阶段则指网站在未来将步入自己壮年期的十年，在这一阶段，纸媒网站在内容上开始逐步独立，建立起自己的特色，经济上也能给予母版报纸一定的补充。《华尔街日报》网站是较早完成这三个阶段的纸媒网站，它从一开始就采用了

---

① 付晓燕.传统报纸电子阅读业务开发的必要性及其可能——以《纽约时报》电子报为例[J/OL].[2010-12-23].http://media.people.com.cn/GB/22114/150608/150615/13565809.html.

② Scott. New York Times: highlights from the NYT business side[EB/OL].[2017-02-12].http://www.niemanlab.org/pdfs/nyttimes3memo.pdf.

③ 付晓燕.传统报纸电子阅读业务开发的必要性及其可能——以《纽约时报》电子报为例[J/OL].[2010-12-23].http://media.people.com.cn/GB/22114/150608/150615/13565809.html.

收费的策略,并一直坚持至今。

为了更好地实现印刷版与网络版的互动,2008年《华尔街日报》数字网络部总裁戈登·麦克劳德(Gordon McLeod)对外宣布将投入一大笔资金用于网站的建设和改版,此举与之前印刷版的"瘦身"相得益彰。《华尔街日报》副主编莫里(Alan Murray)对改版后的前景表示乐观,他说:"报纸的新东家(默多克及新闻集团)已经明确表示不希望《华尔街日报》成为人们的第二阅读物,而应当是阅读的第一选择,应当适应他们所有的信息需求。"① 事实上,此次《华尔街日报》网站改版出于两个目的:一是加强报网互动;二是抓住"从侧门进来的用户"(come in through the side door),尤其要抓住他们的注意力。所谓"从侧门进来的用户",指的是并非直接登录《华尔街日报》网站主页,而是通过搜索引擎或其他外部链接进入网站某个页面的用户。赫伯特·西蒙(H. A. Simon)认为,"在一个信息丰富的世界,信息的富有就意味着另一样东西的缺乏,即信息所消费的某种东西的稀缺,而信息所消费的正是受众的注意力"。② 换言之,信息的丰富造成了注意力的贫乏,由此带来了有效配置注意力的需要。迈克尔·戈德海伯(Michael H. Goldhaber)进一步提出了"注意力经济"的概念,认为在因特网的信息社会中,信息已经不再是一种稀缺的资源,而是相对的过剩,稀缺的资源是人的注意力,因此他提出,目前以网络为基础的"新经济",从本质上讲就是"注意力经济"。当受众的注意力成为一种经济资源时,对于媒体企业来说,如何获取和保持受众的注意力就变得至关重要。因此,《华尔街日报》试图通过网站的改版,抓住受众的注意力,尤其是那些"从侧门进来的用户"的注意力,使他们在网站多做停留。负责此次改版的马里奥·加西亚认为,"网络冲浪的网民们通常缺乏耐心,他们在每个页面停留的时间也往往很短,因此如果不能在很短的几秒钟内抓住他们的眼球,让他们顺利找到需要的信息,他们很可能就会轻点鼠标而选择离开"。③ 为此,改版后的《华尔街日报》网站发生了一些变化:

---

① Katherine Thompson. WSJ. com relaunches, revamps newsroom: This is just the beginning [EB/OL]. http://www.editorsweblog.org/analysis/2008/09/wsjcom_ relaunches_ revamps_ newsroom_ this.php.

② Simon H A. Desingning Organizations for an Information - Rich World [M]//Computers, communications, and the public interest, Martin Greenberger. Baltimore: The John Hopkins Press, 1971: 40-70.

③ Staci D. Kramer. Interview: Mario Garcia: print is the mother milk of the tablet [EB/OL]. [2010-06-16]. http://paidcontent.org/article/419-interview-dr.-mario-garcia-print-is-the-mother-milk-of-the-tablet/.

外观上，网页的色彩变得更加丰富，各类照片以及升级播放器都给人全新的感受，其中最具创意的是网站导航"新闻卷轴"（newsreel）的设计。"新闻卷轴"取代了原本设置在网站左侧的导航条，而以卷轴的方式将该板块的重要新闻置于文章顶部，并不断滚动更新。设计"新闻卷轴"的本意就是要抓住"从侧门进来的用户"的注意力，当用户从搜索引擎的链接进入这个页面浏览文章时，"新闻卷轴"会不停地、持续地滚动显示该板块（即用户所看的这个板块）的重大新闻事件。例如，如果用户是在商业版，"新闻卷轴"就不断展现今天重要的商业新闻，由此可能延长用户访问网站的时间。此外，在改版前的网站，订户们无法区分哪些内容是只针对他们开放的，而改版后的网站明确表明了哪些内容需要订阅，哪些可免费阅读，这其实也是向订户展现他们订阅的价值。

内容上，新改版的《华尔街日报》网站是《华尔街日报》数字网络部的旗舰产品，它涵盖了来自各方面的内容，包括《华尔街日报》印刷版，道·琼斯旗下的《巴伦周刊》、财经新闻网站 Marketwatch 和数字新闻网站 AllThingsD 首页关注的内容。

广告和视频方面，新版网站广告数量比以往少，但技术含量更高，原有的插入式广告、隐性弹出式广告都被取消了，出现更多的是视频广告。不仅如此，新的广告单元可以上下滚动，也可以被随意移动。原有的视频播放器进行了升级，使得用户可以自由在文章和视频之间切换而不用离开这个页面。和"新闻卷轴"的目的一样，这样的改进也是希望能将用户挽留在此页面，延长他们的访问时间。

新网站的其他变化还有，改进了数字基础设施，对专栏博客、用户反馈工具、多媒体容量（如各类照片、视频、图表的容量）、档案资料的容量等进行了升级。注册用户可以直接从网站上追踪到自己的投资理财情况，订制个性化的新闻网页，获得突发财经新闻的提醒。数字网络部总裁麦克劳德将新版的《华尔街日报》网站称为"一个网站，两种体验"。所谓的两种体验，一种是对报纸订户而言的，另一种则是对世界各地的非订户而言的。目前，《华尔街日报》网站已经拥有了超过 100 万的付费用户，访问者的数量则达到了 1 700 多万，报纸管理层一方面希望通过提供更有价值的内容、调整版面设计、设置"新闻卷轴"、升级各种软件吸引那些"从侧门进来"的新用户，让他们觉得有价值从而达到出售其订阅的目的；另一方面，更重要的是要留住网站原有的那些老用户。对于忠实的老订户们，《华尔街日报》网站除了为他们提供上述所有服务之外，还决定提供一项独一无二的服务，即建立《华尔街日报》社区，作为用户沟通的平台。与其他纸媒网站的社区相比，《华尔街日报》社区有两处不同：第一个不同是，只有《华尔街日报》网站的订户才能在该社区中发言，而非订户只能够看到他们针对新闻的讨论；第二个不同之处在于，该社区中的用户必须用真名注册，用真名发言，其目的是减少任何随意的或匿名的评论，避免像其他网站的评论那样最终变得毫无意义。该报副主编莫里相信，网站订户的高素质会带来"高水准的对话"。他承认，在《华尔街日报》社区谈话的人数肯定不会超过雅虎财经的人数，但是"我们认为有用和高质量的谈话内容才是关键"①。麦克劳德也对新建的社区充满信心，"它不是世界上最大的网络，但是我们相信它的质量、话语和讨论小组，这将会是我们的一个特色"。② 据麦克劳德透露，《华尔街日报》也打算将来对非订户开发此社区，但是非订户也必须和订户一样用真名才能参与其中的互动和讨论。除了建立社区之外，《华尔街日报》网站还有很多与社交网络的链接，按照麦克劳德的说法，此举并不是要和社交网站竞争，而是想让用户尽可能容易地在社交网络中分享其内容，从而吸引他们的朋友和其他社会关系加入《华尔街日报》社区中来。

正如前文所提及的，除了期望"抓住从侧门进来的用户"，另一个促使《华尔街日报》进行改版的动因是加强印刷版和网络版之间的互动，让读者一整天都离不开《华尔街日报》。报网互动一直是《华尔街日报》印刷版和网络版的一大特色，它指的是设计一种让报纸和网络在某些情况下，实现资源共享、优势互补的合作方式。改版后的《华尔街日报》报网互动特色主要体现在以下几个方面。

1. 纸媒与网站相互宣传和推广。《华尔街日报》发行人深谙品牌的强大力量，因此一方面利用印刷版百年老报的声誉来宣传其网站，从而扩大网络版的知名度；另一方面又在网络版中为印刷版做推广，引导读者到印刷版中阅读更详细的相关内容。具体做法包括：在印刷版的报头显眼之处附上网络版的网址，提醒读者可以通过上网看到该报的相关内容；在印刷版头版的左下角设置网络版的内容导读，方便读者了解网络版的所有重要内容；在网络

---

① Katherine Thompson. WSJ. com relaunches, revamps newsroom: This is just the beginning [N/OL]. [2008-09-20]. http://www.editorsweblog.org/analysis/2008/09/wsjcom_relaunches_revamps_newsroom_this.php.

② Staci D. Kramer. WSJ. com Relaunches During Financial News Meltdown [N/OL]. [2008-09-15]. http://www.guardian.co.uk/media/pda/2008/sep/15/pressandpublishing.wallstreetjournal.

版建立和印刷版名字一样的专栏，尽管内容不尽相同，但同样的名字仍然会促使读者联想到其印刷版；印刷版的某些新闻后面标有"如需进一步了解更多信息，请登录www.wsj.com"，同样在网络版的很多新闻后面也会相应地引导读者参看印刷版报纸的某一个版面。

2. 重新分布新闻内容，发挥网络交互特色。由于在此次改版中，《华尔街日报》印刷版在宽度上减少了7.6厘米，这相当于减少了一个标准栏位，因此它的一些内容也相应地被迁移至网络上，如事件性新闻报道和翔实的数据等。可以说，在内容的承载上，网络的重要性得到了更大程度的凸显。原本《华尔街日报》印刷版和网络版在新闻报道的比例上平分秋色，而在此次改版之后，报网平分新闻的格局被打破，新闻报道的内容更多地被转移至了网络版中，具体的分配是：印刷版占新闻报道的20%，网络版占80%。将新闻的报道更多地置于网络上是出于两个方面的考量：第一个考量是希望借此充分发挥网络的时效性，迎合读者的阅读规律。根据《华尔街日报》对读者阅读时间的调查发现，该报的读者倾向于在早晨看报纸，而在白天的其他时间则关注网络；第二个考量是希望借此举逐步转化报纸的职能，一方面使其慢慢淡化时效性上的抢夺，另一方面加强其解读、评论和预测的作用，从而使报纸的深度评析功能和网络24小时滚动更新的信息功能相得益彰。不仅在内容方面，此次改版还扩大了网络多元的形式，对其进行了技术上和形式上的双重升级。改版后的《华尔街日报》网络版新增加了站内搜索功能和视频片段，读者可以通过搜索功能在纷繁的信息海洋中轻易找到自己关注的报道和图片、视频。秉承了交互的理念，网站还开设了读者论坛，定期举办读者之间、编辑和读者之间的在线讨论活动，加强双方的互动。此外，同其他报纸网站一样，个性化的服务也是《华尔街日报》改革的一个重点，新开办的"我的华尔街日报"（MyWsj.com）是一个专为日报读者设置的栏目，读者可以在此建立自己的主页，并通过输入邮政编码定制其所在地的天气和票务信息，定制新闻内容，使其成为一个完全个性化的网页。

3. 报网互动，栏目对应。《华尔街日报》的读者对其品牌具有极高的忠诚性，他们首先是印刷版的忠实读者，在网络版创办之后，他们既继续坚守在印刷版的传统阵营上，又加入网络阅读的新兴队伍中，因此他们无论对印刷版还是网络版的内容、栏目、版式都相当熟悉。为了方便这群忠实的读者能够在两个版本中轻松切换，保持阅读的关联性和连贯性，《华尔街日报》在两者栏目的设置上基本保持一致,例如网络版的"新闻"频道对应报纸的 A 叠,"市场"频道对应报纸的 B 叠,而"个人生活与理财"频道则对应报纸的 D 叠。此外,《华尔街日报》印刷版和网络版都设有一个意见调查栏目"今日问题"。每天,报纸都会在调查栏目或相关新闻中提出调查问题,同时邀请读者上网参与调查,利用网络的互动性引导读者发表自己的观点和评论,而对于调查的结果将会在第二天的印刷版报纸中公布。相较于过去传统的电话或邮件的调查方式,这种报网合作进行调查的方法不仅灵活多变、反馈及时,而且有利于拉近读者和报纸之间的距离,充分发挥了报纸和网络合作互补的优势。

4. 长篇稿件的报网互动解读。众所周知,相对于无限的网络空间而言,报纸的版面可谓相当有限,因此印刷版的内容往往是经过编辑删减的、关于事件最新进展的内容。对于《华尔街日报》来说,一旦遇上篇幅较长、超过版面限制的稿件,其编辑通常会将原文的精编版刊登于报纸,而将全篇的内容刊登在《华尔街日报》的网络版中,这样对此话题感兴趣的读者可以通过登录其网站阅读到全文。而与此相关的所谓"配套稿件",包括背景材料、相关机构提供的资料、图像资料、视频、音频以及来自各方的观点和评论等也都被置于宽阔的网络空间,通过超文本链接的方式为读者提供图像、音像上的全景呈现,方便读者从多个角度了解事件的来龙去脉,听到多元化的见解和声音。

和其他两份报纸相比,《华尔街日报》从一开始就确立了与众不同的专业化定位和发展道路,在 1996 年决定采纳网络报纸的创新之时,它给其网站命名为《华尔街日报》交互版(Wall Street Journal Interactive Edition)。所谓的"交互"实际上包含了两层含义:其一,网络版并不是一味地复制印刷版的内容,而是与印刷版交相互动;其二,网络版并不仅仅为读者提供新闻和信息,而是期望能更多地与读者进行互动、讨论,听到读者反馈的声音。事实上,从上述分析中也可以看出,《华尔街日报》确实一直在朝着"交互"的方向努力,它的报网互动特色一直为学界所津津乐道。

(三)《今日美国》:大胆彰显个性与报纸特色

创刊于 1982 年的《今日美国》在三家报纸中历史最短,同时也最具个性。它的独特之处在于,它是美国第一份全国性报纸,在报纸的编排上采用了大量的彩色图片、图表,又在报道中秉承"希望新闻"理念,"精确而不悲观,详细而不消极地报道所有的新闻"①。正是这些独特之处让它跻身于美国发行量排行前三的报纸行列。

由于其年轻的活力以及张扬的个性,《今日美国》一直是各种创新的佼佼者,在网络报纸的创新采纳上,它比其他两份报纸时间都要早。与此同时,《今日美国》面对的读者群体既不是精英,也不是专业人士,而是遍及全国的普通大众,因此亲民化、形象化、指导化,有时甚至娱乐化都是该报的特色,《今日美国》在其后网络报纸的再创新中也充分体现和发扬了这些特色。

2000年,时任《今日美国》总裁兼首席执行官的汤姆·库里（Tom Curley）确立了该报走互联网发展道路的方向,他相信,唯有网络化发展才能帮助报纸在瞬息万变的传媒市场中保持稳步的发展。库里在给《今日美国》的员工讲话中说道:"数字革命已经到来,我们必须做好充分的准备了解它、迎接她,学习在不同的平台发布内容。这场革命不仅是指《今日美国》在互联网平台上的作为和策略,更是一场数字的转化（digital conversion）……我们的电子对手们已经出动,抢占我们的受众和市场,他们比以往的任何对手都要强大,我们可以胜利,但首先我们必须奋起战斗。"②

于是,库里勾勒出了《今日美国》"网络发展策略"的蓝图——通过报纸、网络和广播电视直播三个不同的平台发布其内容。首先,利用报纸的报道,电视制作小组可以为甘尼特旗下21家电视台提供内容;其次,报纸也可以提供内容给网络;最后,广播电视直播能为报纸和网络提供数字图像,丰富其多媒体资源。见图3-1。

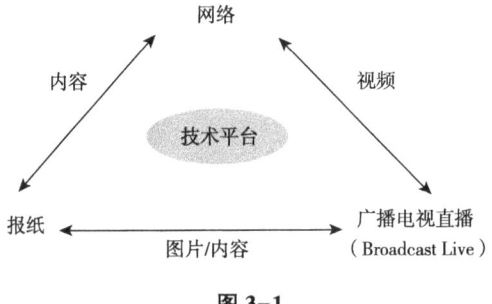

图3-1

---

① 周莉.《今日美国》:向传统观念挑战[J].国际新闻界,1999(5):21-23.
② Michael Tushman,Michael J. Roberts. USA Today:Pursuing the Network Strategy[EB/OL].[2005-09-19].Harvard Business School Programme. https://www.hbs.edu/about/academic-programs/pages/default.aspxp107.

库里的这个构想与主编凯伦·吉根森（Karen Jurgensen）的"三段论"不谋而合。吉根森将《今日美国》的发展历程分为三个阶段：第一个阶段是1982年报纸创刊到1994年，这个阶段报纸的特点是色彩丰富、平易近人，报道公正且平衡。第二个阶段在1995—1999年，此时报纸开始向深度报道的方向转变，逐渐倾向于刊登大块文章和关注突发新闻而不仅仅是总结新闻。在版面上，报纸的色彩变得灰暗，失去了往日的明艳和鲜明的特色。这一方面是因为报纸本身色彩的运用没有以往鲜艳，另一方面也是有线电视、互联网以及其他报纸媒体开始运用大量丰富的图片，使得《今日美国》原本的特色也不再那么凸显。第三个阶段是从2000年至今，吉根森希望第三阶段的《今日美国》能够结合第一阶段和第二阶段各自的优点，即第一阶段的报纸虽然浅薄空洞但受众广，第二阶段色调灰暗但却有分量，并在以上二者基础上有所改进。吉根森说："我们要做到平民化，我们要做到一目了然，我们要提供别的地方无法找到的新闻内容……从这个意义上说，我们不再仅仅是一份报纸，而是一个网络……通过这个共同的核心平台，我们不但生产报纸的内容，还为电视台、互联网提供内容。"[①] 由此可以看出，库里和吉根森都已经意识到，在新媒体时代，报纸仅靠自身的力量是无法突出重围的，必须利用集团的资源，借助电视和网络的力量。为此，《今日美国》在印刷版和网络版两方面都作了不同的努力，这些努力也在不同程度上体现了前文提及的该报的特点。

1. 通过形象化与娱乐化的结合，找回年轻的读者。对于报纸来说，读者流失，特别是年轻人远离报纸，是其面临的最大问题。甘尼特集团报业发展部门的一个研究小组经过几个月对目标读者进行的调查显示，25～34岁的读者是一群网络喜好者，倾向从网络、广播等多种媒体获取信息，很少订阅传统的报纸，这一群人习惯于在适合他们的时间、地点，通过他们喜欢的方式获得免费新闻产品。因此，研究小组提出以年轻人喜欢的形式、内容和方式，免费送新闻给他们看。于是，甘尼特集团曾一度携同《今日美国》及旗下其他地方报纸在中学和大学校园、宿舍中免费派放，他们相信"如果孩子在学校里养成读报习惯，他们长大后也很可能爱读报。所以越早让孩子们接触报纸，越会让他们养成持续阅读的习惯"[②]。《今日美国》生活栏目记者黑尔米

---

① Teinowitz Ira. USA Today：No longer a newspaper[J].Advertising Age,2002,73(36):34-44.
② 徐荣华.台湾报业经营困境与因应策略[D/OL].中国台湾：台湾"国立"政治大学,2007. http://nccur. lib. nccu. edu. tw/handle/140. 119/33088.

希（Nanci Hellmich）认为，"报纸应当是亲切的、阅读舒适的，报纸的信息既要分析深入，又要多元化，与优质生活息息相关。如果年轻人通过阅读报纸获得信息而变得聪明，同时和家人或朋友间有可供谈论的话题，年轻人是会喜欢报纸的。因此，我们必须增加适合年轻人的内容，让报纸变得年轻化"①。黑尔米希在夏季即将到来之际，特地为年轻的情侣们准备了一篇名为"爱情作家教你如何度过一个浪漫夏天"的报道，文章总结了《今日美国》畅销爱情书作家提出的经验，如关掉所有的电子设备、为爱侣策划一次意想不到的旅行、在夕阳下冲浪等，文章刊出之后广受好评，连续几天占据着生活栏目"最受欢迎文章"榜首的位置。由于年轻的读者一路在网络的陪伴下成长，他们已经习惯了电脑、手机等新媒体带来的新兴阅读方式，因此报纸除了要在内容上贴近他们的生活之外，在方式上也应当有所创新。该报的另一位编辑科尔顿（David Colton）指出，"年轻人不读报并不是因为报纸出了什么问题，而是他们和我们当年的阅读方式不同。因此报社的编辑和记者必须熟悉他们的工具，尤其是网络和手机等数字媒体，发挥创新思维，将数字媒体的优势发挥至最大"②。为此，《今日美国》网站2010年为即将上大学的年轻读者及其家长策划了一个网络专题项目"2010年100所性价比最高的大学"。见图3-2。

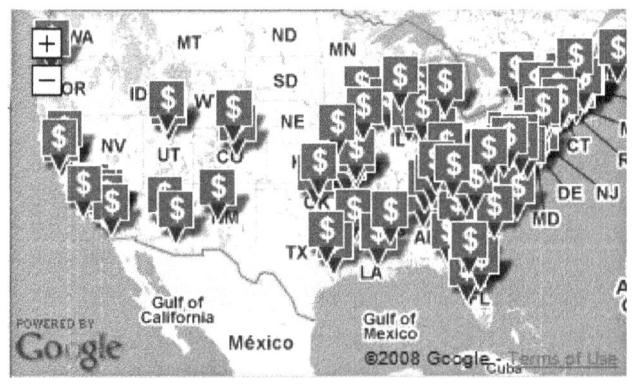

图3-2 美国各州大学及其学费示意图

图片来源：《今日美国》网站

---

① 此处内容来自与《今日美国》编辑的访谈。
② 此处内容来自与《今日美国》编辑的访谈。

在这个示意图中,读者可以根据地理位置点击图中任意"＄"标记,网站便会告诉你在这附近有什么大学,哪些是公立、哪些是私立,它们在美国的排名如何,总体评价怎样,以及估计需要多少学费。这个项目充分利用了网络交互的特性,既具有指导意义又有创新形式,因此有 1 093 个读者选择了推荐,有 354 个读者发表了评论,其中有评论认为教学质量、花费、奖学金是决定选择哪一所大学最重要的三个标准。

2. 通过形象化、指导化与娱乐化的结合,吸引读者参与网络互动。众所周知,2008 年是四年一届美国总统大选的年份。总统选举不仅是美国政坛的一件大事,也是每一位普通美国公民极为重视的一件事。民主党和共和党双方候选人四处慷慨陈词,宣扬自己当政后将会采取的各项措施,这些措施有的关于美国的外交,有的则是与民众生活息息相关的内政事务,而他们讲演时所宣扬的政策和措施通常也是美国民众决定投票或不投票的最重要的依据。为了更好地帮助美国人民在两位候选人中找到自己的最佳选择,《今日美国》网站策划了一个互动游戏,名为"第二次候选人竞赛游戏"（Candidate Match Game Ⅱ）。见图 3-3。

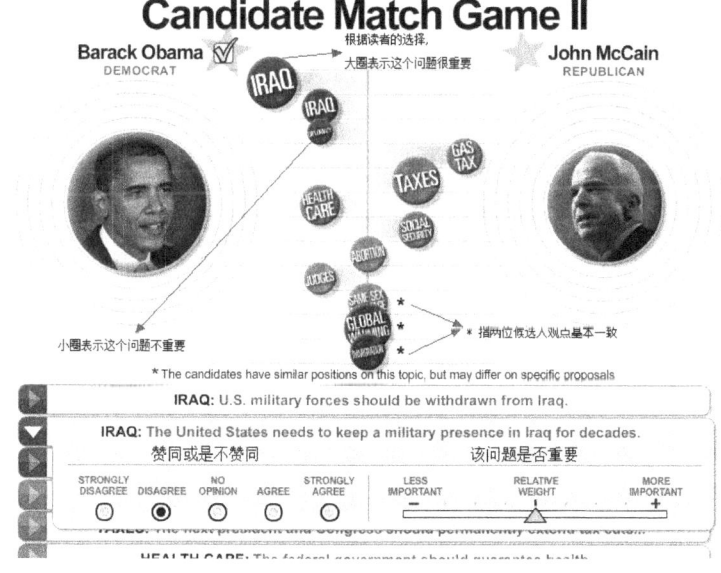

图 3-3

游戏将当时的总统候选人奥巴马和麦凯恩分列左右两边,根据他们讲演的内容设计了 11 个主题、12 个观点（其中有两个观点都是关于伊拉克问题的），这11个主题分别是：伊拉克、外交、燃油税、税收、医疗保健、社会保障、堕胎、审判、同性恋婚姻、全球变暖和移民问题。每一个主题都会对应一个观点，每一个观点后面都有5个选项——"极不赞同""不赞同""无所谓""赞同""极为赞同"，和该问题相对读者个人而言的重要程度——"不太重要""一般""很重要"。就重要程度而言，一旦读者选了"很重要"，这个主题对应的圆圈就会相应变大，反之变小。根据这12个观点，读者可以作出自己的选择，网站会根据其选择与两位候选人的观点进行比对，从而帮助读者发现哪位候选人与其见解较为一致。为了让读者能更多地了解两位候选人的想法和对未来的规划，读者还可以通过将鼠标移至不同圆圈主题上，就能看到候选双方各自的观点、发表此观点的出处以及媒体对他们各自观点的评论。

《今日美国》网站的"候选人竞赛游戏"给读者留下了深刻的印象。首先在话题的选择上，该选题兼具重要性与接近性两大特点，既是重要的国家大事，又与每一位美国公民息息相关，是他们行使权利的重要领域。其次，此次活动不但在选题上深受关注，而且也具有实质上的指导意义。对于普通的民众来说，有时他们并不很了解每位候选人的执政方针和倾向，甚至也不知道自己真正想要支持的是哪位候选人，而《今日美国》网站正是通过这个通俗简单的游戏让读者了解到自己的观点究竟与哪位候选人比较契合，从而帮助自己做出相对正确的选择。另外，《今日美国》网站的这次网络互动形式新颖，红、绿、橙、紫鲜艳的配色和两位候选人的照片从一开始就夺人眼球，根据观点重要性来调节大小和根据同意/不同意的程度来调节距离的圆圈也是该游戏的一大特色，这种新的形式将网络的互动性更加鲜明地呈现出来。最终，《今日美国》网站的"候选人竞赛游戏"以其指导性和娱乐性吸引了读者极大的关注，该游戏网页已经拥有1 882条读者评论，还有1 281位读者点击推荐此游戏将其置顶。尽管2008年美国大学已经结束，读者仍然可以在《今日美国》网站中找到该游戏网页，回顾自己当时的选择。《今日美国》网站内部也将该游戏作为利用网络与读者进行互动的成功典范。

3. 通过亲民化与娱乐化的结合，率先尝试众包模式。众包（crowdsourcing）是连线杂志（Wired）2006年提出的一个专业术语，此概念的提出者杰夫·豪伊（Jeff Howe）在维基百科上将其定义为"一个公司或机构把过去由员工执行的工作任务，以自由自愿的形式外包给非特定的（而且通常是大型的）大众网络的做法"。众包是由互联网带来的新的生产组织形式，企业利用互联网来将工作分配出去，利用广大志愿员工大军的创意和能力——这些志愿员工具备完成任务的技能，愿意利用业余时间工作，满足于对其服务收取小额报酬，或者暂时并无报酬，仅仅满足于未来获得更多报酬的前景。这种模式目前在软件业和服务业比较常见，甘尼特集团是率先尝试采用这种方式的传媒集团。在甘尼特下属报纸中，编辑提出一些问题让读者来帮忙调查、分析，之后再将他们发送来的稿件进行整理，刊登出一部分比较好的内容。正如奎因所说，在信息来源和渠道剧增的时代，记者、编辑的主要职能已经不是采集新闻，而是对浩如烟海的新闻和信息进行筛选和重新组合，使这些杂乱的信息呈现出相互联系和深刻意义，并使其转化为知识。新闻从业者的工作也因此在某种意义上成为知识生产与管理的工作。① 事实上，《今日美国》的众包模式在报道和服务两个方面展开。报道方面采取的做法是把问题或主题发布在网站上，例如报社在接到读者关于自来水公司收费过高的投诉时，并没有派记者着手调查，而是将其公布在网站上，让读者来帮助找出自来水和排水管道开通费用畸高的可能原因。② 服务方面，《今日美国》将自己所有的应用程序端口公布在网站上，鼓励广大研发人员针对各个端口开发出适合的应用程序。由于众包的花费较少，有时甚至可以不用付费，因此对于甘尼特集团和《今日美国》而言，众包一方面降低了报纸的劳动力成本，另一方面也使读者在合作和分享中增加了亲近感和参与感。

4. 通过形象化、亲民化与娱乐化的结合，尝试走社交化发展路线。2007年，《今日美国》网络版进行全新的改版。根据《今日美国》主编约翰·希尔柯克（John Hillkirk）的说法，此次改版主要有两个目的：一是方便读者查找信息和阅读；二是促使网站向网络社区的方向迈进。③ 在新改版的《今日美国》的网站上，任何经过注册的会员读者都可以拥有一个可以随意处理的主页，其中注册的过程免费，所享有的主页同样免费。而在这个属于自己的主页中，读者不仅可以上传自己的个人信息和照片，按照自己的喜好设置版面，还可以就某条报道、某个话题发表自己的观点和看法，并自由地同其他读者

---

① Stephen Quinn. Knowledge Management in the Digital Newsroom[M]. Waltham, Massachusetts: Focal Press, 2013: 65-69. Focal Press, 2002: 65-69.

② Jeff Howe. Gannett to crowdsource news[EB/OL]. [2006-12-05]. http://www.wired.com/news/culture/media/072067-0.html.

③ John Hillkirk. USA Today's new editor pushes for enterprise innovation[EB/OL]. [2007-08-12]. https://www.gannett.com/.

或《今日美国》网络版的记者们展开交流和讨论。和过去"编辑信箱"的作用一样，读者主页的目的之一也是方便读者与记者和编辑交流，让报社人员能听到读者的声音，但相比之下，这个新的交流平台比"编辑信箱"更为直接和有效，它不但帮助报纸及时获取了读者的反馈信息，而且有利于报纸的采编人员和读者建立良好的互动关系，方便采编人员挖掘更多、更深的新闻资源，从而使得新闻内容在这种更深层次的交流中不断推陈出新。此外，新网站还利用新技术使得读者能够为每一篇报道打分，同时还可以将自己喜欢的报道置顶，让更多的人能够看到这篇文章；通过一篇报道的关键词链接到另一篇有着同样关键词的文章；通过点击记者的名字找到该记者写的所有文章。

《今日美国》网络版的改版完全围绕着读者而展开：主页上不断滚动的读者评论（其中有对报道的评论，也有对某个读者个人主页的评论）；通过点击"推荐"图标与其他读者分享喜欢的文章；注册、创建账户便可发表评论，享受类似 Myspace 那样的迷你私人空间；这些改变都暗示着改版后的《今日美国》网站其实初步具有了社交网络的某些特征——博客、评论、标签、投票、个人主页、上传照片等。按照博伊德（Boyd）和埃利森（Ellison）的观点，社交网站是一个建立于互联网之上的服务性网站，它具有以下特征：①允许用户在该网站中建立一个公开或半公开的个人主页；②允许用户和一系列的好友用户分享文章、评论或链接；③允许用户浏览好友的朋友的信息及其发表或转发的内容。[①] 而在改版后的《今日美国》网站，读者可以在《今日美国》网站浏览到其他媒体的相关报道，了解到其他读者对该内容的反应，向其他读者推荐报道和评论，直接对报道进行评论，参与论坛讨论，上传个人照片等，这些服务已经超出了一般的纸媒网站的服务范围，而在某种程度上与 Boyd 和 Ellison 所总结的社交网站的服务特征有一定的相似性。不仅如此，《今日美国》还注重在一些主流的社交网站如 Facebook、Twitter 和 LinkedIn 上的活跃表现，它的许多记者和编辑都是这些社交网站的常客和舆论领袖性的人物。《今日美国》的新任社交媒体编辑米歇尔·凯斯勒（Michelle Kessler）认为："社交网络是与人们聊天的一种新的方式，对于记者来说，在 Facebook 或 LinkedIn 上找某个人比通过电话去寻访要容易得多。同样，在 Twitter 上发

---

① Boyd D M, Ellison N B. Social network sites:definition,history,and scholarship[J].Journal of Computer-Mediated Communication,2007,13(1).

布消息或向广大读者征求意见也极为有效……我们监测着 Twitter 上每一条提到'今日美国'的评论,并在适当的时候给予回应……总的来说,这些社交网站让我们和读者的交流变得更加方便和简单。"①

事实上,《今日美国》网络版并不是唯一一家融入社交元素的网络报纸,《纽约时报》和《华尔街日报》都在不同的时间创建了网络社区,并同知名的社交网站建立了合作,只不过《今日美国》在这方面走得更远。例如,它允许读者在《今日美国》的网站上直接点击"推荐"或"置顶",而《纽约时报》和《华尔街日报》只能允许读者将此推荐到 Facebook 或 Twitter 中,因此笔者能在《今日美国》的网络版中看到每一篇文章的推荐次数,而在其他两个网站中则不能。GigaOm 网站资深专栏作家马修·英格拉姆(Mathew Ingram)认为,如果报纸不想面临衰退或消失,社交化路线是它们未来发展的必经之路,但是如何与读者进行社交互动,读者是否愿意与报纸以及报社的工作人员进行社交活动则是报纸需要思考和解决的问题。《大西洋媒体》的执行主编斯科特·卡普(Scott Karp)则在其博客中写道,所有的新媒体专家都非常欣赏《今日美国》的做法,并建议应当对采取创新行为的报纸给予嘉奖。与专家学者一致认可的态度不同的是,网站的读者们对《今日美国》社交化倾向的改版却褒贬不一。不少读者抱怨过大的图片和复杂的服务导致网页打开速度很慢,再加上每个页面的留白很少,总给人眼花缭乱的感觉,而在内容上尽管排得满满的,但太多内容是有关博客内容和读者反馈的,真正想要的信息却不多。也有读者表示喜欢这次的改版和这种社交性的形式,并给《今日美国》网站提出了一些新的建议,如应当允许读者在个人主页中加入自己的博客、Twitter 或 Facebook 的订阅,甚至应该允许嵌入 Youtube 视频,读者博客中也应该加入 Rss 订阅功能。对此,《今日美国》的执行主编金西·威尔森(Kinsey Wilson)一方面感谢读者对该报一如既往的支持,另一方面也针对读者提出的问题进行改良,例如调整页面设计、增加页面四周的留白、运用技术提高网页下载速度等。结合业界、学界和读者三方的情况来看,《今日美国》网络版社交化路线的尝试总体来说比较成功,它不仅完成了纸媒网站本职要完成的任务,还充分利用了互联网传播的增值功能。正如 Web 技术的发明者蒂姆·伯纳斯·李(Tim Berners Lee)所言:"互联网发明的初衷并

---

① Ashley Stepanek. USA TODAY's social media editor Michelle Kessler comments on the evolving newsroom and tracking success[EB/OL]. [2011-01-28]. http://www.editorsweblog.org.

非向被动的受众传递资讯,而是为了分享创造力。"① 因此大众媒体有责任改变过去媒体主导、受众被动的信息传递模式,建立起媒体与受众互动、受众参与的开放的信息传播系统。《今日美国》网络版利用了社交网站的特点让读者推荐报道和评论、提交反馈信息,甚至创造内容,为读者提供了评论和反馈意见的空间,极大地增强了读者的参与度,而这也是在新媒体时代抓住读者和用户的有效方式之一。

二、中国主流报纸网站的再创新

(一)《人民日报》:依托母报优势,实现资源整合

距今已有70多年历史的《人民日报》作为中共中央机关报一直秉承为党立言的办报宗旨,以引导国内外舆论,扩大国际影响力,赢得话语权。在计划经济时代,像《人民日报》这样的党报可以专注于内容,而不考虑市场环境。然而,在如今的市场化大潮中,报纸传统的赢利模式已经无法适应时代的发展。据统计,早在1987—1996年的这十年间,《人民日报》的平均每期发行量下跌幅度接近60%,② 当时主要的冲击还是来自电视媒体和都市报。此时,互联网的兴起反而是给了《人民日报》改革的契机。因此,在1997年1月1日,《人民日报》经过审时度势之后,适时出击,创建了《人民日报》网络版,搭上了互联网的快车。十余天之后,《人民日报》再次宣布其综合数据库国际平台已成功将当天的《人民日报》《人民日报》(海外版)、《市场报》的全部内容置于网络空间。这意味着海内外读者可以在互联网上阅读到《人民日报》及其报系的相关内容。同年6月18日,国务院新闻办正式批准《人民日报》及其所属六报四刊进入国际互联网,这也是报纸的互联网之路第一次得到国家层面的认可。2000年,《人民日报》网络版正式更名为人民网,其域名也由原来的www.peopledaily.com.cn更改为www.people.com.cn,由此实现了从综合新闻网站向集团网站的转变。

从初次触网,到报网互动,再到深度融合,《人民日报》在互联网世界中稳扎稳打,通过内容的不断优化和技术的不断升级提升自己的综合实力,通过对网络传播规律的探究不断增强与受众的互动,最终实现了报纸与网络在

---

① 付晓燕. 传统报纸电子阅读业务开发的必要性及其可能——以《纽约时报》电子报为例[J/OL]. http://media.people.com.cn/GB/22114/150608/150615/13565809.html.
② 吴焰. 报网互动新格局研究—以人民日报、人民网间的互动进程为例[D]. 上海:复旦大学,2009.

技术、渠道、内容、互动等方面的全面融合，为我国其他报纸在数字化时代的生存和发展提供了宝贵的经验。诚然，数字化的转型并非一蹴而就之事，笔者在参考了吴焰①、徐蕾②、黄玉洋③对《人民日报》数字化发展历程的划分之后，对其与新媒体融合的深度和广度进行考察，认为《人民日报》的数字化发展经历了五个阶段：第一阶段为1997—1999年，是报纸网络化阶段；第二阶段为2000—2006年，是报为网用、网为报用阶段；第三阶段为2007—2010年，是报网联动与融合阶段；第四阶段为2011—2014年，是新媒体拓展阶段；第五阶段为2015年至今，是全媒体覆盖阶段。

在1997—1999年的第一阶段中，《人民日报》和其他早期触网的报纸一样，主要把网站当成了报纸的另一个翻版，因此将其报系之下包括《人民日报》（海外版）、《市场报》、《讽刺与幽默》、《环球时报》、《新闻战线》、《中国质量万里行》、《大地》、《时代潮》以及《证券时报》等报刊的内容全部照搬上网，从而为读者开通了另一条阅读《人民日报》及其报系内容的渠道。除了照搬内容之外，《人民日报》网络版还通过PDF数字报纸的形式，将《人民日报》纸质版报纸的版面全盘复制在网络上，这等于说读者打开网络版，不仅可以浏览到报纸的所有内容，而且能看到报纸的整个排版，因此读者在报纸上和在屏幕上看《人民日报》的体验几乎是一样的。这一举措解决了报纸发行的时间滞后、覆盖面窄、读者阅读困难的现实问题，扩大了《人民日报》在海内外的影响力。

在2000—2006年第二个阶段中，《人民日报》网络版正式更名为人民网，这标志着网站不再是报纸的翻版，而是一个独立的能与报纸联动的平台。这种联动体现在内容、技术、互动三个方面。首先是报网内容上的相互补充。一方面人民网对报纸的内容进行"来料加工""选料加工"，制作成符合互联网特性的网络新闻；一方面和报纸加强沟通、联系，对一些重大报道"下单订制"、采访联动。④技术上体现在网络技术更加深入地渗透到报纸生产与制作的各个环节。例如，2001年人民日报社的编辑业务网络开发完成，并投入使用，网络化的采写编评模式运用成熟；2003年，报社的VPN远程图文传输

---

① 吴焰.报网互动新格局研究——以人民日报、人民网间的互动进程为例[D].上海:复旦大学,2009.
② 徐蕾,常晓洲,姚雯雯.媒介融合背景下《人民日报》数字化转型研究[J].新闻爱好者,2018.
③ 黄玉洋.《人民日报》媒介融合的历程及前景研究[D].石家庄:河北大学,2016.
④ 吴焰.报网互动新格局研究——以人民日报、人民网间的互动进程为例[D].复旦大学硕士学位论文,2009.

网络顺利投入使用，并率先在总社和国内分社加以运用，记者采写新闻稿件、传输图片都可以通过网络的形式得以实现；2004年，报社的网络查询系统和视频点播系统开发完成并投入使用，从而实现了网络上查询视频资料。互动上则体现在新增设了"人民网读者留言板"专栏，刊登人民网网民对前一天《人民日报》新闻报道的反馈评论，开设"强国论坛"给予读者以表达的权利，并充分与读者展开交流。通过这一系列举措，《人民日报》在数字化转型的实践中逐步确立并推广"报为网用、网为报用"的模式。

在2007—2010年第三个阶段中，报网互动的概念进一步深入传统媒体，时任人民网副总裁的官建文意识到"报网互动走向深入的前景将是报网融合"。[①] 与此同时，时任人民日报社总编辑的张研农在《在新的历史起点上开创人民日报新闻宣传新局面》的报告中也谈到报网互动与报网融合。他认为："一方面，《人民日报》和人民网要进一步互动、进一步融合，成为一体，形成合力；另一方面也是更重要的，就是报纸报道要与网络舆情搭上界、接上头，使《人民日报》的权威性和影响力渗透到互联网中，使《人民日报》的舆论引导能力在网上发挥出来、传播开来，使《人民日报》代表的主流舆论能够为广大网民所认同、所接受。在一定意义上可以说，赢得了网民我们就赢得了未来，《人民日报》发展就有了更广阔的前景。"[②] 正是由于报社和网站高层的长远发展眼光和互联网思维，《人民日报》于2008年开始通过网站改版、报纸扩版、加强各方互动、制定资源整合战略等一系列措施，展开了报网融合的深度探索。

这期间最为重要的两件事就是《人民日报》2009年提出的"三'人'战略"以及由此引发的报、网改版。"三'人'战略"源于张研农在2009年发表于《新闻战线》中的一篇文章《书写让党和人民满意的年度答卷——在深入学习贯彻胡锦涛总书记在人民日报社考察工作时的重要讲话座谈会上的讲话》，其中提出："要按照构建现代传播体系的要求，大力推进报网融合、报刊互动，进一步健全《人民日报》和《人民日报》（海外版）、人民网这三家'人'字头中央媒体统一策划、统一采访的机制，探索报网新闻互动、栏目互动、广告互动、队伍互动的新形式、新方法，努力实现纸媒与网媒的融合、

---

① 黄玉洋.《人民日报》媒介融合的历程及前景研究[D].石家庄:河北大学,2016.
② 张研农.在新的历史起点上开创人民日报新闻宣传新局面[J].新闻战线,2008(3):4-9.

读者与网民的融合、内容与技术的融合，构建报网一体的新闻宣传格局。"①为此，报网分别派出人手成立研究小组，探讨新型互动模式的构建，其中的一个实践探索就是每年两会报道期间的"两会热点调查"，题目由报网共同商定，问卷与调查结果共同刊登。

与"三'人'战略"相配套的是人民网和《人民日报》的改版。2009年1月22日，人民网的主页焕然一新，新版的人民网不但在版面和色彩上更为活泼，在内容上也进行了大量扩充，这主要体现在新版网站开始为《人民日报》及其旗下的各子报提供更为全面而精彩的内容选择，同时还为其报系的品牌栏目设置了首页推荐。也就是说，读者可以在人民网上阅读到《人民日报》报系的所有内容，同时还可以通过相关链接进入人民日报社编辑和记者的个人空间。与此同时，《人民日报》也在2010年开始每周二推出一个新的版面——新兴媒体，围绕新兴媒体领域的各种话题进行报道。网站和报纸的相继改版都旨在实现更多的互动与融合，并由此扩大了所有"人民系"产品的影响力。

在2011—2014年的第四个阶段中，《人民日报》敏锐地看到了社交媒体的巨大影响。2010年被称为中国微博元年，在这一年，新浪微博吸引了5 000人注册，一时间风靡中国大地。微博病毒式的传播方式能迅速扩大信息的传播范围，提升媒体的品牌效应，同时点赞、转发、评论等互动方式也有效地加强了传受之间的联结，更重构了信息的传播模式。因此，社交媒体的强势出现迅速吸引了传统媒体的目光，一时间，它们纷纷入驻新浪、腾讯等第三方平台。2012年7月22日，《人民日报》发布了第一条微博，标志着其正式入驻新浪微博平台。从2012年7月至2018年底，《人民日报》官方微博的粉丝量已经达到5 030万，共发布70 416条微博，其中每条微博的平均转发量为8 000，评论数为9 691条，点赞6 210次。由此可见其影响力非同一般。2013年，《人民日报》又开通了微信公众号，进一步拓展了其新媒体传播平台。根据清博指数的统计，《人民日报》微信公众号目前在所有公众号榜单中影响力排名第一，其粉丝数也已突破600万。以2018年10月为例，《人民日报》公众号在该月共发布764篇文章，总阅读数高达7 640万次，而头条新闻的阅读次数达3 560万次，总点赞数高达914万。在推送时间方面，《人民日

---

① 张研农.书写让党和人民满意的年度答卷——在深入学习贯彻胡锦涛总书记在人民日报社考察工作时的重要讲话座谈会上的讲话(摘要)[J].新闻战线,2009(7):4-7.

报》公众号平均每天推送6次，特殊时期甚至会推送8次，每次推送1~4篇文章，每天平均推送10余篇文章。2014年6月12日，人民日报社着眼传媒变革大势，积极探索适应融合变化的发展模式与路径，在移动互联网平台上进行战略布局，推出了自己的手机客户端。该客户端紧贴用户需求，操作简便，版面简介，通过"闻·热点""评·锐度""问·问政""听·播报""报·版面""图·镜头""视·影像""帮·公益"八大板块实现了图文、音像、视频多种传播手段的融合，为用户提供全方位的优质内容。截至2017年5月底，《人民日报》客户端的累计下载量已突破1.8亿，成为强有力的网上舆论宣传阵地。

在2015年至今的第五个阶段，人民日报已经不只是一张油墨印刷的报纸，而是拥有报、网、端、微等10多种载体、400多个终端平台，覆盖用户7.86亿人次的"人民媒体方阵"。① 在"人民媒体方阵"中，2016年正式上线的"中央厨房"是人民日报社为适应媒介融合的一个重要实践。人民日报社"中央厨房"的建立源于习近平总书记2014年8月在中央深改小组会议上关于传统媒体与新兴媒体融合发展的部署。从当时起，《人民日报》就开始了建设"中央厨房"的积极探索之路，直到2016年习近平总书记在"2·19"讲话中对媒体提出"融为一体、合而为一"的要求时，《人民日报》的"中央厨房"已从局部实践上升为顶层设计，从多点突破扩展到整体推进，从报道创新转向制度创新，全面转型、一体发展，形成了从"相加"到"相融"的新的采编架构、新的融合思路。②

纵观《人民日报》的报网互动实践与报网融合路径，可以看出《人民日报》在报网亲密互动中的一些特色。

1. 整合母报优势资源，实现资源跨平台互动与共享。2008年借助北京奥运会的契机，人民日报社尝试运用新型的投稿、发稿方式，实现了稿件在时效性、深度性、共享性上的三重保障。首先，所有记者写好稿件之后都将其上传至人民网的稿件库中，由网站编辑第一时间选择、加工并转发，由此保障了网站在新闻发布上的时效性。其次，报社编辑也可以对稿件库中的稿件进行筛选、把关，选择其感兴趣的内容进行加工、包装，以适应报纸的版面要求，或者要求前方记者对某条线索跟进追踪，展开深度报道，由此保障了

---

① 卢新宁.人民日报为什么要办"人民号"[EB/OL].[2018-06-12].http://media.people.com.cn/n1/2018/0612/c40606-30051403.html.

② 张旸.人民日报"中央厨房"构建行业新生态[J].青年记者,2017(7):19-21.

报纸内容与网站内容的差异化与深度性。再次，稿件库中的稿件除了人民网、《人民日报》可以采用之外，人民日报旗下的所有网刊报系都可以拿来刊载，从而最大限度地达到了前方稿件的资源共享，也使前方记者的劳动价值得以最大化。除了"奥运"报道之外，"两会"报道、"博鳌亚洲论坛"等重大主题报道中，人民网和《人民日报》的记者兵分各路，发挥各自优势和特长。网络平台追求速度，纸媒平台追求深度，两者通过资源互补与共享，共同发挥报网最大优势。

人民网新闻数据库的建立也是报纸与网站实现资源共享的途径之一。目前，人民日报社新闻信息中心通过光纤连接照排网、数据交换、人工录入等方式采集数据，经过数据加工处理，最终建成包括联机检索数据库、光盘数据库和因特网数据库在内的各种新闻信息数据库产品。除了新闻数据库之外，人民网还建有领导资料库、国情国策数据库和专辑荟萃数据库等，为记者和社会人士查阅资料提供了便利。

2. 注重用户体验与参与，加强与用户的互动合作。传统媒体时代，读者与报社的联系相对松散，报社对读者意见的反馈也比较滞后。进入互联网时代后，受众的表达意识和参与意识有了很大的提升，原有的只单方面接收信息而不生产信息的情况受到了挑战，受众的角色发生了巨大变化。因此，对于报纸来说，如何给受众提供说话的平台，满足他们参与的愿望是改进传受关系的有效途径。鉴于此，人民网于1999年就创办了互动栏目"强国论坛"，旨在弥补传统纸媒中传受交往的不足。"强国论坛"自开创以来，已分别在2005年和2006年连续当选"中国互联网站品牌栏目"。"强国论坛"，顾名思义，以国事讨论为主，以强国为己任，网友在这里交流观点、分享经验，为国家发展建言献策，对不良现象展开监督。更值得一提的是，"强国论坛"还经常邀请各部门领导参与论坛，聆听网友建议，为网友答疑解惑，对网友的想法作出反馈。例如，2008年时任中共中央总书记的胡锦涛同志亲自来到"强国论坛"与网友交流，引起了巨大的反响。"强国论坛"依托母媒《人民日报》和人民网强大的资源优势，搭建了各级、各部门领导与群众沟通的平台，它不但帮助网民解决了实际问题，也帮助领导了解人民的心声，迅速拉近了领导与人民群众的距离。

与中国整体网民的构成相比，参与"强国论坛"讨论的网民素质相对较高。根据人民网的调查，"强国论坛"的网友以在科研、教育事业单位和党政管理机关工作的人最多，其中专业技术人员占35.2%，国家行政机关管理人员为 18.9%，两者占到一半。从学历上看，大专以上学历占到 80.6%，其中本科比例又最高，为 42.9%。这些数据表明，"强国论坛"的网友集中在文化水平较高、具有一定社会地位的人群中。这样一支网民队伍，也是"强国论坛"实现可持续发展的一个重要动因。如今的"强国论坛"已成为人民网的一个知名品牌，也成为世界了解中国和中国人民的一扇窗口。

3. 优化原创内容，发布权威声音。作为中共中央机关报，《人民日报》具有优质的新闻资源和权威的发布平台，如何利用好它们也是《人民日报》一直在努力探索的问题。在发展过程中，人民日报社先后创办了"人民时评""人民视点""人民观察""人民特稿"等系列专栏，都取得了不错的反响。其中，2005年新办的"人民时评"专栏更是报网合作共创优质内容的典范，在开办当年就获得了"中国互联网站品牌栏目""第16届、21届中国新闻奖网络评论一等奖""第20届、21届中国人大新闻奖网络作品一等奖"等，被誉为"网上第一评"。

"人民时评"的成功一方面得益于其强大的母报资源和发布平台，另一方面也离不开作者们在内容上的精耕细作。该专栏旗下拥有39名业务过硬的评论作者，他们有的是《人民日报》的资深编辑或高级记者，有的是《光明日报》或其他主流媒体的记者。他们在选题上注重与社会热点相结合，对于社会大事积极表明立场，展开舆论引导，并提出指导性意见；在立意上追求新颖，通过深度和广度来加深作品的思想性，让人读后受益匪浅。在写作视角上，则经常从人文关怀的角度出发，表达对弱势群体的同情与关爱，提倡改善他们所处的生存环境，提高社会各界对弱势群体的尊重。

(二)《浙江日报》：融入互联网思维的多层次互动

在《全国报纸出版业"十一五"发展纲要》[①] 中，我国新闻出版总署报纸期刊出版管理司明确指出了报业的发展目标，包括：确立数字报业发展战略，实现报业核心竞争能力与信息网络传播技术的深度融合；积极探索适应数字报业发展需要的新型内容显示技术和传播技术，实现传统纸介质出版向数字网络出版的平滑过渡；广泛利用各种数字内容显示终端和传播技术，发展"网络报""手机报""电子报纸"等多种数字网络出版形式；积极探索数字报业的主营业务模式，提高多种媒介形态内容产品的生产和销售能力；推

---

① 新闻出版总署报纸期刊出版管理司. 全国报纸出版业"十一五"发展纲要[EB/OL].[2006-08-01].http://paper.people.com.cn/zgby/html/2006-08/01/content_ 12448676.htm.

进信息化建设与数字报业战略架构的全面整合，实现信息网络系统由辅助性管理手段向核心经营平台的转变，由信息技术投资向报业经营战略投资的转变。根据"十一五"规划中提出的这些要求，再对比浙江日报社的数字化实践，可以发现浙江日报社基本实现了"十一五"的总体要求。

1999年，随着全国报业上网热潮的兴起，浙江日报社于当年元旦创办了浙江在线网站，当时共获得来自上级每年400万元、扶持5年的支持力度。根据浙报网站筹备组在1998年6月提交浙江日报编委会的《关于浙报因特网网站建设的汇报提纲》中所言，浙江在线是一个立足于本地的以新闻、商务为主的综合性站点，它是筹建中的浙报报业集团各项事业在网络空间的自然延伸。作为一个面向全球的电子平台，浙江日报所属各报刊、各部门将在这里建立与读者及其他各种类型客户直接、互动的联系渠道。浙报网站将根据报业集团各个成员的特点与要求，应用最新的信息技术成果，提供各种形式的技术支持，使之能够以更低成本、更高效率的服务面向社会。浙江日报社所属系列报刊，及在浙报网站上发布、链接的其他浙江省新闻媒体，将共同组成一个内容广泛、形式多样、充分反映浙江两个文明建设成就及风土人情的浙江网上信息中心。①

这段话基本概况了浙江在线的宗旨与定位，以及浙江在线区别于传统纸媒网络版的独特性。它依托母报，但不局限于此，而是充分整合利用了浙江日报社的各种资源。它立足浙江，深耕本土，进而辐射全国。开办仅一年，浙江在线就获得"十大中国互联网优秀网站"称号，成为上榜的唯一一家非中央级媒体网站。

2000年6月，浙江日报报业集团成立。根据其官网介绍，目前浙江日报报业集团旗下拥有《浙江日报》《钱江晚报》等传统主流媒体33家，新兴媒体300多个，网络注册用户6.6亿、活跃用户5 000多万、移动用户3 000多万，独立法人单位135家，职工6 800余人，成为全国首批"数字出版转型示范单位"。《浙江日报》《钱江晚报》还连续多年入选"中国500最具价值品牌""亚洲品牌500强""世界媒体500强"。

2002年12月28日，浙江日报报业集团与浙江广播电视集团、浙江省对外传播中心共同出资，合力将原来的浙江在线进行重组、升级，将其打造成为全省唯一的重点新闻网站。新版的浙江在线拥有更强大的资源背景，浙江

---

① 孙坚华.浙江在线：走向互联网门户……[J].新闻实践,2000(2):14-18.

日报集团和浙江广电集团两大主流媒体的新闻资源在这里汇聚，新闻、财经、时尚、科教、人文、服务、都市等各个板块在这里交融，30多个子网站和频道、图文视听相结合的传播方式为用户提供了丰富的信息资源和完善的服务。

2005年5月17日，浙江日报报业集团与浙江移动通信有限公司、浙江在线网站在运筹帷幄近半年之后，联合推出《浙江手机报》，这也是全国第一家省级手机报纸，它用手机彩信的方式实现了在手机上看报纸的尝试。

2005年9月9日，《浙江日报》全文数据库建设成功，它收录了《浙江日报》自1949年创刊以来长达56年的所有版面、文字、图片，极大地便利了读者通过日期、姓名、标题等关键词在网站中搜索报纸的内容，从而解决了纸质报纸难以保存的问题。

2006年2月20日，浙江日报社采纳了北大方正推出的"数字报刊与跨媒体出版系统"，率先在全国发布数字报刊，从而实现了传统报纸、数字报纸、光盘出版以及全文数据库产品的一体化生产和出版。

2009年，浙报传媒控股集团有限公司成立，其旗下拥有独资、控股子公司36家，主营传媒及其他相关产业。2011年9月29日，浙报集团媒体经营性资产在上海证券交易所成功上市，成为全国第一家媒体经营性资产整体上市的省级报业集团。

从建立第一家省级综合新闻网站，到组建报业集团，再到集团上市，《浙江日报》一直没有停止数字化探索的步伐，它在报网互动的时代之所以能取得如此的成绩，主要归结于以下几个方面的特色。

1. 敢于为先、勇于创新的互联网思维。互联网作为一个快速发展的行业，可以说谁抢占了速度，谁就占有了先机。同理，报纸在互联网时代的发展也是如此。2000年，时任浙江日报社信息技术处处长、浙江日报网络版编辑部主任的孙坚华在采访中就表示，浙江在线之所以能在创办一年就在十大新闻媒体类网站中名列第六，成为前十中唯一一个非中央级媒体，最大的原因就在于"浙江在线只不过多了一些紧迫感，较早地做了几件人们还没有做的事情，许多榜上无名但实力强劲的媒体，没有投入建设它们的网站。[①]"这句话中虽然有谦虚的成分，但也从侧面反映了创新尤其是思维创新、理念创新在互联网时代的重要性。正是因为具有了初步的互联网思维，浙江在线在具体实践过程中展现了其与众不同的一面。例如，浙江在线在创始之初对自己的

---

① 孙坚华.浙江在线:走向互联网门户……[J].新闻实践,2000(2):14-18.

定位就不是报纸纸质版的翻版,而是以提供新闻为主并兼顾服务的综合性站点,同时也是对外宣传浙江风土人情和文明建设的一个窗口。因此,浙江在线在内容上主打浙江,再辐射全国。其中一个重要的实践就是,1999年,浙江在线与《经济生活报》网络版同步推出"1999浙江省高考成绩查询"服务,为考生在互联网上免费、快速查询信息提供便利。此举后来也为许多其他省市媒体效仿。而在排版上,考虑到屏幕阅读与纸媒阅读的不同体验,浙江在线没有将内容排得满满当当的,而是给予适当的留白,也给用户的眼睛适当的休息机会。同时,简化链接层级,让用户可以简单、快速地查阅到相关内容。

受到浙江在线成功经验的鼓舞,浙江日报报业集团之后又率之先开创性地创立了全国首份省级手机报和数字报刊,最大限度地挖掘与互联网合作创新的形式。2005年开通的浙江手机报下设八大子报,分别是浙江手机早报、浙江手机晚报、浙江手机民生报、浙江手机财经报、浙江手机资讯报、浙江手机体育报、浙江手机娱乐报、浙江手机政务报、浙江手机小说报,其内容几乎涵盖了浙江日报报业集团旗下所有报网的新闻资讯精华。受制于彩信50k大小的限制,手机报的内容不能太多,因此少而精以及发布及时是关键,尤其对于突发性事件的发生和追踪,手机报推送方便的优势得以更好地体现。

除了浙江手机报之外,通过北大方正与浙报集团3年的合作开发,终于在浙江在线网站中推出了数字报刊频道,从而通过网络的形式完全呈现出浙江日报报业集团旗下的所有报纸,如《钱江晚报》《今日早报》《浙江老年报》等。读者可以在网上清晰地看到这些数字化报纸的各个版面,上面的新闻还能转化为语音收听,实现视听内容的转换。数字报刊的版面导航页主要用于各版面之间的切换,同时展现当前版面的基本信息;而标题列表则是各文章标题的汇聚,通过点击标题链接就可直接进入文章;日历检索则可以帮助用户看到当前版次的历史页面,以便随时进行查阅。

2. 通过共享合作发挥整合优势。互联网是一个开放的空间,在开放的空间单靠自己的力量难以发挥最大优势,共享与合作,将优势资源整合对于网络空间中的各个平台都是一件有利的事。鉴于此,浙江日报报业集团特别注重与其他媒体的合作,通过不断的合作取长补短,拓展自己的品牌影响力。其中,浙江日报报业集团与浙江广电集团曾多次展开合作,如共同参与建设浙江在线新闻网站,合资创办《浙商》杂志,联合组织"风云浙商""浙江骄傲"等大型活动,展开多媒体联动报道,实现优势互补,形成良好的联动效应。此外,浙江日报集团也与中国移动浙江公司有多项合作,如浙江移动早在2004年就曾与浙报集团旗下的《浙商》杂志合作,共同打造浙商品牌。2005年,双方又共同合作开发了手机报业务,并成为当时国内同类手机报中订阅量最大的一家。2009年,双方再次签署全面战略协议,将在原有合作的基础上,展开信息化服务、传播技术和新媒体开放等方面的深度合作。

除了浙江本省的企业和媒体机构之外,浙江日报报业集团合作的单位还有新浪、搜狐等知名网站,以及央视财经频道等中央一级的媒体机构。2009年9月27日,浙报集团与央视财经频道签署战略合作协议。双方确定,两大媒体将充分整合各自的资源、团队优势,全面开展各层次业务合作,探索电视媒体与平面媒体合作发展的新路径,为观众和读者创造更多的价值。具体实践包括:双方展开稿件互换,联合举办重大主题活动;财经频道在浙报集团设立特约记者站,并与浙报集团旗下《钱江晚报》在联合采访、联合报道方面实现"人员共享、选题共享、设备共享"的合作新模式;双方将利用各自的媒体优势,为对方品牌推广、市场成长和广告提升提供整合营销策略和优质服务;财经频道将积极支持浙报集团进军财经图书出版市场,优先把财经频道电视节目资源转化为出版资源提供给浙报集团。[①] 通过这一系列的合作举措,浙江日报报业集团与合作单位的资源都得到了充分的利用,双方的品牌力和影响力都得到了较大的提升。

3. 丰富报网之间的多层次互动。报网联动的概念如今已深入各级媒体机构,而对于浙江日报报业集团来说,真正开始实践报网联动则始于2006年。2006年4月10日,借富阳永兴中学开展"感恩教育"的契机,《浙江日报》与浙江在线网站首次合作推出报网联动报道"感恩教育"和"为家祝福——网上家书征文活动",收到了许多读者的来稿,赢得了一定的反响。初次取得报网联动报道的成功之后,《浙江日报》再下一城,与浙江在线合作在其网站上开辟新栏目——"报网互动零距离",旨在将报网合作的机制常态化、统一化。

2006年8—10月,《浙江日报》、浙江在线、共青团浙江省委、青年时报共同在全省团员青年中开展了"永恒的长征——纪念长征胜利70周年"创意实践活动。该主题活动被评为"2006年报网互动十大经典案例",而活动的主办者浙江在线和《浙江日报》则分别被评为"2006年最具影响力的新闻网

---

① 浙江日报报业集团与CCTV-2实行战略合作[J].传媒评论,2009(11):42-42.

站"和"2006年与网站互动最佳的报纸"。这次活动的主题是"长征",但年轻人往往对长征了解不多,为了充分调动年轻人的积极性和参与性,共青团浙江省委首先利用其组织力量到各县级团委搜罗参选竞赛方案,再由浙江在线将这些方案公布在网络中,供网民们投票选择。活动期间,浙江在线网站共举办了3次报网互动论坛直播和两次网络嘉宾访谈直播,且直播中的话题具有一定的开放性和讨论性,让社会各界人士都能参与进来,有话可说。参与话题的嘉宾有老红军战士、重走长征路的老记者、长征历史的研究者、《长征组歌》首唱演员、共青团系统的领导等,他们来自不同领域和战线,从各自的角度给予长征不同的诠释,他们在直播现场与浙江在线的网民、《浙江日报》的读者,以及各县市团员代表展开情感的交流和思想的碰撞,从而帮助当代青年全方位地了解长征的意义,以及长征精神在当代的重要影响。据统计,该活动吸引了全省150万青年参加,共产生了5 389个纪念活动方案。而活动中的5次直播观看人数突破40万人次,浙江在线服务器上的访问量达200万人次。最终,在评选"双十佳活动"时,约有67.8万人次参与了网络投票,累计总票数近340万张,活动产生了巨大的社会效应。因此,这场活动被认为是报网结合共同推动社会主义新闻实践的一次有益探索。

第四章
报业网络的移动化发展进路

作为一种大众媒介，报纸无疑一直在追逐受众的兴趣爱好。随着移动通信和互联网成为受众最感兴趣的两大载体，报纸也适时地将其数字化的战略扩展至移动互联网这一新兴领域。移动化发展是网络报纸创新的延续，因此报纸在这一领域的发展特色、发展目标和定位几乎与其在网络领域一脉相承。在保证原有内容质量的基础上，报纸希望借助移动媒体的新形式为用户提供更加丰富的客户端体验，在去中心化的传受过程中加强传播者与受众、受众与受众之间的互动和了解。

第一节　移动媒体兴起的理论分析与发展概况

信息通信技术的发展带来了移动终端的多样化。过去，人们只能通过像Kindle、Times Reader这样的阅读器实现随时随地浏览、下载报纸的梦想。如今，4G手机、掌上电脑、掌中宝等移动便携式设备的发展极大地满足了人们的各种需求，丰富了人们获取信息、享受服务的各种体验。由于移动媒体种类繁多，这里主要以手机媒体作为本章的主要研究对象，同时也略有涉及诸如iPad这样的掌上电脑。

一、移动媒体的补偿性优势

媒介总是处于不断进化的状态之中：一方面，媒介根据环境的变化进行自我调节和适应；另一方面，人类也在根据自己的体验和需求对其进行修正和完善。如前文所述，保罗·莱文森（Paul Levinson）认为，在媒介的演化中，人有两个目的或动机：一是满足渴求和幻想；二是弥补失去的东西。人类借助发明媒介来拓展传播，使之超越耳闻目睹的生物极限，如埃及的圣书文字、希腊的拼音文字和电报，都按照自己的方式，使语词延续了千万年、传播了千万里。因此，人在媒介进化的过程中占据着主导的地位，通过不断地改进媒介来满足自己的动机需求，完成对原有遗憾的补偿，最终，整个媒介演化过程都可以看成是补偿性措施。

尽管莱文森把因特网看作是一个"大写的补偿性媒介"，认为它是对电视、书籍、报纸、广播、电话，甚至是教育、工作模式等过去一切媒介的不足的改进，但同时他也指出因特网依然不是，也不可能是补偿性媒介的终结，因为人们在互联网上自由冲浪的同时，也付出了被困守在电脑面前不能移动的代价。然而，诸如手机这样的移动媒体的出现改变了这一切。移动媒体对于因特网最大的补救在于其移动的特性，它将互联网及其包含的一切媒介移动了起来，将"使用者从住宅和办公室解放出来，送进大千社会的希望之乡里去"①。在移动的基础上，用户可以自由、便捷地享受移动网络带来的乐趣，随心所欲地通过移动网络晒心情、晒照片，极尽可能地彰显个性和魅力，还可以随时随地与友人互动和沟通，关注友人的网络动态。从这个意义上说，移动媒体不仅补救了因特网在时间和空间上的束缚，还在一定程度上对人们的生活方式、传播方式和人际关系产生了补救作用。正因为此，莱文森在《手机：挡不住的呼唤》一书中对手机媒体的出现和未来表达了十分乐观的观点："从长远来看，互联网可以被认为是手机的副手。身体的移动性，再加上与世界的联结性——手机赋予我们的能力——可能会具有更加深远的革命性意义，比互联网在室内带给我们的一切信息的意义更加重大。"②

二、移动服务的层次划分与受众需求

受众是影响媒介发展及媒介讯息生产的重要因素。一方面，传媒组织为了吸引受众，首先必须迎合受众的需求；另一方面，成功的交流需要传媒组织对正在进行交流的人能够有一定的理解，而这种理解通常建立在对他们的了解以及创造适应他们理解的交流方法的基础之上。③ 因此，在媒介与媒介内容的选择过程中，受众并不是处于完全被动的状态，他们在一定程度上拥有

---

① Paul Levinson. Cellphone:the story of the world's most mobile medium and how it has transformed everything[M].New York:Palgrave Macmillan,2004:43.

② Paul Levinson. Cellphone:the story of the world's most mobile medium and how it has transformed everything[M].New York:Palgrave Macmillan,2004:43.

③ Hagen, I. Slaves of the Ratings Tyranny? Media Images of the Audience [M]// P. Alaasuutari. Rethinking the Media Audience,London:Sage,1999:130-150.

选择的主动权。20世纪70年代，卡茨从媒介与受众的关系出发，通过分析受众对媒介的使用动机和需求获得的满足来考察大众传播给人类带来的心理和行为上的效用，认为媒介选择的过程和这样几个因素有关：①社会和心理起源；②产生需求；③期望；④大众媒介或其他来源导致；⑤不同的揭示（或从事其他活动）；⑥需求满足；⑦其他结果……①其中，需求是一个非常重要的动因，它所指的不仅是受众对媒介内容的需求，同时也是对媒介本身的需求。也就是说，受众不仅利用媒介内容、同时也利用媒介本身来满足自己的不同需求。

当使用与满足理论的研究视角从"使用媒介内容"到"使用媒介本身"时，可以发现它与莱文森的"补偿性媒介理论"有异曲同工之处。莱文森所说的人类使用媒介的第一个动机就是满足自己的幻想和渴求，为了达到这一目的，人类必须借助、发明一些工具或媒介。然而，当一种幻想或需求被满足后，人们又会去追求新的、更高层次的幻想和需求。正是这些需求促使人类去使用、选择媒介，也正是这种需求产生—需求满足—需求再产生的连续的过程推动着媒介的向前发展。

无论是广播电视还是因特网、手机，每一种媒介的诞生既是时代进步的结果，也是人类需求的产物，尤其是因特网和手机，它们极大地满足了人类追求个性化的需求。除了媒介本身之外，同一种媒介不同层次的服务也与人类从低到高的需求层次息息相关。以手机移动服务的发展为例，按照Vaya移动公司创立者彼得·巴克利（Peter Barclay）的观点，手机的移动服务主要分为三个层次：通信、移动网络、移动应用程序。

通信，包括通话和短信，它是手机移动服务的第一个层次，它满足了人们最基本的通信需求，同时解决了固话业务不能移动的技术短板。它的特点是移动体验有限，但是分布区域广阔。然而，随着技术的进步，人们对移动服务有了更高层次的需求。

移动网络，即人们利用手机等移动媒体进行上网活动，因此它满足的是受众移动上网的需求。移动网络可以帮助查询银行信息、航班状况、天气情况、交通路线等各种信息，也就是说，人们在网络上能做的在手机上基本也能做。不过，移动网络的体验在一定程度上受制于浏览器的状况，有些浏览器打开速度较慢，或者有些浏览器不能完整地呈现图片格式。

---

① Denis Mcquail. Mcquail's Mass Communication Theory[M].London:Sage Publications Ltd,2005:405-408.

移动应用程序，是指出现在用户手机界面的计算机程序，该程序通常和某项指令或任务相关，用户只要点击其图标就会进入该程序的运行状态，如点击"Facebook"的图标便可直接进入用户在Facebook上的主页。该项服务目前只限于智能手机才能使用，主要用于聊天、游戏、音乐、发布微博等方面，能给用户带来全新体验，从而满足他们更便捷、更丰富的多元化网络体验的需求。

如同马斯洛的需求层次理论，移动服务的层次需求也呈倒金字塔形状排列，其中排在最底下无疑是低层次的、最基本的通讯需求。当某一层次的需要相对满足了，就会向高一层次发展，追求更高一层次的需要就成为驱使行为的动力。对于移动媒体和移动运营商来说，通信和手机上网的需求基本都得到了满足，因此新奇、便利的各类应用程序的开发则成了他们目前进行主要研发的新领域。

移动互联网的搭建离不开技术的发展，对于报纸来说，信息要从网站数据库传达至用户的移动设备端需要一个转换的过程，这个过程可以简单地由图4-2所示的模型来表示。

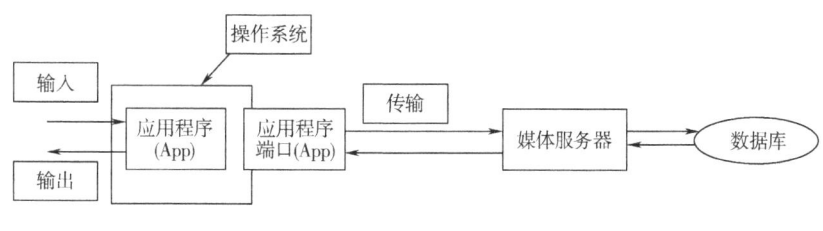

图 4-1

也就是说，一个典型的应用过程应该是：用户通过输入发送指令，应用程序接受指令之后再通过应用程序端口向服务器发送请求，请求通过网络到达服务器，再经服务器分析请求之后访问数据库得到数据，最后通过网络进行回复，应用程序通过应用程序接口将服务器的回复转化为本地可识别的内容，并将其输出给用户。

三、中美移动市场的发展态势

毫无疑问，移动互联网的发展速度快于桌面互联网，并且其规模将大得超乎多数人的想象。根据美国无线通信和互联网协会（CTIA）发布的年度报告，2018年全球智能手机用户或达33亿。2009年12月，摩根士丹利

(Morgan Stanley)的全球技术和电信分析师对迅速崛起的移动互联网市场进行过一次深入研究,其结果发现:①根据财富的创造和消亡是新的计算产品发展周期的实质,目前全球已经进入了移动互联网周期的早期阶段;②移动互联网的发展速度快于桌面互联网,因为它代表着4G、社交、视频、网络电话和日新月异的移动装置这5大趋势的融合;③苹果公司目前在移动创新和影响力方面居于领先地位,但应用产业生态系统的深度、用户体验和定价将决定谁是长期赢家;④改变游戏规则的通信/商务平台(社交+移动平台)正飞速涌现;⑤海量数据增长推动运营商/设备走向转型;⑥新兴市场存在众多很有吸引力的机会。① 该报告显示,4G作为移动互联网取得成功的关键因素,其应用于2007—2008年在西欧和北美地区达到拐点,即普及率超过20%,而在世界其他地区,进入拐点的时间为2010—2014年。因此,报告预测,未来5年内,通过移动装置接入互联网的用户很有可能超过通过桌面个人电脑接入互联网的用户。时光流转,从3G到4G乃至5G的发展不过短短数年。美国无线通信和互联网协会高级副总裁Nick Ludlum曾声称,2018年美国已经做好了迎接5G的准备。②

作为全球移动领域发展最快的国家之一,美国拥有最大的网络市场。2016年,76.2%的美国人都接入了互联网;2017年,美国互联网用户数量达3.12亿,72%的手机用户通过移动设备接入互联网,这一数据预测在2021年将增长到80.6%。③ 智能手机在美国的市场份额为77%,比2011年皮尤研究中心调研所得的35%高出许多,而2017年智能手机的活跃使用度比2016年高出4%。这说明近几年来,智能手机以及移动领域的发展极为迅速。无线通信行业的崛起为美国人提供了470万个就业岗位,且其薪水还比普通行业的薪水高出约50.2%。④ 无线通信及互联网在职业端和用户端的良好表现使得手机在美国人的生活中占据愈发重要的地位。80%的美国人表示自己的生活已经无法离开手机,并习惯于把手机放在触手可及之处。一项研究表明,美国

---

① 摩根士丹利.移动互联网研究报告[EB/OL].[2010-10-05].http://www.morganstanley.com/institutional/techresearch/pdfs/Mobile_ Internet_ Report_ Setup.pdf

② Nick Ludlum. Year in Review:2018-Ready for 5G[EB/OL].[2018-12-21].https://www.ctia.org/news/blog-year-in-review-2018-ready-for-5g.

③ The Statistics Portal. Internet usage in the United States-Statistics & Facts[EB/OL].[2019-08-20]. https://www.statista.com/topics/2237/internet-usage-in-the-united-states/.

④ CTIA. The Wireless Industry-Industry Data [EB/OL].[2019-08-07].https://www.ctia.org/the-wireless-industry/infographics-library.

智能手机用户将他们在线时间的 85.7% 花在了各类 App 上，其中最受欢迎的 App 为 Facebook。对于互联网用户来说，网络社交是一个常见的活动。截至 2017 年年底，81% 的美国人拥有社交媒体账号，而 Facebook 又占美国社交媒体网站市场份额的 42%。①

移动用户的大量增加无疑让广告商们看到了巨大的商业空间，因此他们加大了在移动市场的广告投放，如条幅广告、视频广告、文本广告等。见图 4-2。

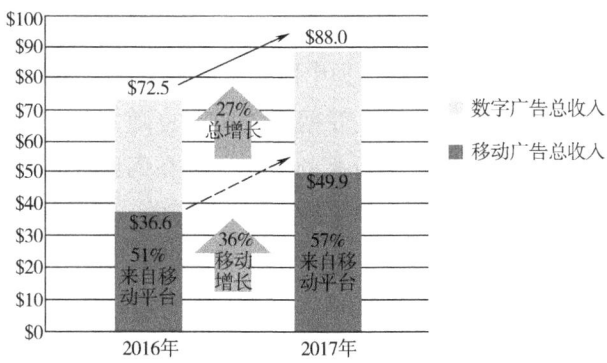

图 4-2 美国 2016—2017 年数字广告收入增长情况

如图 4-2 所示，2017 年的数字广告总体呈增长态势，其中来自移动平台的广告收入增长尤为明显，这与移动媒体在这两年的发展速度有很大的关系。用户的需求推动了媒体的发展，媒体的发展吸引了用户的体验，而越来越多的体验人数又吸引了广告的投放，广告的增加继续推动媒体的发展和服务的提高，可以说，移动媒体的发展目前以及未来的几年都将处于稳定的良性循环之中。

中国的互联网市场，尤其是移动互联网市场近年一直处于高速发展中。中国互联网络信息中心 2018 年 6 月发布的《中国互联网络发展状况统计报告》显示，截至 2018 年 6 月，我国网民规模达 8.02 亿，互联网普及率达 57.7%。其中，手机网民规模达 7.88 亿，仅 2018 年上半年就新增手机网民 3 509 万人，较 2017 年同期增加了 4.7%。网民中使用手机上网的比例占 98.3%，较 2017 年末提升了 0.8 个百分点；使用台式电脑、笔记本电脑上网的比例为 48.9% 和 34.5%，较 2017 年分别下降 4.1 和 1.3 个百分点；网民使

---

① The Statistics Portal. Internet usage in the United States-Statistics & Facts[EB/OL].[2019-08-07]. https://www.statista.com/topics/2237/internet-usage-in-the-united-states/.

用电视上网的比例达29.7%，较2017年末提升了1.5个百分点。中国网民的人均周上网时长达27.7小时，相比2017年末提高0.7个小时。此外，截至2018年6月，我国的即时通信用户规模达到7.56亿，较2017年末增长3 561万，占网民总体的94.3%。手机即时通信用户7.50亿，较2017年末增长5 641万，占手机网民的95.2%。从这一组数据中可以看出，一是我国的互联网基础建设不断完善，接入互联网的硬件设施得到很大发展，互联网服务持续渗透；二是中国网民的规模较前几年有大幅增长，其中增长最为迅速的就是移动网民的人数，移动上网已成为当下流行的主要趋势；三是中国网民的上网时长有所增加，互联网已经成为中国人生活中不可或缺的重要部分。

随着网络用户人数的增加，互联网相关产业也随之勃兴，其中网络购物和互联网支付成为网民使用比例较高的应用，而在网络支付中，手机网民使用移动支付的比例高达71.9%。在网络娱乐市场中，由于相关政策的鼓励，网络音乐原创作品得到扶持，网络文学用户阅读方式多样，网络游戏类型的多样化和游戏内容的精品化趋势明显，短视频应用迅速崛起，74.1%的网民使用短视频应用，以满足碎片化的娱乐需求。网络政务也是中国互联网发展的一大特色。目前，我国在线政务服务用户规模达到4.7亿，占总体网民的58.6%，其中又有42.1%的网民通过支付宝或微信城市服务平台获得政务服务。

此外，移动应用程序（App）的蓬勃发展也离不开移动互联网市场的发展。截至2018年年底，我国市场上架的移动应用程序数量共有449万款，其中本土第三方应用商店移动应用数量超过233万款，占比为56.1%；苹果商店（中国区）移动应用数量超过182万款，占比为43.9%。在所有的移动应用程序中，游戏类应用数量超过152万款，占比为36.6%；生活服务类应用规模位于第二，超过56.3万款，占比为13.6%；电子商务类应用规模位于第三，超过41.6万款，占比为10%。各家传统媒体在搭乘微博、微信公众号等新媒体班车的同时，也在大力投入开发各自的移动客户端，打造自己的新媒体领地。

中国的网络发展虽然较美国起步较晚，但经过二十多年的发展，中国与美国等发达国家在信息技术硬件和软件之间的数字鸿沟在逐渐缩小，属于互联网领域的"后起之秀"。如果说在一般互联网领域，中国与美国等发达国家相比还存在一定差距的话，那么在移动互联网领域，中国等发展中国家与发达国家的发展几乎是同步进行的。2010年，发达国家在手机拥有量上基本失去优势，除非洲中部部分国家因动乱常年不稳定外，其他国家的手机拥有量均得到了较大提高,世界平均水平逼近每百人 100 部,南北差距、东西差距逐渐模糊,发达国家的绝对优势逐渐丧失,许多发展中国家迎头赶上。[①] 而中国的互联网发展也正是在这一年赶上了世界先进水平。

第二节　移动平台的内容生产模式

从以往的情况来看,业界对移动平台的关注首先集中在基础设施和设备方面,例如美国的几大电信运营商 Verizon,Sprint 和 AT&T 就曾在无线技术方面投入很多人力、物力、财力,用以改善各种电信设施。经过几年的发展,移动平台已经拥有了先进的设备和高质量的服务,尤其第三代移动通信技术(3G)的出现使得声音和数据的传输速度得到大幅提升,并实现了在全球范围内无线漫游,而且能处理图像、音乐、视频流等多种媒体形式,提供包括网页浏览、电话会议、电子商务等多种信息服务。随着技术平台的日益完善,移动运营商们逐渐意识到内容和服务在吸引和巩固用户群体时的重要作用。

一、内容生产在移动平台面临的挑战

手机作为移动媒体的发展历程在某种程度上和互联网有些相似。互联网产生之初,它的内容非常有限,大部分都是从报纸、书籍等其他媒体中照搬而来。同样,手机作为移动媒体刚出现时,它的主要功能也仅限于接、拨电话,根本谈不上什么内容或者服务。因此,很多分析人士甚至认为移动平台实际上是一个"打了折扣的网络"(watered down web)。[②] 对此,一方面移动运营商开始积极寻求和内容提供商的合作,如 DoCoMo 和迪斯尼签订协议,为其青年用户提供所有迪士尼品牌的内容;Vodafone 和超过 25 家内容提供商签订合作协议,其中包括索尼公司、甘尼特公司和路透社等。另一方面,以内容为主打的公司,如纽约时报集团也在逐步开展与微软、索尼、三星电子、苹果、亚马逊等消费电子和技术企业开展合作,以开发报纸的移动应用。

对于报纸来说,移动平台一方面的确是一种切实可行的技术平台,但另一方面也给报业集团提出了与网络平台相似的一些难题。事实上,早在实体

[①] 韦路,谢点.全球数字鸿沟变迁及其影响因素研究——基于 1990—2010 世界宏观数据的实证分析[J].新闻与传播研究,2015(9):36-54.

[②] Jupiter Research Vision Report. Mobile Content and Applications: Monetizing Popular Interactive Service[J].Broadband and Wireless,2000(8):52-58.

的内容（physical content）进入到网络这个数字化的标准世界时，许多业内人士已经预测将会出现熊彼特（Schumpeterian）经济理论所说的"破坏性的强风"（gale of destruction）。[①] 尽管实体的内容依旧存在，但在数字的世界中该如何构建这些内容，这些内容的知识产权该归谁所有，由这些内容带来的收益该如何划分，这些问题都令报业集团头疼不已。它们得重新思考这个行业的现状，重新规划内部的组织结构，甚至还要重新聘请一些对内容创作和技术都非常了解的新型人才。不仅如此，在数字化的世界中，用户的角色也发生了改变，他们不再被动地接收信息，而是能够主动地发表自己的观点和评论，提出反馈意见。同样，如今的移动平台又提出了类似的问题。在移动平台中，报社面临的第一个挑战是，必须提供适合于移动平台的内容。当年互联网时代的"浏览器大战"就曾经迫使像报社这样的内容提供者必须能提供各种内容格式，以确保用户能通过任何一种浏览器阅读到其内容。对于这种网络世界中浏览器混乱的状况，报社采取的做法是把已有的印刷版内容或者稍做编辑上的修改，或者直接照搬到网上，从而减少了重新设置内容的麻烦，而把主要的精力用于针对不同浏览器的内容格式的调整。

然而，在新兴的无线技术环境中，问题更为复杂。首先，移动设备种类繁多，有掌上电脑（Personal Digital Assistant，PDA）、手持通话器（handset）、平板电脑（tablet）以及其他混合型的便携设备，不同设备的屏幕尺寸、色彩、图片容量等都有所差异，因此把报纸印刷版内容直接照搬过去并不是一个好的选择。事实上，移动内容的编辑一方面要考虑到移动设备屏幕小的制约，另一方面还要考虑到带宽的限制。例如，报纸可以直接将一个视频或音频文件上传至其网站供用户观看或下载，但是考虑到移动设备的带宽，报纸必须将该文件改换格式，使其体积更小，这样才能方便用户下载，同时根据终端用户的不同还有可能要采用不同的转换格式。但是在文件内容被转移至小屏幕或其他形式时，它们会失去其原有的完整性而被拆分得零零碎碎，这就可能给内容提供者带来一些知识产权方面的质疑。内容的知识产权与内容的收费息息相关，目前在美国，大多数用户希望移动平台上的内容能和互联网上的内容一样供免费享用，因此在移动平台中建立可行的商业模式并非易事。但如果完全不收取费用的话，对于内容提供者来说，这既会是收入上的损失，也会消减工作的积极性。除了这些外在的问题和挑

---

① J. Schuumpere. Capitalism, Socialism and Democracy[M]. New York: Harper Collins, 1943.

战之外,报社、出版社、音像社等内容提供方还需要在内部调整其组织结构和重新分配资源。

二、移动互联网的传受模式分析

受众一直是一个颇具争议的群体,不同的人对其也有不同的理解。丹尼斯·麦奎尔在《受众研究》中认为,"受众既是社会环境的产物,也是特定媒介供应模式的产物。它可以根据各种不同的、彼此相交的方式来定义,如地点、人口特征、媒介渠道、讯息内容、时间等"①。它起源于古希腊时代围观街头表演的一群人。在互联网时代,受众的角色发生了根本性的变化,在过去的"audience"概念中,audi 的词根决定了受众的隶属与服从属性,因此该词在我国大陆地区被翻译为"受众",强调了其被动接受的特点。而随着 Web 1.0 时代的到来,受众已经不再是一群被动接收信息的"沙发土豆"了,而是主动去互联网中寻找信息,使用各类互联网产品,由此出现了"用户"一词,用来指代互联网上的受众。而在 Web 2.0 时代,人们发现,受众的含义有了更大层面的拓展,原先的"用户"仅仅是界定使用者角色,而受众在某种程度上已经成为生产者。因此,一个新兴的词语出现到大众视野,即 Prosumer,所谓的生产消费者。该词由 producer 和 consumer 两个词组合而成,它既涵盖了受众作为接收者、消费者的一面,也注意到了受众在内容生产方面的作用,因而具有两面性。

根据受众生产性的特点,可以将其参与生产内容的方式分为以下几类,见表4-1。

表 4-1 网民参与内容生产的方式②

参与类型	网民参与内容生产的具体方式
原创性生产	一些具有一定新闻素质的网民有意识地参与到网络新闻生产中,他们有时提供的是完整的新闻报道或新闻评论
启动性生产	网民有意或无意地向媒体提供新闻线索,是帮助媒体寻找报道题材、启动报道的一种方式
资源性生产	网民参与各种形式的网络调查,为新闻报道提供一定的报道素材与背景;网民的微博、博客以及 BBS 帖子都可能为网络新闻报道提供丰富的资源

---

① 丹尼斯·麦奎尔.受众分析[M].刘燕南,李颖,杨振荣,译.北京:中国人民大学出版社,2006:2-3.
② 彭兰.社会化媒体、移动终端、大数据:影响新闻生产的新技术因素[J].新闻界,2012(16):3-8.

续表

参与类型	网民参与内容生产的具体方式
增值性生产	通过论坛、博客、微博等转发自己认为好的或是有意思的新闻,虽然不直接生产新闻,但能使新闻扩散,从而实现增值
互动性生产	有些新闻的生产过程本身就需要受众的参与,如网民与新闻事件当事人或嘉宾的在线交流
整合性生产	网民不直接进行内容生产,但是他们对媒体的新闻进行筛选、整合,根据自己的价值判断进行重新编排,从而为其他网民提供有序的新闻资源。例如,微博中的用户转发

而从传—受的模式来看,在传统单向的大众传播模式中,受众总是位于信息传播链条的最后一环,与传播并不产生直接的联系。博德韦杰克和范·卡姆将这种模式称为"训示"模式,或直接称为从一到多模式,其特征是:受众反馈的可能性受到限制,传播流基本是单向的。① 这种传播模式对于广播、电视和报纸来说比较常见。然而,信息技术的发展向世人宣告,这种中心—边缘的传播模式将被改变,由电脑和因特网构建的全球电子信息高速公路使得全世界的人们都可以接触到各种各样的软件和资料,从而在浩瀚无边的信息海洋中做出自己的选择。不仅如此,通过因特网,受众还能在传播活动中发表意见、交流思想,传、受的界限也不再像过去那样泾渭分明。因此,麦奎尔认为,以计算机为基础的互动系统重新恢复甚至强化了主动受众的意涵,即提升了他们介入、反馈、选择、接近和使用媒介的能力,为他们提供了在更大范围内参与传播和进行反馈的可能性,这在以往的大众媒介受众形态中是不曾有过的。② 循着这一技术变迁的视角,博德韦杰克和范·卡姆在"训示"模式的基础上又提出了"咨询"模式和"互动"模式。③ 在"咨询"模式中,受众通过在媒介所提供的五花八门的信息和文化内容中的寻找和选择,自行决定其所需要的信息内容以及接收信息的时间。而"互动"模式则打破了传统的以传播者为中心的观念,通过交互的网络在一定程度上实现了传播者与受众之间的对话和交流。

---

① 丹尼斯·麦奎尔.受众分析[M].刘燕南,李颖,杨振荣,译.北京:中国人民大学出版社,2006:51.
② 丹尼斯·麦奎尔.受众分析[M].刘燕南,李颖,杨振荣,译.北京:中国人民大学出版社,2006:51.
③ Bordewijk J L, Van Kaam B. Towards a new classification of tele-information services[J]. Itermedia, 1986,14(1):16-21.

作为新兴技术的产物，移动互联网是一个灵活性、互动性极高的网络系统，在这个系统中，受众不再处于被训示的地位，而是已经介入到咨询和互动当中，甚至还将进一步介入到内容的生产过程中。

因此，不同于传统大众传播媒介的线性传播模式，移动互联网的传播模式呈现的是网状的结构，详见图4-3①。

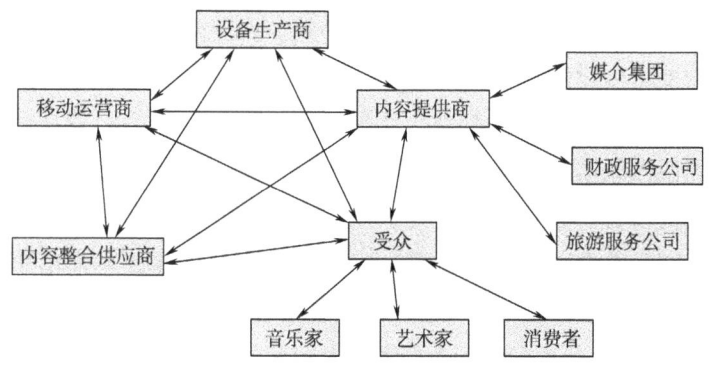

图4-3

该模式具有这样几个特点：首先，去中心化。传统的以传播者为中心的模式被打破，在移动互联网的网状传播模式中，设备生产商、移动运营商、内容提供商、内容整合供应商和受众相互之间各有互动，基本处于平等的交流地位。因此，在这一模式中，没有哪一个角色处于绝对的中心。其次，受众地位的改变。如前所述，传统的受众总是处于被动接收的地位，在信息的传递过程中缺乏话语权甚至选择权。而在移动互联网的信息传播过程中，受众不再位于传播链条的最末端，而是与内容提供商和整合商之间发生了互动，这是受众地位得到提升的一种呈现。就像麦奎尔所说："所谓被动的收听者、消费者、接受者或目标对象，这些典型的受众角色将会终止，取而代之的将是下列各种角色中的任何一个：搜寻者、咨询者、浏览者、反馈者、对话者、交谈者等。很显然，在大众受众兴起长达一个世纪之后，这样一种变化也许确实堪称革命。"② 第三，凸显了内容的多元来源。在传统的大众传媒过程中，

---

① Nina D Ziv.Toward a New Paradigm of Innovation on the Mobile Platform:Redefining the Roles of Content Providers,Technology Companies,and Users[R].IEEE Conference Proceedings,MBusiness Conference,Sydney,Australia,July 2005.
② 丹尼斯·麦奎尔.受众分析[M].刘燕南,李颖,杨振荣,译.北京:中国人民大学出版社,2006:158.

内容的生产似乎只与传播者有关，这无疑不利于多元内容的生产与建构。而在这个更加开放的范式中，内容提供商可以接触到传统界限之外的更广阔的天地，例如金融服务公司或旅游服务公司等其他领域的内容生产者，还能接收到来自用户群体创作或反馈回来的内容，事实上，这些用户群体中也往往蕴藏着各个行业的精英，如音乐家、艺术家、教师、医生等。

技术是引发受众地位变迁的最主要动因，这点在前文中已有论及。除此之外，社会和经济因素的影响同样不可小觑。麦奎尔认为，在过去20年中，当出现新的技术可能性时，便会有一些变化增强技术的影响力，这些变化包括经济的快速增长、更高的劳动生产率，以及新的开放的消费社会。经济的驱动一方面使得原本高高在上的传播组织不得不更加重视受众的喜好和需求；另一方面也促使各种公司走到一起，生产者、供应者、消费者通过密集网络相互依赖、相互整合。从地理上看，它们既汇集在全球性大都市中，又通过电子传播的方式分散到全球。① 世界似乎变得更小，东西方的差距也在日渐缩减，不同国家的受众分享着相同的信息内容和不同的文化形态，并由此产生了更多的共同经验、受众与传播者之间、受众与受众之间在网络的沟通中加深了彼此的互动和了解。

第三节 美国报纸移动版的发展特点

20世纪90年代中期，《今日美国》、《纽约时报》和《华尔街日报》相继加入网络报纸的行列，经过十几年在网络领域的经验积累，这三家大报再次将目光转向了日渐流行的移动领域，希望能够借助移动媒体的力量摆脱报纸目前面临的寒冬。在移动领域的探索中，每一家报纸结合自己的定位、特色与优势探索出各自的个性化的发展道路。当然在这些个性之中，也有媒体普遍选择与认可的发展方式。

一、《纽约时报》：致力于优化移动应用的技术先锋

众所周知，无论是印刷版还是网络版，《纽约时报》的用户群可谓遍布全球。然而对于其移动产品来说，它的定位却是《纽约时报》庞大市场中具体的一小部分。这一部分人群主要来自纽约城内大公司的雇员，他们有公司提

---

① 文森特·莫斯可.传播政治经济学[M].胡正荣,译.北京:华夏出版社,2000:193.

供的黑莓或者其他高端移动设备，比如 iPhone，同时也乐意用这些设备来浏览移动站点。2006 年 9 月《纽约时报》正式发布其移动版，该版从设定构想到最终投入市场过程很短，这主要是因为《纽约时报》管理层早在重新思考和规划它的整体数字战略之时就已经开发了一个定制化的内容管理系统。这个系统保存了《纽约时报》所有的数据，包括文章、专栏、社评、影评等，可谓是《纽约时报》数字领域的中枢系统。正是这一中枢系统的建立缩短了移动版推行的时间，因为所有其中的数据都可以为互联网或各种移动设备重新利用，为它们提供内容订阅服务。移动版建立之初，《纽约时报》只把几个主要的板块放到了移动服务的网站上，如新闻报道、体育新闻和社评，之后又逐步加入其他内容，如博客、天气、股票和房产等。移动版的发布说明纽约时报集团管理层重新考虑了它的科技战略以及报纸在移动内容价值链中的定位。不仅如此，《纽约时报》还致力于与用户群和移动服务提供商合作，以开发新的产品，同时在移动平台上为不同的用户群提供服务。所有这些举措都表明了《纽约时报》正在经历向移动领域的重大转型，而在这一转型中所要解决的关键问题就是如何维护和改善它的品牌形象，如何保证它在移动领域的竞争优势。

《纽约时报》在内部内容管理系统上进行巨大投入是因为这个系统是其在网络、移动等数字领域发展的基础。为此，《纽约时报》专门组建了一个集中的内部开发团队来开发和管理这个系统，使其能与时俱进、跟上新科技、新产品和新服务的脚步。然而，这一开发团队将其工作的中心主要放在了传统的网页开发上，而忽视了移动平台的创新，于是为了能实现移动平台的科技战略，《纽约时报》又成立了一个专门负责移动应用的小组，该小组既与原有的内部开发团队协同并进，又与外界的各类技术组织分工合作。与很多非技术类公司一样，《纽约时报》选择建立自己的内部研发团队，不同的是《纽约时报》的这两个小组团队不仅负责内部研发，还开发了目前移动服务商尚未提供的服务。例如，其中的一个内部应用程序能帮助用户优化他们访问《纽约时报》移动版的体验，而不用去下载整个网站的首页。因此，如果移动用户访问《纽约时报》网站，并且尝试下载整个首页，系统会发现这点并自动把用户转向移动版的网站。

除了开发内部应用，该小组和外界的设备商还合作开发不同移动设备上的客户应用。目前，该小组已经和苹果建立合作，共同开发了针对 iPhone 的《纽约时报》应用程序；之后又开发了专门针对黑莓手机的应用，包括帮助用户回到黑莓主屏幕的一个图标。尽管《纽约时报》移动版的内容主要来自前面所提到的中心内容管理系统，但是在不同移动设备上内容的呈现方式和用户的使用感受仍然略有不同。例如，在报纸的印刷版中，标题和所配的图片相得益彰，然而对于某些没有正确显示图片能力的手机来说，显示不出图片的话，原有的标题便会毫无意义，这时《纽约时报》就会为这些手机版本替换一个不同的标题。此外，针对一些老款的手机，《纽约时报》的移动应用小组还专门对其内容和应用做出修改和调试，例如对于不支持视频回放的手机，原有的视频链接就不会显示，通过这些调整，即使是老款手机的用户也能顺利访问报纸的内容。总的来说，《纽约时报》移动应用开发小组的建立不仅仅是为了保证网站设备正常工作，而且在此基础上致力于为不同的移动设备优化使用体验。通过为不同的移动设备调整内容和格式，移动应用开发小组展示了不同于报纸记者甚至网络记者的全新技能。由此可见，在移动领域的探索过程中，《纽约时报》已经意识到不能再像原来一样照搬印刷版的内容，而是应当为数字化发展做一些调整。

《纽约时报》移动领域的另一个科技战略是充分利用移动平台和因特网应用之间的交互性。在《纽约时报》的移动版中，最成功的一个栏目是房地产，这是因为在移动版、网络版和印刷版中都有房屋的一览表，因此房屋卖方可以购买一个号码，这个号码在报纸中和他的房屋挂牌绑定在一起；而买方则可以通过手机短信的方式把这个号码发给《纽约时报》，之后就会收到《纽约时报》回复的短信，其中有该房屋的详细信息以及完整的房屋销售列表。此外，买方还可以在移动设备上搜索房屋，点击房屋列表与房屋中介联系。从上述房产买卖的例子中可以看出《纽约时报》印刷版、网络版和移动版在内容上的互动方式。其实不仅在内容上，在广告销售中，《纽约时报》的3个版本同样相互合作、互为一体。在纽约时报集团管理层看来，移动领域的主要收益还是来自广告，因此在多数移动设备中，广告都以横幅的形式出现在网站的顶部或者以小方块的形式出现在页面中。随着报纸移动版访问量的上升，纽约时报集团整合了其在印刷、网络和移动平台的销售力量，并由此经常销售包括3个媒体的打包广告。

面临全新的移动领域，纽约时报集团管理层也在积极思考如何在移动环境中有效展示产品。在移动环境中，设计新闻报道产品时首先必须考虑到如何给用户带来移动的体验，同时还必须了解用户不断变化的行为和需求，而不仅是像以往一样按照标准的格式，提供不同主题的新闻。因为对于移动终端用户来说，对新闻、社评、影评的浏览多数只是一扫而过，相对于报纸的深度阅读，这些用户可能只是在公交车站需要打发时光、在上车之前看看有什么新闻或者电影评论。2008 年，美国总统大选期间，《纽约时报》移动版迎来了访问的高峰，该版为手机用户设计了一个特别的选举报道，其中包括一张标注了选举结果的地图，这样用户就不用在家里或者办公室里坐在电脑前盯着结果，而是可以通过手机随时查看更新情况。除了新闻报道，《纽约时报》还在它的移动端列出了体育提醒、天气更新和突发新闻提醒等栏目，用户可以发送短信息到该报，订阅突发新闻提醒，获得最新天气情况、任何板块的头条以及最新的赛事比分。这些人性化的服务一方面反映了《纽约时报》从一个传统报业媒体向多媒体公司的转型；另一方面也反映了用户行为的变化——他们已经逐渐把《纽约时报》当作一项服务，而不是供他们深度阅读的报纸产品。事实上，《纽约时报》也正在顺应这一方面的变化。

2008 年之后，《纽约时报》继续加大了其在技术与创新上的探索，这主要体现在理念和实践两个方面。理念方面，2014 年尚未接替《纽约时报》发行人职位的亚瑟·格雷格·索兹伯格（A. G. Sulzberger）率领团队起草了一份长达 96 页的纽约时报创新报告，调查研究纽约时报新闻编辑部在数字转型过程中的问题与不足，再次确立了"数字优先"的发展战略。在这一战略之下，《纽约时报》展开了一系统实践探索，如 2008 年发布了美国新闻市场第一个 App，开启了报业集团"移动"传播新闻的大潮。2012 年，《纽约时报》又把文字、音频、视频、动漫、数字化模型（DEM）、卫星模型联动等集中运用在网站的新闻报道《雪崩：特纳尔溪事故》（Snow Fall：The Avalanche at Tunnel Creek）中，使得该作品获得了第二年的普利策新闻特稿奖。2015 年，《纽约时报》又通过推出虚拟现实新闻平台 NYT VR，颠覆传统的新闻报道模式，以沉浸的方式带领受众体验新闻的真实性。由此可见，《纽约时报》除了立足于原有的内容资源之外，还在移动技术的创新和移动产品、移动应用程序的研发上投入了大量的人力和物力，在本书所研究的三份美国大报中，《纽约时报》可以当之无愧地被称为报业集团中的技术先锋。

二、《华尔街日报》：中规中矩的多平台内容提供商

作为一份百年财经大报，《华尔街日报》具有敏锐的商业触觉。早在 2000 年左右，它就意识到移动领域巨大的发展潜力，因此开始通过手机给用户发送新闻短信提醒，这正是前文所提到的移动平台中最基本的一项服务。

2004年11月30日,《华尔街日报》展开了它移动发展战略中的第二步,与美国著名的移动媒体应用程序提供商Summus公司合作创办"华尔街日报移动版"。该移动版于2005年年初面向市场开放,它直接通过手机为用户提供即时的金融、财经类信息,以及市场、股票和产品的数据。"在当今这个信息瞬息万变、移动方式普遍流行的时代,人们不仅需要创新的服务,更需要可靠的信息源提供的即时、优质的信息。"时任美国道·琼斯公司商业发展部副总裁的杰西卡·佩里(Jessica Perry)说,"我们很高兴能和Summus合作为奔波忙碌中的用户提供更便捷的服务,我们采用了更直接的、更现代的技术方式让用户能24小时随时洞悉他们所需要的信息和数据,从而始终处在信息的前沿。"[1] 根据佩里的描述,《华尔街日报》移动版将报纸和网络原有的许多特点带到了移动领域,这些特点包括:

(1)新闻、股票、债券、期货、指数等导航栏目分类明确,便于用户寻找和查看信息。

(2)内容包罗万象,既有来自《华尔街日报》网络版的综合财经新闻报道,又有从欧洲版、亚洲版、技术栏目以及日报著名评论专栏中摘录的重要内容。

(3)可订制化、功能全面的图表,用户可据此进行每天、每月和每年的报价追踪。

(4)用户可以建立个性化的关注清单,即时了解新闻、股票和债券的报价以及所投资项目的信息,从而进行个人投资组合追踪。

(5)为用户提供深度市场报告,包括市场平均指数、获利方、失利方以及主要的市场活动。

在创建移动版的同时,《华尔街日报》及其母公司道·琼斯集团也把应用程序的开发和创新作为移动领域中的下一个发展重点。2008年,道·琼斯发布了其第一个移动平台——针对苹果iPhone和iTouch的应用程序Sales Triggers,该程序能够为移动专业人士提供商业变革的最新情报,如管理动向、兼并和新投资消息。它使专业销售人士在寻找潜在客户和把握既有客户方面获得了一个保持业内最佳业绩的有力工具。道·琼斯商业关系情报集团高级副总裁兼董事总经理认为:"我们已经很清楚地意识到,iPhone对我们企业的

---

[1] Raleigh. The Wall Street Journal Online and Summus Announce Launch of The Wall Street Journal Mobile[EB/OL]. [2004-12-03]. http://phx.corporate-ir.net/phoenix.zhtml?c=131111&p=irol-newsArticle&ID=807942&highlight=.

发展正在产生举足轻重的影响力。作为道·琼斯的一分子，我们认识到，一个销售团队的成功需要这些工具，我们也很自豪能够为 iPhone 和 itouch 提供应用程序，这将确保我们的企业客户能够获得不断更新的必要情报。"[1] 同年，《华尔街日报》与 Free Range 传播有限公司合作发布了针对黑莓手机的一款应用程序 Mobile Reader，它使得用户可以直接将《华尔街日报》的内容下载到黑莓手机上。Free Range 的总裁乔恩·马罗尼（Jon Maroney）表示："我们的移动发布平台帮助《华尔街日报》将其网站上的内容延伸至用户手机中，用户不仅能通过此款应用程序感受到相似的网络体验，还能更容易地查找到自己所需要的内容。"借助该程序中的不同快捷方式，用户可以方便地浏览不同页面，例如，用户只需在手机上按"1"便可直接到达页面顶端，按"7"则到页面底部，按"9"便跳到下一篇文章，按"3"则可浏览上一篇文章。此外，该应用程序具有自动升级的特点，只要用户点击黑莓手机上《华尔街日报》的标志，该程序便会自动升级，而不用等待浏览器的响应或下载。目前，该程序不仅适用于黑莓手机，同样也适用于 iPhone，利用该应用程序，用户可以访问到《华尔街日报》（WSJ.com）、财经新闻网站（MarketWatch.com）、《巴伦周刊》网站（Barrons.com）和数字新闻网站（AllThingsD.com）的所有内容。

从 iPhone、iTouch、iPad 到黑莓，道·琼斯领导着《华尔街日报》致力于每一种移动平台的应用程序创新，同时更鼓励读者和用户的创新。从 2001 年开始，道·琼斯公司便主办了技术创新大赛，邀请世界各国的技术爱好者们参与到创新中来，该项赛事至今已经连续进行了 10 年。在这 10 年的比赛中，创新的内容涵盖各个领域，其中既有针对《华尔街日报》应用程序的开发创新，也有电子商务、能源、环境、医疗设施、网络安全等方面的各种创新尝试，获奖者名单已在《华尔街日报》《亚洲华尔街日报》《华尔街日报欧洲版》《华尔街日报》网站中公布。

出于对这一老牌财经大报的忠诚和信赖，2011 年 3 月《华尔街日报》宣称，同 2009 年相比，该报又增加了 20 万移动设备的付费用户，其中 75%（大约 15 万）是在 2010 年一年中增加的。在《华尔街日报》的发行人莱斯·辛顿（Les Hinton）看来，这样大规模向移动领域的迁移是不可避免的，关键

---

[1] Raleigh. The Wall Street Journal Online and Summus Announce Launch of The Wall Street Journal Mobile [EB/OL]. [2004 - 12 - 03]. http://phx. corporate - ir. net/phoenix. zhtml? c = 131111&p = irol - newsArticle&ID = 807942&highlight = .

在于如何平衡好这种迁移（balancing out the migration）。① 随着移动领域用户人数的增加，《华尔街日报》也逐渐明确了其在这一领域的盈利计划，那就是订阅加广告。由于传统印刷板块的业务遭遇到了巨大的打击，报纸纷纷将其收入来源瞄向数字领域，尤其是移动领域。2008 年黑莓应用程序发布的头几个月，作为对该程序的宣传和推广，《华尔街日报》允许用户可以免费通过该程序访问网站的内容。2009 年 9 月，默多克在纽约 Goldman Sachs 大会中透露，《华尔街日报》将在未来一两个月内展开对其移动用户的收费计划，此举的目的一方面是想在日渐流行的移动领域开辟出一条新的盈利途径，另一方面也是对《华尔街日报》印刷版和网络版收费的支持和回归。就像辛顿所说："对于发行人来说，为用户提供免费的内容是一个根本性的错误，一旦用户有了这样的期望，要想再关上那道免费之门无疑将非常困难。"② 在《华尔街日报》的移动付费阅读计划中，非印刷版报纸订户每周需付 2 美元才能用手机进行移动访问，报纸订户则每周需付费 1 美元，既是印刷版又是网络版报纸的订户则可免费通过手机进行访问。对于 iPad 来说，用户则需要每周支付 3.99 美元才能通过 iPad 访问《华尔街日报》的内容，同时免费下载过去 7 天的文章，以便随时阅读。

尽管《华尔街日报》的盈利有很大一部分来自印刷版内容和数字版内容的订阅，但广告收入同样是不可忽视的一个部分。它将网络版或移动版的广告直接出售给广告商，而非广告中介商。《华尔街日报》数字广告销售部副总裁布莱恩·奎因（Brian Quinn）说："我们的目标并不是要卖出所有的广告，而是达到或者超过预设的收入目标……尽管我们有很多投放广告的巧妙方式，但我们仍会考虑到读者的感受而投放适量的广告。"③ 因此，目前对于《华尔街日报》的数字网络战略来说，盈利的关键在于平衡用户和广告商双方的需求，既维护其高品质的内容又适当保护广告商的利益。奎因表示："《华尔街日报》所坚守的一个重要原则是广告不能影响评论的内容，在此基础上，我

---

① Jason Ankeny. Wall Street Journal adds 200,000 mobile subscribers [EB/OL]. [2011-03-10]. http://www.fiercemobilecontent.com/

② Raleigh. The Wall Street Journal Online and Summus Announce Launch of The Wall Street Journal Mobile [EB/OL]. [2004-12-03]. http://phx.corporate-ir.net/phoenix.zhtml?c=131111&p=irol-newsArticle&ID=807942&highlight=

③ Dan Butcher. Wall Street Journal monetizes mobile content via subscriptions, ads [EB/OL]. [2017-05-11]. http://www.mobilemarketer.com/cms/news/media/6040.html.

们将努力用大的版面、最少的发行成本为广告商提供优质服务。"①

和技术先锋《纽约时报》相比,《华尔街日报》并未在研发方面投入更多,它主要通过与技术研发类公司的合作开发手机和其他移动媒体的应用程序。对于《华尔街日报》来说,专业化的内容永远是它的主导性优势,因此在移动领域里它所要做的仅仅是用新的平台和新的形式提供它一如既往的优质内容。

除了保证优质的内容之外,加强与社交媒体的合作与互动也是《华尔街日报》在数字化转型过程中采用的重要策略之一。社交媒体集中了网络上大量的用户,尤其是年轻的一代,用户之间的相互转发、互动使得信息不仅可以利用直接渠道从报纸网站传达到用户,还能通过社交网站间的二次传播扩大信息在不同用户之间的传播力。据统计,获取新闻的人群中,大约只有1/3关注了新闻机构或记者,很多分享的报道都是来自用户的人际网络。② 鉴于这一认知,《华尔街日报》早在2008年初就率先引入了由互联网技术公司开发的"好友已读"软件,这个软件通过代码植入,可以实现新闻网站同等社交网站的链接,从而让用户了解到自己社交网络内的好友们都阅读了什么内容。③ 之后,在其网络版的每篇文章顶端都有链接到 Facebook、Twitter 的标志,随着平台的扩展,有些文章也可以链接到 Instagram 和 Google+。例如,在《华尔街日报》的 Twitter 主页上,编辑平均每小时 2~3 次定期推送精选新闻,而用户也可以通过"华尔@WSJ"即时回复新闻,还可以将看到的新闻转发分享至自己的个人主页。在转发的过程中,用户有时会有二次加工的行为,从而变成某种意义上信息的传播者和加工者。

此外,视频还可以分享至 Youtube 和 Podcasts,也可以链接到苹果 App Store。2009年,《华尔街日报》中文网站也开通了新浪微博,将其与社交媒体的合作策略从美国延伸到了中国。

三、《今日美国》:充满想象的创新开拓者

美国用户主要通过四种途径阅读《今日美国》的内容——印刷版报纸、

---

① Dan Butcher. Wall Street Journal monetizes mobile content via subscriptions,ads[EB/OL].[2017-05-11].http://www.mobilemarketer.com/cms/news/media/6040.html.
② 方师师.深度数字化进程已经开启——2014美国新闻媒体报告[J].新闻记者,2014(5).
③ 马锋,王毓."多王共存"用户为大——《华尔街日报》数字化转型路径[J].中国出版,2015(4):62-65.

互联网、手机、iPad。事实上,移动平台端的访问威力早在2010年时就已经显现出来。当时,《今日美国》印刷版的日发行量为330万份,互联网月访问用户1 800万,手机月访问用户600万,iPad应用程序下载量100万。见图4-4。

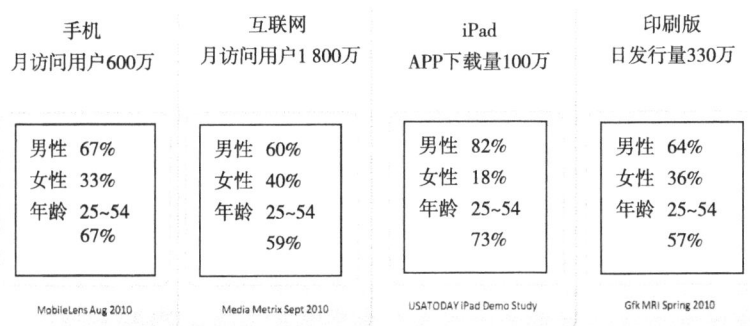

图4-4　2010年《今日美国》用户访问状况

在上述四种方式中,通常情况下,读者会选择在早晨阅读印刷版报纸,工作时通过电脑关注网络版,晚上下班后再用移动设备访问报纸的移动版。Mobile Marketer对《今日美国》用户的调研也基本印证了读者的普遍阅读习惯。根据其调研显示,65%的读者在早晨阅读《今日美国》的报纸,午饭时间出现了网络版的访问高峰,略有不同的是,用户通过iPhone和iPad访问《今日美国》移动版的高峰出现了两次,一次是在早晨,另一次是在晚上。通常,早晨8:30出现了第一次iPhone和iPad的访问小高峰,这在以往是不曾被发现的现象,因为一直以来早晨都是印刷版报纸的天下,如今却有更多的读者在早间放弃了报纸而选用移动设备了解新闻。iPhone和iPad的第二次访问峰值出现在晚间11点左右,这也说明用户在入睡之前愿意选择再次使用便捷的移动设备回顾一天的要闻。这一用户习惯的微小转变正反映了未来移动市场的巨大潜力。

正是由于意识到了移动领域的潜力,2010年8月27日,《今日美国》前任发行人戴维·亨克(David L. Hunke)通过甘尼特集团的博客对其员工以及外界宣布,《今日美国》将从一家传统的报业公司转型为"多媒体公司"(multi-media company),从而明确了《今日美国》未来的发展方向——进一步向网络尤其是移动平台推进。这是《今日美国》创立以来经历的最大转变,这也印证了亨克之前所谓"大幅改变"的说法。

重新定位之后，《今日美国》将加大在网络领域和移动领域突发新闻事件的报道，而印刷版报纸承担的任务则是对这些新闻事件背景进行深入调查和解读。不仅如此，智能手机、平板电脑等移动设备还将承担未来主要内容发行渠道和收入来源的重任。正如报纸主编希尔柯克（John Hillkirk）所言，"我们的脚步总是追随着受众。如果受众追捧 iPad、iPhone 或者其他移动设备，我们就会在这些设备上提供他们想要的内容"①。

根据《今日美国》网站的数据显示（见图 4-4），2010 年全美每个月有 600 万的手机用户访问该报的移动版，在所有移动版的读者群体中，67% 为男性，33% 为女性，年龄在 25~54 岁的读者占 67%，受过大学及以上教育的读者占 83%，另外所有读者中有 78% 是智能手机的用户，也就是说，大部分移动用户都是通过手机访问《今日美国》的内容。目前美国手机市场上主要流行 3 种操作系统：以谷歌为首的 Android 平台、苹果的 iPhone 平台，以及微软领导的 Windows Mobile 平台。考虑到 iPhone 在美国的巨大市场，2008 年《今日美国》首先与供应商 Mercury Intermedia 合作发布了针对 iPhone 和 iTouch 的应用程序，该程序当年下载量排名同类程序下载量的前十；2009 年又发布了针对 Android 系统的应用程序，该程序以 260 万的下载量高居同类程序下载量榜首；2010 年 4 月针对新上市的 iPad 又发布了 iPad 应用程序，该程序也以超过 180 万的下载量位列美国所有免费新闻应用程序前五，它将 iPad 的功能和速度与传统纸质报纸的体验完美地结合了起来。除了上述几个主流应用程序之外，《今日美国》还积极开发在摩托罗拉 Motorola Xoom、三星 Samsung Galaxy Tab、戴尔 Dell Inspiron Duo、谷歌电视和谷歌 Chrome（Google TV & Google Chrome）的应用程序，也就是说，未来用户还可以在这些移动设备上访问《今日美国》的内容。同时，《今日美国》还对每一款应用程序进行定时的更新，用户可以通过 XML 订阅及时了解到应用程序的更新情况，并对其进行升级。对于智能手机用户而言，将应用程序下载到本机，再通过该程序访问《今日美国》的内容是一种比较便捷的方式，不过也有用户倾向于使用手机的内置浏览器，通过在浏览器中输入《今日美国》移动版的网址 http://m.usatoday.com 进行访问。对此，针对不同手机的浏览器，如 iPhone 的 safari 浏览器，其他手机的 Opera、Opera Mini 或 Firefox 浏览器，《今日美国》设计

---

① Michael Liedtke. USA Today rewrites strategy to cope with Internet[EB/OL].[2011-03-23]. http://www.businessweek.com/ap/financialnews/D9M4V5200.htm.

了不同的网页版本，这些版本在内容上大同小异，只是在技术的处理上根据不同浏览器的要求做了一些调适。事实上，这样的调适所花费的费用远比开发新的应用程序要少得多。此外，通过和短信提供商 4INFO 的合作，《今日美国》还专门为读者提供关于天气、股票、赛事结果等内容的短信提醒，每个月发送的此类短信平均达 2 500 万条。

前文已经提到，与《纽约时报》和《华尔街日报》权威的政治立场和经济观点不同，《今日美国》一直以平易近人的形象出现，因此报纸的内容多数令人轻松愉悦。在移动平台上，《今日美国》在内容上不仅继承了这一风格，还做了一点小小的改变，那就是给紧凑的文字配上了各类图表、图解和图片，从而吸引读者关注其移动平台的内容。《今日美国》董事长兼发行人亨克（Dave Hunke）认为："这种图文搭配的方法是最适合 iPad 以及其他即将发行的平板电脑屏幕的表现形式，它最初的出现就是为了迎合那些赶时间的旅客的需求，对于移动设备的屏幕来说，图文搭配简单明了，且大小合适。"[1] 目前，《今日美国》通过移动设备为用户提供的内容包括：最新的新闻资讯、各大体育赛事的战报、天气查询以及从当天报纸各版块中精选出来的图片欣赏，同时用户还可以通过手机电子邮件与朋友分享自己喜欢的图片。

作为其移动平台战略的一个部分，《今日美国》与美国著名的应用程序接口（API）管理服务提供商 Mashery 建立了合作关系，并先后在其新建的网站"《今日美国》研发者网络"（USA Today Developer Network）中发布了与 Mashery 合作开发的几个主要 API。此举的目的是帮助研发者们了解《今日美国》目前能够提供哪些应用程序接口服务，邀请研发者们为这些应用程序接口设计新的应用程序。根据之前的阐述，应用程序接口并不直接适用于客户，它需要应用程序的协助才能为用户提供内容和服务，也就是说，应用程序是连接用户和应用程序接口的中介，不同的应用程序能给用户带来不同的服务和体验。《今日美国》正是深刻意识到了应用程序在移动领域的重要地位，因此特别建立了"研发者网络"这个平台，供来自第三方的研发者们进行讨论和交流，更重要的是鼓励和邀请他们共同创造获取《今日美国》内容的新方式，或者共同经历这样一个创造的过程。为了能让研发者们更好地开发出新的应用程序，《今日美国》不仅在其"研发者网络"中公布了其现有的 API，

---

[1] Michael Liedtke. USA Today rewrites strategy to cope with Internet[EB/OL].[2011-03-23].http://www.businessweek.com/ap/financialnews/D9M4V5200.htm.

还详细介绍了该 API 的功能、参数和注意事项，如在不同的平台使用不同的地址。目前，在"《今日美国》研发者网络"中出现的 API 包括：文献应用接口（Articles API）、畅销书目应用接口（Best-Selling Books API）、职业运动薪水应用接口（Professional Sports Salaries API）、书刊评论应用接口（Book Reviews API）、电影评论应用接口（Movie Reviews API）和音乐评论应用接口（Music Reviews API）。不同的 API 能够提供不同的服务，例如：文献应用接口可以根据用户提供的标签或关键词查找《今日美国》的相关文章报道；畅销书目应用接口可以为用户提供《今日美国》的畅销书榜单或历史榜单，以及指定书籍的销售数据；电影评论应用接口则可以为用户提供《今日美国》对影片、导演和演员的评论。

《今日美国》数字发展部副总裁史蒂夫·库尔茨（Steve Kurtz）认为："为了快速向市场推销新产品，最大化产品及行业发展的机会，API 战略是任何数字媒体行业都必须采用的一个战略……'《今日美国》研发者网络'和开放的 API 战略不仅让我们得以洞察这个具有创造力的研发者社区是如何让我们的内容焕然一新的，同时还帮助我们了解用户对内容的需求，并将接受我们内容服务的用户同其身份和使用习惯联系起来。"①

除此之外，《今日美国》也是最早采用手机二维码的美国报纸。2011 年 2 月，《今日美国》与微软公司合作展开了一项新的手机二维码战略。从当年 2 月 10 日开始，《今日美国》报纸的每一个版面，包括头版都将设置一个微软标签，读者通过用手机扫描该标签可以直接访问《今日美国》网站的内容，包括视频、每日图片集锦、最新的财经新闻、赛事结果和其他相关的数字内容。当然，用手机扫描需要用户事先安装一个应用程序，该程序可以在 http://getta.mobi 网站免费下载获得。如图 4-5 所示。

图 4-5

---

① Giselle Tsirulnik. USA Today rolls out open API strategy to encourage app development [EB/OL]. [2017-03-25]. http://www.mobilemarketer.com/cms/news/media/7779.html.

事实上，报纸对手机二维码的运用在欧洲和亚洲并不少见，但在美国，《今日美国》是第一家采用这种做法的报纸。对于《今日美国》而言，率先采用手机二维码的一个很重要的原因是，它能为读者获取信息提供更便捷的方式，加强读者在数字时代的信息体验。例如，报纸在印刷版中刊登了威廉王子大婚的报道，那么很多没有观看婚礼直播的用户就会用手机搜索相关的视频，而如今附在该报道旁边的标签为用户省去了这一环节，用户只要用手机扫描一下该标签，便能直接看到婚礼的视频。再如，报纸有时会刊登一些关于最新电影的介绍，如今通过文章附近的标签，用户不仅可以直接进入相关网站了解该电影更多的情况，网站同时还能通过手机的定位功能，帮助用户推荐附近的影院以及放映安排。此外，采用二维码的另一个原因是，期望通过追踪用户的扫描测量该内容的价值。负责《今日美国》内容发行的执行主编切特·恰尔尼亚克（Chet Czarniak）认为，"内容是所有创新被采纳的关键，用户关注的是对他们有价值的内容，而报纸上的条码正好能帮助我们了解内容的价值，从而调整我们的策略"①。

内容是报纸赖以生存的生命线，这点毋庸置疑。对于三大报来说，移动版和网络版一样更多是承担对突发事件的报道，换而言之，两个版本在内容的设置上基本一致，最大的不同其实在于其用户体验。综合前文的阐述来看，三大报主要期望能在用户体验方面达成两个目标：第一，能够在任何移动设备以及任何手机操作系统中给用户提供最完美的呈现，包括内容、图片、排版，甚至广告；第二，加强用户实时、互动、新奇的体验。移动媒体的特性使得用户能随时随地接收、获取信息，并即时与传播者或其他用户进行互动。例如，移动版报纸可以根据手机的 GPS 功能判定其具体位置，从而告知当地的各类信息，如最近的电影院的放映信息、附近餐厅的信息，又或者大选期间该州的投票信息等。用户的体验与各种应用程序的开发直接有关，为此，三大报都非常重视在移动应用程序方面的作为。其中，《纽约时报》一方面与设备商合作开发了针对不同移动设备的客户应用，另一方面也通过其内部的技术团队进行了一些创新的尝试。相比之下，《华尔街日报》和《今日美国》则没有投入巨大的资源在研发方面，而是采取与外界合作的方式开发应用程序。值得一提的是，《今日美国》还在网站上倡导民间的普通研发人员或对研

---

① Ashley Stepanek. USA TODAY's social media editor Michelle Kessler comments on the evolving newsroom and tracking success[EB/OL].[2011-01-28].http://www.editorsweblog.org.

发感兴趣的人士参与到相关应用程序的开发中来,这种"众包"的方式不仅有利于集思广益、开发出应用程序,还激发了受众的兴趣和参与性。

事实上,三大报在报纸移动版的发展进路上依旧与其报纸本身的定位、特点有关。《华尔街日报》向来以内容取胜,对于其移动版来说也是如此,因此《华尔街日报》在移动版的发展中显得中规中矩:做好本职的内容编排,做好移动版的个性化和可定制化工作,开发针对不同款手机和手机操作系统的应用程序,开发针对苹果系列产品的应用程序。由于《华尔街日报》已经积累了一大批忠实的读者,所以目前它所需要做的只是搭建移动平台,让读者能够在不同移动设备中自由选择,浏览其内容。《纽约时报》与《华尔街日报》最大的不同在于,前者不仅重视内容,而且还重视研发。从其研发部的成立到内部管理系统数据库的诞生,小索兹伯格决心在技术上有所突破,希望通过其在技术上的先进性优化用户的体验,从而达到制胜的目的。如果说在移动报纸的发展进路上《华尔街日报》坚守的是内容,《纽约时报》追求的是技术优化体验,那么《今日美国》则是以新奇作为其发展的特色。作为一份年轻的报纸,《今日美国》从来不乏创新的想象,作为一份大众化的报纸,《今日美国》也从来不放弃亲民的任何机会。因此,《今日美国》在其移动报纸的推广中相继尝试了众包应用程序、手机二维码等创新措施。和前面两份报纸相比,《今日美国》没有不可替代的内容和优秀的研发团队,但它拥有的是创新的精神和勇气。

第四节　中国报业的移动融合发展战略

随着各种新媒体平台层出不穷,中国的报纸也在不断尝试与它们的融合,并在此过程中提出了全媒体的概念。全媒体(all-media)是媒介融合这一概念在中国市场的特有产物,它流行于 2008 年,在 2010 年时达到了密集传播的程度,即国内数十家纸媒纷纷打出探索全媒体的旗号进行改革。然而,对于究竟什么是全媒体,全媒体应该具备哪些内涵和元素,不同的人却有不同的看法。马涛将国内学者对全媒体的论说归纳为三类,分别是传播形态论、业务模式论和媒体战略论。[①] 传播形态论从媒介的表现形式,如图、文、声、光、电等多种手段来阐述全媒体所应当具备的形态;业务模式论主要关注全

[①]　马涛.中国报业数字化30年[M].北京:中国传媒大学出版社,2014:144-145.

媒体的新闻报道模式和融合产品体系；媒体战略论则将全媒体探索提升到了媒体战略的高度，聚焦媒体转型的思路、理念、构想和格局。从这三种概念分类可以看出，全媒体应当具有如下几个特征：第一，新型的传播形态，以及能融合绝大多数新媒体形态和业态的传播平台；第二，丰富的产品体系，相对全面的媒体介质和渠道终端；第三，整合的全媒体运营构想，以及在流程再造、组织结构等方面进行相应变革以适应信息立体化、产品多元化的媒体新格局。

"十一五"期间，为了抓住报业发展的关键时期，当时的中国新闻出版总署（现为中宣部新闻出版局）报纸期刊出版管理司提出了大力发展数字报业的战略目标，并制定了中国数字报业实验室计划。该计划鼓励报纸出版单位积极创新，探索适应数字报业发展的介质技术、信息传播技术和运营模式，推动报纸出版业态的重大变革。人民日报社、浙江日报报业集团作为前期进入数字报业实验计划的报业组织在全媒体运营方面做出了积极探索，分别搭建了各具特色的全媒体框架。

同一时期，欧美媒体的"超级编辑室"给了中国媒体许多启示。其中，南方报业集团就宣称要效仿"超级编辑室"，建设南方报业的"新闻数码港"，将优势的内容资源进行整合，将原来仅供报纸版面的新闻内容编辑延伸成为多种传播形态的新闻产品。[①] 这也成为早期全媒体理念的雏形。之后，《广州日报》《烟台日报》《南方都市报》等媒体都展开了纸媒与新媒体跨媒体平台合作的尝试，报社内所有的记者都在同一个平台进行资源的上传与下载。这也是早期全媒体的组织框架。

一、《人民日报》：融合创新的权威先锋

（一）《人民日报》融合转型历程

作为党中央机关报，《人民日报》给人的印象一直是保守而稳重，但在报纸数字化转型的探索中，《人民日报》却没有充当一个保守者。从早期建立网站，到之后报网互动的探索，再到如今全媒体的转型、"中央厨房"的构建，《人民日报》用行动诠释了什么是低调的创新。

根据美国道·琼斯公司提出的"波纹"理论，新闻信息的传播就像水面上被石子激起的波纹一样，一圈一圈迅速扩散开来。[②] 这一理论为传统媒体在

[①] 何崴.媒体融合,技术引领?——南方报业的实践与体会[J].传媒评论,2014(10):13-16.
[②] 邹举,郁非凡.论媒介融合语境下新闻编辑工作的变革[J].编辑之友,2013(11):53-55.

新媒体时代的渠道开拓提供了思路，即传统媒体要打破单一的传播模式和传播渠道，以此扩大水波纹的扩散范围。鉴于此，随着移动阅读成为人们阅读信息的主要模式，《人民日报》首先展开了其报纸移动阅读平台的开发。继 2012 年和 2013 年先后开通微博"@人民日报"和微信公众号"人民日报"以来，《人民日报》再次在传播渠道上发力，于 2013 年 7 月 1 日在头版《致读者》中宣布，将在报纸中使用手机二维码这一新的传播技术，来推动报纸传播形态的创新。利用二维码等图像识别技术，将部分新闻稿件由过去单一的文字形式转化为集图片、视频、音频、文字于一体的多媒体形态，读者只需要拿出手机，或者通过其他移动设备，扫描报纸上刊登的二维码，就可以看到生动立体化的新闻和更多相关的后续报道，满足受众更多的信息需求。此次传播形态的改革，是《人民日报》向全媒体业态发展之路上的又一创新之举。时任人民日报社社长的张研农认为，将二维码作为连接文字与视频的渠道，借助二维码这一技术，逐步将传统的文字新闻采编形式升级为全媒体新闻生产形式，这是顺应技术发展趋势的一个自觉行动、主动安排和重要举措。[1]

2014 年 6 月 12 日《人民日报》正式推出了其移动客户端，由此形成了微博、微信公众号和移动客户端三位一体的两微一端传播新格局。时任人民日报社社长的杨振武认为，在各式各样移动终端快速普及、移动互联网逐渐成为人们获取信息的重要渠道的今天，其中的一个重要入口就是新闻客户端。为此，《人民日报》曾先后推出多个版本的客户端以适应媒体环境的变革，最终通过改良与升级，形成了如今以"做有品质的新闻"为标语的客户端。客户端的开发改变了报纸只能依靠新浪、腾讯等第三方平台的短板，而使得《人民日报》有了自己的移动平台，同时对这一新平台的运营、管理都由报社说了算，具有较强的独立性和自主性，有助于受众忠诚度的培养。

该客户端在坚持原创优质内容的基础上，增加了许多趣味性与个性化栏目，并融入了服务特色，界面也更加简洁、清新。内容方面，客户端依托《人民日报》母报强大的新闻生产资源和能力，注重新闻的品质、态度与观点，积极发挥评论的引导作用，强调优质原创。服务方面，客户端以优化用户体验为核心，通过技术创新不断满足用户的个性化诉求和社交化应用，让新闻更加"好玩"。同时，新推出的"政务中心"栏目还吸纳了多家党政机关和

---

[1] 雷甜.报网融合新阶段：《人民日报》对二维码的应用研究[D].西安:陕西师范大学,2016.

大型企事业单位入驻以发布其政务信息，帮助用户一站式获取各类政务信息。目前，已有教育部、农业农村部、民政部、最高人民法院等中央党政机构和上海市人民政府、湖北省人民政府、甘肃省人民政府等多家地方政府机构入驻该栏目。这种独特的网络问政平台可以帮助用户有效地将意见和建议传达给各部门领导，成为政府与用户沟通的桥梁。截止到2017年3月，《人民日报》客户端累计下载已经超过2.3亿次，并频频出现爆款产品，如：由其原创的微视频《中国一分钟》的播放次数超过3.5亿次；其策划推送的《与你密切相关！2018年中国要干60件大事》《小明关心的十件小事，政府工作报告都回应了》等报道共计50余篇，总浏览量超3亿次，点赞超39万个，留言超9.3万条。

人民网研究院发布的《2017年中国媒体融合传播指数报告》①显示，《人民日报》在2017年报纸融合传播百强榜中，以95.9分继续拔得头筹，得分比2016年略有提升，且微博、自有App等指标比2016年有所进步。人民日报微博（含@人民日报、@人民网）粉丝量近一亿，其中@人民日报粉丝量超过5 500万，@人民网粉丝量接近4 000万。作为百强榜中互动量最高、用户反应最好的报纸媒体微博，人民日报微博（含@人民日报、@人民网）平均每条微博发文评论数为1 375条、转发数为4 033次，远远高于市场平均值。

2014年，随着指导我国媒体融合实践的纲领性文件《关于推动传统媒体和新兴媒体融合发展的指导意见》的审议通过，"媒体融合"正式成为国家行动和国家战略。之后，国内传统媒体纷纷响应，启动和加速了各自的融合进程。在2015年的"两会"上，"《人民日报》中央厨房"喊出了"'中央厨房'烹制新闻美味"的口号，将"一次采集、多种生成、多元传播"的流程操作以"中央厨房"的称谓隆重推出。由此，"中央厨房"这一概念得以推广和普及，国内省市各级媒体纷纷效仿，提出打造"中央厨房"的口号。"中央厨房"是报社开展融合工作的核心平台，由业务平台、技术平台和空间平台三部分组成。它克服了传统采编模式制作成本高、速度慢、反馈滞后以及资源难以共享的弊端，以"记者一次性策划和采集""厨房多种生成产品，渠道多元传播给用户""全天滚动发布与覆盖"为特点，重塑了新闻生产流程，实现了资源的共有共享。

---

① 人民网.2017全国党报融合传播指数报告发布[EB/OL].[2017-07-01].http://media.people.com.cn/n1/2017/0701/c14677-29376415.html.

在2017年全国"两会"报道的媒体大战中,人民日报社的"中央厨房"体现出了全媒体优势,推送的4条新闻当天的点击量都超过了10万次,《有话问部长》这一专题一天的点击量更是高达80万次。① 《人民日报》的成功示范,极大地宣传了"中央厨房"的实践效果。2017年1月11日,刘奇葆在《人民日报》第六版刊发的署名文章《推进媒体深度融合,打造新型主流媒体》中指出:"'中央厨房'就是融媒体中心。推进媒体深度融合,'中央厨房'是标配、是龙头工程,一定要建好用好。"② 由此,"中央厨房"这一融合实践得到了来自国家高层的肯定与认可,也掀起了从中央媒体到地方媒体对"中央厨房"的探索高潮。

(二)《人民日报》融合转型特点

纵览《人民日报》自2012年以来在移动平台的表现,可以归纳出以下几个特色。

1. 基于内容融合的可视化传播。内容是报纸的第一生命力。在如今技术大行其道的时代,《人民日报》坚持创作优质内容,生产有思想、有价值的新闻产品,在传播中华民族优秀传统文化的同时,不忘履行其主流媒体的舆论引导功能,弘扬核心价值观。正如人民日报社副总编辑卢新宁在2017年媒体融合发展论坛中所明确指出的,"媒体是内容产业、思想产业,做好内容是新闻人的初心。不管技术如何演变,媒体属性不会变化,未来新闻工作者还要靠优质内容去引导人、凝聚人、鼓舞人。"③ 她认为,媒体将迎来"内容+"时代,因此《人民日报》要更加坚定内容定力,用优质内容加到一切端口上,这样才能让媒体产业在与各个行业的深度融合中壮大,让主流价值在更多的平台上唱响。

基于这一理念,《人民日报》从未忘记新闻人的初心,不断在选题、内容和表现形式上推陈出新。首先,这种出新表现在内容创作与重大节庆热点的融合上。每逢重大节庆日,人民日报新媒体中心都会抓住契机,或与新媒体公司合作,或邀请明星、网友共同参与,策划多种活动主题,并利用其两微一端传播平台向外推广,目前已成功策划出几款现象级融媒产品。其次,这一出新还体现在内容创作与新兴表现形式的融合上。优质的内容不仅有思想、

---

① 古荣鑫.中央厨房式报业融合的机制创新及其纠偏策略研究[D].湘潭:湘潭大学,2017.
② 窦锋昌."中央厨房"如何才能发挥龙头作用[J].青年记者,2017(7):12-14.
③ 卢新宁."内容+"将成为媒体融合关键词——在2017媒体融合发展论坛发言[EB/OL].[2017-08-19].http://media.people.com.cn/n1/2017/0819/c120837-29480996.html.

有内涵，往往也有新颖的表现形式。对于生长于互联网时代的年轻人来说，形式是吸引他们的第一道风景线。传统的文字资讯可能让人觉得枯燥，但融合了视频、图片甚至3D动漫等元素，增加了交互性之后，其可视化的传播方式能有效地吸引网民的关注、参与和转发，从而扩大传播影响力。

人民日报新媒体中心于2017年八一建军节期间推出的H5新闻游戏产品《快看呐！这是我的军装照》正是内容与形式完美融合的一个爆款产品。H5是一个大部分基于HTML5编程语言的网络传播方案，其包含了盒模型、微信jssdk分享功能等，涵盖了一切前端的基本知识。换言之，H5实际上是一个由技术合集生产出的Web移动端互动界面，① 它具有可视化、交互性、情感性等特点。作为一种低准入门槛的表现形式，H5对于广大网民来说易感知、易参与、易传播。人民日报社的《快看呐！这是我的军装照》是由人民日报客户端负责创意和前端开发，腾讯天天P图团队提供核心图像处理技术，利用H5的形式将1927—2017年90年间的军装全部呈现出来，让用户上传照片，并依据人脸识别技术生成属于用户的不同年代的军装照片。这一创意具有交互式和沉浸式的特点，让许多无法实现"军人梦"的网民能通过虚拟的方式感受军装的魅力，因此极大地引发了人们的参与兴趣。同时，人作为社会化的动物，社交媒体的社会属性又满足了其分享与交流的愿望，因此不同人个性化的"军装照"开始自发地在网民之间传播，很快就引起了网络上的反响与共鸣。

《快看呐！这是我的军装照》H5产品，上线10天，浏览量突破10亿。卢新宁认为，这样的爆款产品，体现了强国强军中国梦的召唤，起到了凝聚社会共识、弘扬核心价值的作用。这是主流媒体社会价值的突出展现，也是人民日报社推进融合发展的目的所在。②

2. 基于平台融合的集群化传播。移动互联网时代，传媒技术的进步催生了多样化的新闻产品形态，带来了多元化的传播手段。传统的单一介质与单一渠道已经无法满足受众对信息获取的需求。为此，传统媒体纷纷开发新的传播平台，打造各自的新媒体矩阵。《人民日报》经过近20年的努力探索，已经不仅仅是一张报纸，而发展成为一家集报纸、网站、网络电视、网络广

---

① 张宇婷.H5的新媒体语境传播及应用研究——以《人民日报》H5产品《快看呐！这是我的军装照》为例[J].西部学刊,2018.
② 卢新宁."内容+"将成为媒体融合关键词——在2017媒体融合发展论坛发言[EB/OL].[2017-08-19].http://media.people.com.cn/n1/2017/0819/c120837-29480996.html.

播、手机报、微博、微信、客户端等多个类别、数百个终端载体于一体的新型主流媒体集团。在人民日报社的新媒体矩阵下，不同的平台有各自的媒介特性与传播功能，它们通过联动、互补实现内容的集群化传播，促进内容价值的增值。其中，"中央厨房"是人民日报新媒体中心的核心，它打破了原有部门之间的界限，使得报、网、微、端的采编人员可以跨部门、跨媒体、跨地域和跨专业组队，从而协同生产，实现通过一次采集便可生成适合不同传播平台的多元化新闻产品，满足受众的不同需求。

在《人民日报》的新媒体传播平台中，多元账号也是一个显著的特点，因此，如何有效地整合这些大小账号，实现账号间的联动也是人民日报社需要解决的问题。例如，在新浪微博平台，《人民日报》就有官方账号和各种小号，其中官方账号主要用来发布官方信息，内容庄重、权威；而小号则相对活泼，话题多元，通过对社会现象的讨论引发思考与共鸣，从而引导社会舆论。不仅如此，《人民日报》的各栏目或版块也开通了各自的微博账号，它们以官方账号为中心，展开与自己栏目相关的特色化宣传。这些账号各有分工，并通过合作和联动的方式相互产生影响，共同扩大《人民日报》在网上的舆论影响。

而在微信平台，《人民日报》除了官方公号之外也拥有多个微信公众号，如"人民日报文艺""人民日报评论""人民日报经济社会""人民日报数字吉林""人民日报数字广东"等。其中，官方微信公众号"人民日报"由报社新闻协调部负责；"人民日报经济社会""人民日报评论""人民日报文艺"由报社各部门、版面自主创办，因此也具鲜明的版面特色，如"人民日报评论"旨在与读者一起见证复杂而深刻的转型中国，"人民日报经济社会"则将自己定位为"经济风向标，民生透视镜"；"人民日报数字吉林""人民日报数字湖北"等地方版则由人民日报社社属企业运营，它依托《人民日报》电子阅报栏大屏，主要传播新鲜资讯，关注改革、聚焦民生，服务地方建设；其他如"侠客岛"和"学习小组"等公众号则由一些兴趣小组在业余时间自发创办，并接受中央网信办网络信息传播局指导。由此可见，人民日报社旗下的微信公众号虽然数量众多，但体现了差异化、层次化的传播格局。"人民日报"官方微信公众号属于账号的核心，处于第一层级；而"人民日报经济社会""人民日报评论""人民日报文艺"则侧重经济、时政、文艺等不同领域，处于第二层级；"人民日报数字吉林""人民日报数字湖北"等具有地方特色的公众号处于第三层级；而由民间兴趣小组创办的几个账号则处于第四层级。按照新闻协调部副主任丁伟所说的，这些官号和小号各有分工，大部队战车在前面开道，更适合解释和诠释，小分队在后面"补刀"，更充满个人色彩。这些小号并不和大号竞争抢风头，而是和"个人大V"展开竞争。① 这种协同作战的方式在整合报社优质资源的基础上协同分工，形成以官微为中心，其他账号围绕在其周围的微信公众号传播群，有利于扩大人民日报品牌的影响。

3. 基于跨界融合的共享式传播。2014年8月18日，中央全面深化改革领导小组第四次会议审议通过了《关于推动传统媒体和新兴媒体融合发展的指导意见》。中央全面深化改革领导小组组长习近平强调，要推动传统媒体和新兴媒体在内容、渠道、平台、经营、管理等方面的深度融合，着力打造一批形态多样、手段先进、具有竞争力的新型主流媒体，建成几家拥有强大实力和传播力、公信力、影响力的新型媒体集团，形成立体多样、融合发展的现代传播体系。习近平总书记为传统媒体的融合发展指明了方向，传统媒体自此加大了对于融合方式、边界、平台的探索。如果说微博、微信、客户端等平台融合只是传统媒体融合的"标配"，那么跨界、跨行业的融合则是融合向纵深方向的发展。对于传统媒体来说，竞争压力增大是不争的事实，然而随着观念的改变、技术的进步，发展的空间和机会也更加广阔多元。人们意识到，单独一家媒体、一个集团所生产的内容数量和种类，均不足以满足其全部用户的个性化需求。因此打通行业藩篱，消融媒体边界，不断丰富内容池以吸引用户，势在必行。②

2013年央视网商城提出"媒体电商"概念，掀开了传统媒体跨界融合的序幕。经过几年的发展，传统媒体已经不能满足于仅仅从事电商活动，它们更希望把融合的触角深入到金融、地产、旅游、保险等各行各业，通过跨界跨行业的谋篇布局实现行业协作式和共享式的融合发展，为媒体转型探索新路径。在这场跨界融合大潮的探索中，《人民日报》作为主流传统媒体的领军媒体，积极尝试，不断创新，探索融合新边界。2017年8月19日，人民日报媒体技术股份有限公司联合腾讯云共同发布了我国首个媒体融合云服务平台——中国媒体融合云。该平台旗下还包括人民日报云平台、大数据舆情与新闻热点发现和追踪平台两个子平台。根据腾讯云高级总监熊普江的介绍，

---

① 成文胜.传统媒体时政类微信公众账号的运营模式探析[J].当代传播(汉文版),2015(5):62-67.
② 杰罗姆.平台型新媒体,科技与媒体百年缠斗中再平衡[EB/OL].钛媒体,http://tech.163.com/14/1216/08/ADISV919000915BF.html.

该平台把"中央厨房"全媒体平台上的技术能力、内容、生产和分享能力以及渠道能力全部开放出来。如果大家都在这个平台上，很多内容都可以互通，技术也可以共享，同时在内容与服务技术能力的不断探索中，平台不仅会自动生成内容，还能在内容中加入很多动态的因素，更能根据每一个用户的兴趣和需求生成个性化的内容。[1] 此外，双方还共同建立了人民日报网上多媒体发布厅，该发布厅依托腾讯的音视频云服务和网络，可以实现音视频点播、互动直播、微视频传播和云通信的功能。

2018年两会之前，《人民日报》与百度联手，打造了两会新闻专题信息流页面。之后，人民网又与腾讯、歌华有线合作成立公司，启动视频战略合作，致力于开发直播和短视频业务，并推出了人民视频客户端。根据双方的合作协议，此次联合将发挥人民网的内容制作和品牌优势，整合腾讯的技术平台和流量优势以及歌华有线在北京地区的广泛终端覆盖，形成合力，生产与传播优质的资讯视频和直播内容。腾讯公司同时宣布，将签订视频版权采购框架协议，采购人民网的优质视频内容。人民视频客户端旨在联合全国党媒发布优质资讯类短视频和直播内容，实现渠道共享、信息聚合、实时播报和一键分发。[2] 通过跨界合作，《人民日报》的内容优势与互联网公司的技术优势得以整合，实现了1+1>2的传播效果。

二、《浙江日报》：高超的资本运营者

（一）《浙江日报》全媒体探索

浙江日报报业集团是我国较早展开全媒体探索的省级党报集团。继2000年浙江日报报业集团成立以来，浙报集团稳扎稳打，不断增加旗下媒体数量，扩大合作对象和合作范围。经过十余年的发展，浙报集团目前已拥有包括《浙江日报》《钱江晚报》等38家媒体，以及包括浙江在线新闻网站、"浙江新闻"客户端、浙江手机报、腾讯·大浙网、边锋浩方网络平台及App、媒体法人微博、微信公众号等300多个新媒体。

2011年11月，浙江日报报业集团发布了《浙报集团全媒体战略行动计划》（以下简称《行动计划》），规划用6年时间，投入20亿元成立全媒体中心，完成全媒体建设。根据该《行动计划》，浙报集团将以新媒体为核心，

---

[1] 熊普江.云平台赋能媒体融合创新[N].人民日报,2017-08-19(11).
[2] 刘阳,王宇鹏.人民视频客户端上线[EB/OL].[2018-03-03].http://media.people.com.cn/n1/2018/0303/c40606-29845130.html.

通过内部发展转型、外部联合扩张和积极孵化未来三者并举，建立 500 万读者数据库及增值服务平台，推出一整套媒体孵化计划，搭建吸纳传播技术和业务创新团队的"传媒梦工场"，打造基于移动互联网的终端服务平台。正如时任浙江日报集团社长、党委书记高海浩所言，浙报集团要做的第一件事是通过投资打通资本圈，第二件事是面向公众做孵化器，第三件事是做全媒体创新大赛，其目的是先要了解媒体融合的资本、团队，将互联网圈、资本圈和媒体圈三个圈打通，形成一个生态圈。①

（二）《浙江日报》全媒体转型

在《浙报集团全媒体战略行动计划》的指导下，浙报集团的全媒体转型围绕以下三方面展开。

1. 内部发展转型，构建自己的数据库与新媒体矩阵。浙江日报报业集团从 2012 年开始着手建设数据库，并成立了数据库业务部。该部门从阿里巴巴、盛大、华为等新媒体公司引进了首席数据官和 50 余名其他专业人才，利用数据工程师对数据展开收集、挖掘、分析和处理，从而精准地定位用户、服务用户，以及实现市场投放。目前，浙报集团的用户数据库中已有超过 5 亿多的注册用户。2013 年，浙报集团又成立了数字采编中心，统筹集团媒体资源，着力打造核心圈四个新媒体的内容服务、技术支撑和市场运营，重构新闻采编、生产、传播流程，形成统一指挥调度的多媒体采编平台，初步建设新闻信息一次采集、多种生成、多元传播的"中央厨房"模式。② 数字采编中心对接所有部门，中心选出稿件加工之后，再分发至不同平台。在数字采编中心的统一指挥调度下，《浙江日报》与浙江新闻客户端有效实现了新闻资源的共享与内容联动。

在新媒体平台方面，搭乘微博、微信平台是传统媒体抢占互联网高地的第一步。目前浙江日报报业集团旗下各部门拥有 200 多个微信公众号，如 2014 年浙江日报文化新闻部采编团队推出的"有风来"，2016 年浙江日报全媒体经济新闻部出品的公众号"涌金楼"，2016 年浙江日报全媒体政治新闻部出品的"政已阅"等都取得了不俗的影响。如"政已阅"在"零粉丝""零预热"的情况下，上线两个月用户数量就达到将近 4 万，在原创的 59 篇文章中有 9 篇文章单篇阅读数量破万，单篇稿件微信平台最高阅读量达 45.8

---

① 高海浩.浙江日报报业集团,媒体融合永远在路上[N].中国新闻出版广电报,2016-12-13(6).
② 佘佐杰.传统报业成功转型之路探究[J].新闻窗,2017(4):69-71.

万人次。① 抱团作战的新媒体战略能增加不同微信公众号之间的相互影响和互动，保证用户的黏性和忠诚度。

对于传统媒体而言，微博、微信公众号始终是借船出海，搭乘了其他的媒体平台，唯有客户端才是自己主营的阵地。为此，浙报集团在 2014 年推出了自己的新闻客户端"浙江新闻"，该客户端定位为浙江政经新闻第一平台，每日及时提供省委、省政府主要领导活动报道，以及省内外重大时政、财经、文化、体育等资讯，成为老百姓了解省政府情况的重要平台。浙江新闻客户端通过图文、视频、游戏等可视化的形式，及时传播浙江动态，发出浙江最强声音。2017 年，浙报集团的"新闻视频化"战略得以落实，"浙视频"作为新部门全媒体视频影像部的主推产品正式上线。全媒体视频影像部由浙报集团内原图片中心与原浙江在线视频新闻部、图片新闻部合并组建而成，主要负责"浙视频"中的短视频新闻与视频直播等原创视频新闻，以适应可视化时代媒介的发展趋势。截至 2018 年 3 月底，"浙视频"共生产视频新闻 5 150 条，其中全网播放量 10 万+的稿件达 2 070 条，20 万+稿件 1 192 条，50 万+稿件 588 条，100 万+稿件 369 条，1 000 万+稿件 35 条，总播放量达 17.2 亿次。共开展移动视频直播 442 场，总播放量 3.2 亿次。两者相加总播放量为 20.4 亿次。②

2. 外部联合扩张，扩大资本圈。传统媒体的发展不应只局限于自身内部，还应将眼光放于媒体外部，寻求与其他集团的强强联手，扩大资本融合的范围。早在 2005 年，浙江日报报业集团就曾以股份五五开的形式与绿城集团合作组建了浙江报业绿城投资有限公司，投资房地产项目，获得了一定的利润。之后，集团将融资的目光主要放在了与传媒相关的文化领域，旨在稳定自己主流宣传阵地的同时，推动文化产业的发展。根据时任浙报集团党委书记的高海浩介绍，浙报集团从 2008 年就开始研究默多克的新闻集团的资本市场变革，得出了一些结论，即，世界上任何一个企业都是依靠资本杠杆进行并购重组实现做强做大的。传媒集团投资业务是必备选择。③ 为此，浙报集团组建了自己的投资团队，开始了自己另类经营路径的实践与探索。

2008 年，浙报集团联手中国烟草总公司浙江省公司和浙江省财务开发公

---

① 沈吟. 从零起步，砥砺前行——"政已阅"微信公众号上线两月谈[J]. 传媒评论，2017(2).
② 肖国强，徐斌. 党报视频化的探索与思考——浙江日报报业集团"浙视频"成长记[J]. 新闻战线，2018(11).
③ 陈国权. 浙报集团：寻找报业转型基因变革之路[J]. 中国记者，2013(9).

司共同组建了东方星空创业投资有限公司。该公司定位于投资培育文化传媒类细分领域龙头企业；投资培育新兴文化传媒企业；参与国内文化传媒领域的行业并购；参与国内有影响力的文化影视项目投资等。① 通过对宋城演艺上市股权项目和阜博通影视基因技术等的一系列投资举措，浙报集团证明了自己的投资眼光，也逐步加大了向外投资的步伐。2011 年浙报集团借壳 ST 白猫成功上市，实现了传媒资产的证券化。2013 年 4 月，浙报集团控股的浙报传媒豪掷 32 亿元收购了盛大网络旗下的两家游戏公司边锋与浩方，剑指边锋、浩方两个平台上的 3 亿注册用户、2 000 多万活跃用户。通过建立用户数据库，浙报集团对这些用户画像展开细描，进而展开精准定位、精准推送与广告精准投放，以利于集团整合传媒文化资源，打造主流媒体的舆论宣传高地。

围绕着"用户为王"的核心理念，通过对内组建对外扩建，浙江日报报业集团构建了移动互联网时代的"三圈环流"新媒体矩阵。所谓"三圈环流"，指的是以"浙江新闻"移动客户端、浙江手机报、浙江在线新闻网站及视频新闻等四大媒体构成的"核心圈"，以边锋网络平台、云端悦读 Pad 客户端、边锋互联网电视盒子、钱报网、腾讯·大浙网新闻板块以及各县市区域门户构成的"紧密圈"，以微博、微信等第三方网络应用和专业 App 构成的"协同圈"。三圈协同，构建媒体融合新格局，推动主流新闻传播占领互联网舆论阵地制高点。根据浙江日报报业集团总编辑鲍洪俊介绍，"三圈环流"之下，2016 年浙江新闻客户端用户数已达 1 300 万，是全国省级媒体中用户数最大的新闻客户端之一。浙江手机报突破 1 000 万用户，浙江在线新闻网站日均访问量突破 1 200 万。由边锋网新闻专区和新闻弹窗、钱报网、大浙网、各县市区域门户等构成的紧密圈，集聚活跃用户 5 000 万，日访问量超过 3 000 万。以微博、微信和专业 App 组成的协同圈，粉丝数超过 1 500 万，活跃用户超过 1 000 万。

3. 积极孵化未来，打造传媒梦工厂。传媒梦工厂是中国首个新媒体孵化器，由浙江日报报业集团于 2011 年推出，它的诞生源于浙报集团对互联网基因的探索。早在 2009 年浙报集团与阿里巴巴合作创办《淘宝天下》杂志时就发现，由于浙报与阿里两个团队运作理念不同，《淘宝天下》在如何设置内容和吸引用户方面都存在分歧，最后浙报集团的人员只能退出，由阿里巴巴重新招募、安排人手，全权负责该杂志的运营。从这件事情中，浙报集团总结出了一个重要的经验——如果要真正适应互联网的环境，推出网络时代受欢

---

① 陈国权.浙报集团：寻找报业转型基因变革之路[J].中国记者,2013(9).

迎的产品，必须从根源上（即基因上）重新打造，摒弃传统媒体下的一切思维套路。为此，浙报集团开始着手传媒梦工厂这一新项目，采取全集团开放招聘，录用的前提是必须丢掉原来的事业单位编制，全部市场化运作，从根源上断开其与传统媒体的联系。除集团内容招聘之外，该项目也开放了社会招聘，将互联网技术等相关人才引进来，从而让一批对新媒体感兴趣的年轻人聚在了一起。

传媒梦工厂成立后便举办了中国首届新媒体创业大赛，从1 100个项目与团队中选出了22个优胜者。2014年，浙江日报报业集团借创新孵化大赛的契机，通过路演、决赛和综合评定的方式，从50多个报名的项目中筛选出17个优秀的项目展开资助和扶持，接受为期6个月的集中孵化。孵化的项目壮大后，将会有配套的成长计划，为项目的成果转化制订个性化的解决方案。传媒梦工场孵化对象包括新媒体内容提供商、新媒体渠道商和新媒体运营平台。新媒体内容提供商包含但并不限于报纸杂志、网络内容提供商；新媒体渠道商包含但并不限于线上线下社区、内容聚合推送平台等；运营平台包含但并不限于广告平台、新媒体数据分析平台、新媒体App技术平台等。其项目投资孵化一般分几个步骤：项目申报，团队评审项目，项目优化，最终评审拿到资金，对项目进行改进，经历半年的孵化期出关，其后或独立运营，或直接成果转化为市场成熟产品。

传媒梦工厂的创新孵化项目是浙报集团打造互联网内核的一次有益尝试，它突破了纸媒原有的部门架构，从基因上对传统媒体进行改造。可以看出，这些孵化项目具有极强的互联网思维，它们处处以用户为中心，从内容上、平台上、互动上充分考虑到用户的兴趣与需求，并最终接受市场的检验。当然，作为一次探索，孵化之后的一系列问题依然需要解决，如孵化项目的资金投入问题、孵化项目的人力资源问题、项目的后续发展问题等，这些都需要浙报集团去深入思考。正如浙报集团前社长高海浩所言：孵化只是一个开始，首期孵化结束了，后面还要考虑其成长。中央把媒体融合定义为"深化改革"的范畴，改革就是一个解决矛盾、破解难题的过程，一个矛盾被打开，N个矛盾浮上来。解决一个矛盾，集团就离用户、离先进的互联网发展机制更近一些。[1]

---

[1] 张德君,周艳梅.内孵新媒体创新孵化,永远在路上浙江日报报业集团媒体内部孵化实践与心得[J].传媒评论,2015(3):8-11.

第五章
应对数字化发展的报业组织结构嬗变

组织与制度是影响报业生存与发展的一个重要因素。美国新制度经济学家诺斯把制度定义为"博弈规则",认为"制度就是一个社会的游戏规则,也因此成为塑造经济、政治和社会组织的因素结构,它包括了正式的规则(宪法、法律、规定)与非正式的限制(惯例、行事准则、行为规范),以及上述规则与限制的有效执行"。[①] 在报纸进行数字化转型的过程中,制度障碍与组织结构的壁垒是其所要解决的深层次问题。正如欣宁斯(Hinnings)所言,企业的组织结构对于企业的经营至关重要,它随着企业发展方向的调整而改变,同时它也影响着企业的战略规划和决策。[②] 对于报业而言,过去 20 年来计算机在新闻制作和发布过程中的广泛使用给报纸带来了翻天覆地的变化,这些变化一方面引发了报纸与其他媒体形式更大范围的竞争,另一方面也给报业的发展带来了一条新的数字化道路。因此,在现今的新媒体环境下,中美的报业集团先后调整了其发展方向,在传统报业遭遇瓶颈之时适时地树起了数字化发展的旗帜。从印刷到数字,从表面上看仅仅是载体或平台的转换,但实质上却是一个漫长的过程,它的成功需要报业内部各部门的配合,需要其员工思想上的接受和调试。为此,中美主流报纸在其组织内部展开了为应对数字化发展的各项调整。

第一节 报业组织结构嬗变的原因探析

一、报业组织的特点与权变分析

(一)报业组织的特点

组织,是管理学中最早进行研究的一个领域,不同的学者对其概念有不

---

① 陆高峰.我国传媒业发展的制度瓶颈[J].青年记者,2008(8):24-27.
② Hinings B. Structure:Organization[M]//R. Westwood,S Clegg. Debating organization:Point-counterpoint in organization studies.Oxford,England:Blackwell. 2003:275-283.

同的理解和界定。美国学者爱桑尼在《组织比较分析》中认为，组织是有意建立与重建的以追求特定目标实现的社会单位。开普楼认为，一个组织是一种社会体系，有其明显的集体认证、正确的成员名录、活动的计划，以及成员的更替程序。弗里蒙特·卡斯特等人在《组织与管理》中指出，组织指的是结构性和整体性的活动，即在相互依存的关系中人们共同工作或协作。包特根据这些不同的意见加以综合，认为组织定义应由五种成分构成：①组合——个人或团体；②取向——朝向目标；③分化——功能分化；④协调——有意的合理协调；⑤时间——互动关系的持续性。这五种成分同时也表明了组织的四个特征：①谁：包括个人和团体；②为何：为达到某种目标或目的；③如何：借助分化功能，有意合理地协调与指导；④何时：时间上的持续推延。①

美国学者乔治·西尔维（George Sylvie）和帕特里夏·威瑟斯庞（Patricia Dennis Witherspoon）在其著作《时机、变化与美国报业》中归纳了报业组织的几个特点②。

1. 垂直整合，层级明确。回溯19世纪的早期报业，报纸的印刷、发行、编辑工作集一人之手，如同当时钟表匠一样，几乎由一人完成产制工作。如今，随着规模的扩大，报业组织已同其他企业组织一样，开始进行部门分工，并逐渐形成层级明确的结构形式。从编辑部门的新闻采访和编辑，印制部门的报纸印刷，到最后发行部门的发行工作，再配合广告营销，报纸展现出高度整合的特征。

2. 各部门相互依赖、相互影响、相互渗透。西尔维用人体的构造来比喻报业组织中各部门和部门成员之间的关系——心脏依靠肺提供氧气，肺又反过来依靠心脏的供血。同样，在报业组织中，记者需要编辑的改稿，记者和编辑又都同时依赖于广告部门的销售业绩，广告的发布又需要发行部门的协助，而没有记者的供稿，发行部门就没有内容可以提供，最终也无法吸引广告。可以说，各个部门间既分工明确又环环相扣，任何一方的变化都可能影响到其他部门。

3. 作为一个对外开放的系统，报业组织具有抗衰能力。所谓对外开放的系统，指的是报纸与外部环境保持着畅通的联系，能够从外界吸取资源和养

---

① 邵培仁.媒介管理学[M].高等教育出版社,2002:49-50.
② George Sylvie,Patricia Dennis Witherspoon. Time,Change and the American Newspaper[M].Mahwah, NJ:Lawrence Erlbaum Associates,2002:21-23.

分。这些资源主要涉及三个方面：第一，报纸通过读者来信、读者对报道的评论、广告商对广告效果的评价获取外界对它的评价，从而适时地做出改革或调整；第二，通过与外界专家沟通，获得改革的最佳方案；第三，针对改革做出人事调整，从外界聘用新员工代替原有的老员工。

4. 报业组织受到内部部门和外部环境的双重影响。对于报纸来说，它一方面需要接收外部信息的输入，另一方面又要将重新加工后的信息输出给外界，因此外界受众的评价、受众的行为、广告商的变化对其来说尤其具有重要影响。报纸内部，整体的效用依赖于个体的发挥，是一加一大于二还是一加一小于二，要看各部门的效率以及相互合作时产生的化学反应。

报业组织的这些特点表明，和其他企业组织一样，报业组织的生存和发展既脱离不开外部的社会系统和媒介系统，也脱离不开其内部的子系统。首先，报纸的生存取决于其为受众搜集和组织信息的能力，这些信息主要来自外部环境，如新闻报道、广告、天气情况、股票信息等，报纸对这些信息进行整合、加工后再现给受众。其次，报纸由不同的部门组成，如新闻社论部、体育部、广告部和发行部。而对于一些像《纽约时报》《华尔街日报》《人民日报》这样的大报来说，其内在的部门结构则更加错综复杂。报社的各部门通过相互之间的合作和互动保证报社的顺利运行——撰写报道和社评吸引读者的兴趣、向广告商展现其发行量以获得广告商的青睐、出售广告获取盈利维持组织的运行并为员工发放薪水。

（二）报业组织的权变

报业组织开放性、系统性的特点为管理学中权变理论提供了现实依据。权变理论认为，每个组织的内在要素和外在环境条件都各不相同，因此组织的管理应当根据组织所处的环境和内部条件的发展变化随机应变。该学派从动态系统的角度出发，认为企业是由人、物资、机器和其他资源在一定目标下组成的一体化系统，它的成长和发展一方面受到这些内部组成要素的影响，另一方面也受外界环境的影响。最终，它在与外界环境和内部要素的不断相互作用和相互影响中取得动态的平衡。

权变理论的核心是使组织适应环境，而关于组织应当如何适应环境的变化，该学派的代表人物汤普森（Thompson）、佩罗（Perrow）和克汉德瓦拉（Khandwalla）都认为，应当通过组织内部结构上的调整来解决。[1] 在环境变

---

[1] Thompson, J. D. Organizations in Action[M]. New York: McGraw-Hill, 1967.

化的过程中，企业需要专业的团队深入触及新的业务领域，以掌握市场动态、发现需求、开发提供新的合适的服务。一旦企业发现原有的部门结构难以承担或适应新的发展需求，企业就有必要对其内部结构进行战略性重组，以适应新的环境和发展目标。循着权变理论的视角来审视目前的美国报业可以看到，技术的发展引发了报业环境的大变革，乃至报业集团战略目标的大调整，在这种情况下，为了顺利实现报纸的数字化转型，报业组织必须展开适应数字化发展的内部结构调整。

二、报业结构调整的内因和外因

按照现代组织理论的观点，任何组织都不是一成不变的，面对一些特殊的情况，不同组织会做出不同程度、不同范围的应变，这些情况包括：生产力衰退、资源匮乏、股东集团对管理层施压、环境因素（如战乱）、组织内部因素（如组织领导人更替）、社会政治影响、行业因素以及用户期望和行为的变化等。① 它们对报业组织的影响可能是结构上的大变革，也可能是小规模的增减或调整。一般来说，不同的报业组织，其结构可能简单也可能复杂，这主要由报纸的规模和目的决定。多数报社采用的是多层级、金字塔式的结构，也有一些是建立在小组或团队基础上的扁平式结构，而本书所研究的美国三大报纸都属于前者。钱德勒（Chandler）在分析美国产业发展史时发现，随着生产技术、运输与传播方式的改变，企业组织的垂直疆界与水平疆界都会改变。在报纸产业中，大众报业的出现使其组织规模不断扩大，但编辑、发行、印刷合一的基本组织架构并没有太大改变。换而言之，报社内部大规模的结构变革并不常见，但部门调整、人员整合则时有发生。通常情况下，内部结构越复杂的报纸越能应对外部复杂的环境变化。② 对于结构的理解，吉登斯（Giddens）认为，结构具有二元性，它包括强制规则和能动资源两个方面，因此它不再是给社会生活套上样板的僵硬框架，而是既规定行为，又为行为所重构。③

进入 21 世纪以来，内、外两方面的变化都促使报业必须进行其内部结构调整。外因方面，报业的环境发生了翻天覆地的变化：一方面，以手机、互联网为代表的新媒体强势崛起，它们以新颖的形式和便捷的方式不但吸引了

---

① Thompson J D. Organizations in Action[M]. New York: McGraw-Hill, 1967.
② Chandler Jr A D. The Visible Hand: The Managerial Revolution in American Bussiness [M]. Cambridge, Massachusetts: Harvard University Press. 1977.
③ 文森特·莫斯可. 传播政治经济学[M]. 胡正荣，译. 北京：华夏出版社，2000：206.

受众的眼球,而且不断蚕食着原本属于报纸的广告市场,致使报业的广告收入一落千丈;另一方面,受众的期望、行为习惯也在悄然发生变化,他们习惯了从互联网中得到免费的、时效性更高的信息,习惯从手机媒体中感受新奇的信息体验,传统的印刷版报纸对于他们来说已经失去了以往的吸引力。正是在这种受众流失、广告市场被抢占的环境下,美国报业走到了穷则思变的境地,以《纽约时报》《华尔街日报》《今日美国》为首的三大报纸纷纷规划了自己的数字化发展战略,试图利用手机和互联网的新媒体平台为报纸开辟出一条新的康庄大道。对外界环境的适应也正是帕森斯提出的系统存在的必要功能条件之一。帕森斯认为,系统的整合必须满足四个基本功能条件:适应、目标达成、整合以及潜在模式维持,这意味着系统的存在和状态良好不仅需要随外部环境进行调整,同时还必须依靠系统内部各个部门或各个子系统的协调一致与相互配合。因此,报业组织目标的重新制订决定了组织内部各部门之间必须予以协调和配合,这也正是报业结构面临调整的内因所在。其主要表现为:随着报纸数字化战略的开展,报纸已不再是单一的纸媒,报纸的定位发生了显著的变化,报社需要转型为多平台、多媒体的综合性公司。在这种情况下,传统的新闻编辑室已经不能适应报纸数字化发展的需要。一方面,对新闻从业者的专业采编技能要求更高;另一方面,也亟须熟知新媒体领域,掌握多媒体技术的新型数字化人才。数字战略的规划、数字化人才的引进都要求报社调整其部门结构,以适应和配合这一战略的实施。

第二节　美国报业的整合发展之路

生存在资本主义的游戏规则里,报纸似乎天生就具有人格分裂的特质:一方面,它被视为一种社会公器,具有服务社会的责任;但另一方面,它又是一种可以在市场上自由交易的不折不扣的商品,为了谋生和追求利润而想尽方法。[①] 作为一个自负盈亏的经济实体,报社必须和其他企业一样不断进行结构调整,以配合不同时期的发展战略,实现组织盈利的最大化。随着数字化进程的逐步推进,报社意识到传统的以印刷版为中心、印刷版与网络版相互独立的部门设置不利于数字化的发展,因而纷纷进行改组,将印刷版与网

---

① Koch T. Journalism for the 21st Century: online Information, Electronic Database and the News[M]. Newyork: Prager, 1991.

络版的编辑室整合为一个部门。从管理学角度来看，整合就是把一些零散的东西通过某种方式彼此衔接，从而实现信息系统的资源共享和协同工作。其主要的精髓在于将企业内部彼此相关但却彼此分离的职能组合在一起，并最终形成有价值、有效率的一个整体。

一、《纽约时报》：编辑室整合与经营哲学之变

众所周知，《纽约时报》的网络版创刊于1995年，当时充当的是印刷版"复制品"的角色。这意味着，在那一时期，《纽约时报》经营的核心仍然是报纸的印刷版，而网络版只是作为报纸的附属品而存在，其编辑和运营并没有得到较多的关注。1999年之后，一切似乎有了变化，纽约时报集团管理层开始重新思考网络版的定位与发展期望，并切实迈开了探索的步伐。其中一个很大的变化就是，纽约时报集团把所有的互联网部门合并成一个新的独立公司——数字纽约时报，网络版的运作与印刷版自此分开。报纸的网站独立运作，不再由报社直接主管，不再只依靠报纸提供新闻源和网站内容，有单独的采编队伍，除了提供内容完整的印刷版，还有滚动新闻、多媒体报道、广泛的分类新闻目录、电子邮件和数据库等，免费与收费相结合，其发行量与收入同步计入《纽约时报》印刷版的发行量与总收入之中。"数字纽约时报"代表了一种全新的组织结构，整合共享传统报纸的品牌、智慧和网络的优势，用更低成本创造出高品质的产品与服务，经营策略核心是网上网下互助，操作包括：吸引报纸客户上网，凡购买印刷版广告位的客户都可以折扣购买网上广告位，网络版的广告收入中有25%来源于印刷版分类广告。[①]

数字纽约时报公司的成立是《纽约时报》结构调整的第一步，其核心意义在于，宣告网络报纸作为印刷版"复制品""附属品"的时代已经结束，它的发展潜力已逐渐被集团管理层重视和认可。通过这次改组，"数字纽约时报"公司将所有与网络相关的业务纳入其麾下，实现了网络版编辑与经营的内部整合，至此，网络版与印刷版成为两个平分秋色、并驾齐驱的独立部门。

如果说1999年数字纽约时报公司的独立是对网络报纸发展潜力的认可，那么2005年进行的印刷版编辑部和网络版编辑部的再次整合则是《纽约时报》对"网络数字化"发展战略的确立。2005年《纽约时报》通过报纸编辑部和网络编辑部的整合，使其成为一个统一运营、统一采编、统一接受管理

---

① 陈昌凤.纽约时报公司的经营模式探析[J].国际新闻界,2003(6):33-38.

的新闻编辑部。新组建的新闻编辑部由比尔·凯勒（Bill Keller）担任执行主编，主管新闻内容方面的事宜，而马丁·尼森赫兹（Martin Nisenholtz）则担任数字部副总裁，主要负责《纽约时报》的数字管理和运营，以及战略规划。新上任的凯勒和尼森赫兹在接受美国《在线新闻评论》（Online Journalism Review）的记者采访时指出："这一举措反映了《纽约时报》经营哲学的变化，通过整合新闻编辑室，我们打算减少并最终消除报纸印刷版记者和网络版记者之间的界限，从而帮助我们达到做网络新闻（web journalism）的目标。"《编辑与出版人》以"互联网的胜利"为题，认为《纽约时报》的部门整合说明其发展的中心已逐步向网络转移，互联网在这场与纸媒的大战中获得全胜。[①]

毋庸置疑，《纽约时报》新闻编辑部的整合是一项革命性的举措，但所谓"罗马并非一日建成"，这一部门整合从构想到完成经历了漫长的历程。事实上，早在1995年左右，小索兹伯格就已经和当时担任纽约时报电子媒介公司（The New York Times Electronic Media Company）总裁的尼森赫兹开始酝酿这个计划的实施。根据尼森赫兹的透露，在《纽约时报》推出网络版的时候，管理层意识到将来必须要有一个统一的新闻编辑室同时给印刷平台和网络平台提供内容，但是当时鉴于互联网是一个新生事物，无论是用户数量还是收入都只是很小一部分，因此整合新闻编辑室并不可行。然而，从1995年到2005年，经过这10年的发展，互联网已经积聚了强大的力量，用户和收入都在增长，再加上网络带宽的提升使得《纽约时报》完全可以在其平台之上建立一种新的新闻形式，因此以网络版为核心的数字化发展战略具有了切实的可行性。[②] 为了顺利实现两个部门的合并，纽约时报集团管理层于2000年之初开始有意识地加强两个部门的互动，例如，要求网络记者和编辑参与报纸头版的讨论以及报纸编辑部的会议，促进双方的交流和沟通。尼森赫兹说："我们经常听到报纸编辑部的同僚会有一些网络发展的建议或想法，但是过去分开的工作体系使得他们无法深入沟通，进而将这些好的想法付诸实现，这给大家的工作带来了沮丧的情绪。我认为，如果我们真要好好发展网络领域，充分利用所有人的智慧和创造力，那我们就得在同一个阵营中——无论在空

[①] Jay DeFoore. Web Victory:New York Times to Begin Integrating Online Newsroom[N].Editor & Publisher,2005-08-02.

[②] Mark Glaser. GrayLady.com:NY Times explodes wall between print, Web[N].Online Journalism Review,2005-08-09.

间上还是管理上。"① 如今，通过编辑部的整合行为，《纽约时报》实现了尼森赫兹所期望的空间上和管理上的统一，一旦记者或编辑有任何好的议题或线索，新闻编辑部都会制订两个策划方案，一个归报纸，另一个归网络。

在《纽约时报》的这次部门重组中并未涉及任何裁员，但小索兹伯格表示，报纸的裁员不可避免，不过在削减印刷版记者或编辑岗位的同时，数字部门还需要新人的加盟，这也说明了《纽约时报》的未来发展方向——暂停印刷领域的发展，全力支持报纸在数字领域的进军。在接受采访时，尼森赫兹还表示他有一个美好的理想，那就是希望《纽约时报》网站不仅仅是一个纸媒网站，而能成为一个优秀的新闻类网站。他希望《纽约时报》网站的多媒体报道内容能从如今的每天 2~3 篇上升至每天 30~40 篇，希望网站能像谷歌新闻一样成为新闻汇集地。"谷歌新闻是目前发展速度最快的新闻类网站，我们希望自己能做得跟他们一样好，再加上《纽约时报》特定的新闻资源，我们的网站应该会更有特色"。②

1995—2005 年，《纽约时报》的印刷版和网络版经历了合—分—合的发展过程，然而两次合并的意义却截然不同。如前所述，《纽约时报》网络版诞生之初，其编辑部与印刷版编辑部同为一体是因为网络版完全不受重视，内容上依附于印刷版而存在，因此当时发展的重点无疑是报纸的印刷版。而 10 年之后两个部门再次合并之时，印刷版的辉煌已是明日黄花，相反网络版却日渐崛起，因此这次整合的目的是为了让印刷版更好地配合网络版的发展，从而帮助报社顺利走向数字化的发展道路。

为了适应数字化发展的道路，《纽约时报》不仅将新闻编辑室进行了整合，还组建了一些利于技术创新的特色部门。《纽约时报》在数字化发展的过程中一直是技术上的佼佼者，这与其内部研发部门的成立有着极大的关系。作为一家非技术类公司，纽约时报集团在研发上投入了巨大的精力，集团管理层希望能掌握并创新研发技术以便日后能对其媒介产品进行数字化整合。秉着对技术创新的高度重视，纽约时报集团于 2005 年底便建立了研发部（Research & Development，R&D），主要负责报纸在数字领域的研发工作。研发部的建立用于帮助《纽约时报》评估用户的偏好，以做出令他们满意的调

---

① Mark Glaser. GrayLady.com:NY Times explodes wall between print, Web[N].Online Journalism Review,2005-08-09.

② Mark Glaser. GrayLady.com:NY Times explodes wall between print, Web[N].Online Journalism Review,2005-08-09.

整。2006年1月,原任美国在线出版社商协会总裁的迈克·津巴利斯特(Michael Zimbalist)加盟《纽约时报》,担当新成立的研发部副总裁,领导该部门的所有工作。津巴利斯特表示,《纽约时报》研发部的目标就是要为该报带来长期的、充满活力的创新。该研发部主要由三个小组构成:核心小组(Core Team)、新平台研发小组(Emerging Platform Team),以及受众开发和分析小组(Audience Development and Analytic Team)。

核心小组主要负责监测技术发展趋势和用户行为的变化,以便能为《纽约时报》展望和预先设计新的产品和服务,帮助报纸在未来新领域的竞争中占得先机。

新平台研发小组主要负责与新型的移动领域相关的各项事宜,例如:将《纽约时报》的各种产品和服务应用到移动平台中,管理报纸的移动短信平台,与外界合作开发无线移动设备的应用程序。

受众开发和分析小组主要负责管理和监测报纸的多变量测试平台(Multivariate Page Testing Platform);为《纽约时报》进行精准的用户分析,以便能更好地对报纸目标市场进行定位;对商业情报进行文本挖掘。受众开发和分析小组利用专业的分析工具测试受众对不同报纸内容和版面的反应,从而帮助报社更加深入地了解其读者的特点和偏好,进而更有针对性地投放"按点击量付费"的广告。

研发部的三个小组各有分工又相互合作,共同致力于《纽约时报》的技术创新、应用创新和服务创新。纽约大学的Nina D. Ziv教授在谈到研发的重要性时认为,研发部门不仅是高新技术行业的核心,对于眼前的报业来说同样具有重要的作用。首先,研发部门的建立是保证技术和产品与时俱进的基础。其次,研发能给企业带来活力和竞争力。① 对于《纽约时报》来说,无论是网络领域还是移动领域,仍然都是新兴事物,需要不断摸索和探求,而研发部首先就充当着帮助报纸完成数字探索的"马前卒"角色。受众开发和分析小组协助《纽约时报》掌握用户行为和习惯,新平台研发小组协助《纽约时报》为移动用户提供最优质的服务,核心小组则把握着未来数字技术的发展方向,在研发部三个小组的共同努力下,《纽约时报》正逐步实现着它数字化的转型。

---

① Ziv N D.Toward a New Paradigm of Innovation on the Mobile Platform:Redefining the Roles of Content Providers,Technology Companies and Users[R].Sydney,Australia:Mobile Business Conference 2005 IEEE Conference Proceedings,July 2005.

除研发部之外，《纽约时报》另一个颇具特色的部门是互动新闻技术部（Interactive News Technology Department）。互动新闻技术部，顾名思义，是一个既涉及新闻报道又涉及网络技术的部门，其职责就是为互联网提供具有网络特色的新闻产品。而所谓的网络特色，指的是需要使用大量数据，利用到网络交互技术，能直接与用户互动。例如，在《纽约时报》网站中，用户只要输入所在地的邮编就能得到距离其最近的电影院的播映信息和所在地的天气情况。此外，复杂一点的互动形式还包括，网站通过用户输入的数据为其分析出结果。例如，2008年《纽约时报》网站为用户提供了一项住房性价比分析服务，用户只要在网上输入其月付的租金、房子的售价、预付的定金、抵押贷款数等信息，网站就会帮助用户计算出对于他来说，究竟是租房合算还是买房合算。参见图5-1。

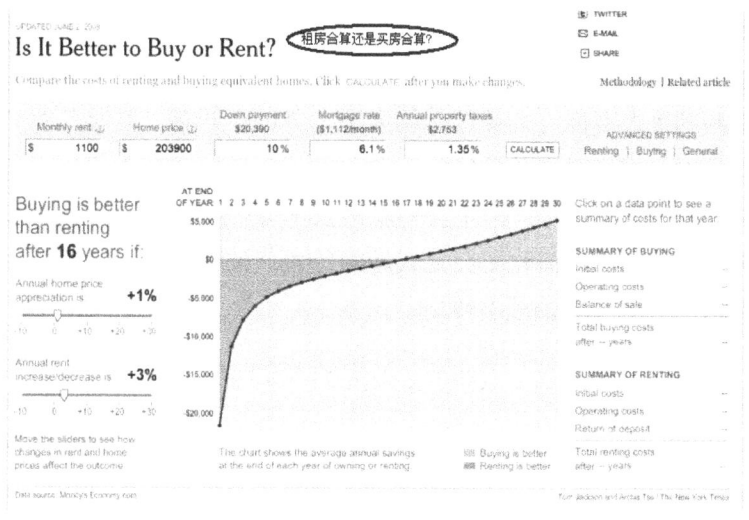

图 5-1

图片来源：《纽约时报》网站

也就是说，传统的报纸编辑部为网站提供的是一般的文本报道，而互动新闻技术部所要做的是将新闻内容和网络技术结合起来，用技术协助内容，使其能为用户提供具有个性和交互性的各类报道和服务。

互动新闻技术部的建立源于20世纪60年代计算机辅助报道（Computer-Assisted Reporting，CAR）的兴起，当时《底特律自由报》的记者Philip Meyer利用计算机分析1967年底特律黑人暴动中的人口统计学特征。而在纽约时报集团内部,该部门的建立则由《纽约时报》美术副主编皮尔霍弗(Pilhofer)和马特·埃里克森(Matt Ericson)首次提出,目的是要集合一批研发人员或新闻从业者参与到各种网络项目中[①],因此在人才的选择上,既要求他们有相当的新闻基础,能够了解编辑的需求,又要求他们对网络技术,如常用应用程序、网页编程语言等有一定的了解。互动新闻技术部最初只有两个人:兼任主编和部门负责人的Pilhofer,以及另一位软件开发人员,3年之后,该部门的成员由两人发展至11人——除了Pilhofer之外,该部门下设一名助理编辑、一名高级软件设计师、3名界面工程师(Interface Engineer)、4名软件工程师和一名信息建构师(Information Architect)。互动新闻技术部负责的互动项目和话题涉及各个领域,因此与《纽约时报》的各个部门都有直接的联系,其中与设计、画图、多媒体、调查性报道和体育部的联系最为紧密,这也是由这些部门所提供的新闻产品的特点所决定的。

随着互动新闻技术部的建立和壮大,《纽约时报》网络版交互性的特点愈发显著。一方面,互动新闻技术部加大对各种互动项目的开发和挖掘,另一方面也参与到重大事件(如美国总统大选、奥运会开幕、奥斯卡颁奖等)的直播中,从而与用户建立了良好的互动关系。互动新闻技术部的出现进一步打破了新闻和网络的界限,由于互动新闻技术部的成员既了解新闻又掌握了基本的网络技术,因此简化了交互式新闻的生产流程,在一定程度上也协助了《纽约时报》数字化的战略转型。

二、《华尔街日报》:空间与文化的共同整合

和《纽约时报》一样,《华尔街日报》也在21世纪之初经历了网络版和印刷版编辑部的重大重组,伴随这次重组的是大规模的人员裁减,其中多数为负责文字编辑和网页制作的报社员工。在2008年举行的第十五次全球编辑论坛中,《华尔街日报》网络版主编阿尔玛·拉图尔(Almar Latour)发言表示:"过去网络版和印刷版的记者和编辑相互独立,甚至互不相识,他们有时会做重复的工作,有时还会有竞争的情绪存在,而改变这一状况的最好方法就是进行编辑室整合。《华尔街日报》的编辑室整合给所有的员工带来了动力,它是一件令人兴奋的事。"同时拉图尔也认为,"编辑室整合不仅仅跟物

---

① Cindy Royal. The Journalist as Programmer: A Case Study of The New York Times Interactive News Technology Department[C]. International Symposium in Online Journalism, The University of Texas at Austin, April 2010.

理上的近距离性有关（physical proximity），更关乎编辑室的文化与合作"①。

文化是一个抽象的概念，对于组织而言，它的重要性来自其重要、但却无法捕捉又被广泛称赞的力量，也就是"一个组织的非理性力量"②。文化一词由来已久，对它的解释也五花八门。例如，佩蒂格鲁（Pettigrew）认为，文化是人们周围的表意的社会组织，是人们向自己解释自身所处环境的一系列术语、形式、分类和形象。博尔曼（Bollman）和迪尔（Deal）认为，文化是经长年累月留下的独特信仰和模式，它反映在神话故事、风俗习惯、庆典形式和其他象征形式之中。相比之下，沙因的定义相对全面准确，他认为，文化是一个群体所学到的一系列共享的基本理念，这些理念可以解决这一群体的外部适应和内部整合的问题，并且由于它行之有效，所以被大家认为是合理的。因此，这些基本理念就被传授给新的群体成员，使他们对相关问题形成正确的感知、思考和行动方式。在这一概念的基础上，沙因进一步认为，文化由三个层面构成，即表面物质层、支持性的价值观和基本理念。③ 表面物质层即表象上能看到、听到和感觉到的一切事物，包括日常行为、物理环境、信息传播方式、着装风格和惯例等；支持性的价值观指的是组织中以正式的方式所表达的战略、目标和哲学；而基本理念则是文化最核心的层次，它是人们没有意识到的、想当然的有关组织及其所处环境的感觉和体会。④ 因此，在阿尔图（Artur）看来，空间上的整合相对容易，《华尔街日报》用了几个星期的时间建立了一个中心新闻办公室，网络版和印刷版的编辑都搬到这里来工作。

第一，编辑室的变化。经过空间上的整合之后，《华尔街日报》编辑室的主要变化包括以下几方面：

(1) 日常的新闻运营将由国内版、国际版、头版和特色版4个版块的副主编共同管理。

(2) 新闻编辑和新闻制作的工作根据领域划分为4块：新闻、头版、个

---

① Kathcrine Thompson. US: print and web newsrooms may be merged at Washington Post [EB/OL]. [2008-07-10]. http://www.editorsweblog.org/special.php?tag=integration&category=&order=&lastn=25&offset=75&blogs=1.

② Morgan, G. Images of Organization[M]. Newbury park: Sage. 1986:48.

③ 露西·金-尚克尔曼. 透视BBC与CNN:媒介组织管理[M]. 彭泰权, 译. 北京:清华大学出版社, 2004:7.

④ 露西·金-尚克尔曼. 透视BBC与CNN:媒介组织管理[M]. 彭泰权, 译. 北京:清华大学出版社, 2004:10-12.

人时报和周末时报。

（3）所有的报道组统一向一位总编汇报工作。

（4）设计组、图片组、信息制表组和印前准备组将为所有板块和部门提供支持服务。

第二，编辑室的四个主要管理职位。整合后，《华尔街日报》编辑室四个主要的管理职位具体如下：

（1）（特色版）副主编：负责专题特色板块，如个人时报、周末时报、时报报道和时报杂志；与国际版、国内版、头版编辑合作；管理个人时报、周末时报、时报报道和时报杂志；向特色版主编汇报工作。

（2）（国内版）副主编：与国际版共同管理新闻采编中心；指导所有频道北美政治新闻、企业新闻和一般新闻的报道；对所有美国的记者站负责；在新闻采编上与国际版、市场版和头版合作，在运营上与特色版合作；管理国内记者站、企业和国内新闻采编组、新闻采编中心；向国内版主编汇报工作。

（3）（国际版）副主编：与国内版共同管理新闻采编中心；指导所有频道国际政治新闻、商业新闻、企业新闻和一般新闻的报道；对国际新闻报道站和理财小组负责；在新闻采编上与国际版、市场版和头版合作，在运营上与特色版合作；管理国内记者站、理财记者、市场报道组和新闻采编中心；向国际版主编汇报工作。

（4）（头版）副主编：负责所有频道的特色报道和调查性报道；与新闻报道组和特色报道组合作；管理头版新闻组以及在各地（包括华盛顿）的调查处；向头版主编汇报工作。

第三，共用的工作组具体有以下几类：

（1）设计组：保证报纸设计风格的统一，帮助协调各部门工作，帮助《华尔街日报》各个版本以及《巴伦周刊》的页面排版和布局。设计组包括插图画家以及处理图像的色彩实验室。

（2）图片组：为所有工作组进行图片研究和任务分配，同时也管理《华尔街日报》图片的版权和合约。

（3）信息制表组：为《华尔街日报》网络版和印刷版提供各类交互式或一般性图表、数据。

（4）印前准备组：负责《华尔街日报》和《巴伦周刊》在印刷前的最终质量把关，保证它们按时送抵印刷处。

按照拉图尔之前的说法，上述的这些变化只是属于《华尔街日报》空间上和结构上的变化，是可以一目了然的有形变化，而真正的难题在于组织内部思想上、文化上无形的变化。尚克尔曼认为，组织文化具有定义行为、解除困惑的能力；具有激励组织不断进步，使组织的行为、理念和要求合法化的能力；具有决定组织掌控环境变化甚至直接影响其经济成就的能力。① 因此，尽快在文化尤其是基本理念上接受"以网络为核心"的发展观念成为报纸的当务之急。对此，新上任的托马森（Tomasson）付出了不少的努力。托马森在中心新闻办公室中召开了一次特殊的早间新闻讨论会，参加会议的有《华尔街日报》网络版、印刷版、道·琼斯通讯社（Dow Jones NewsWire）以及财经新闻网站的高级编辑，共同讨论当天的报道内容。按惯例来说，以往的早间新闻讨论会首先从讨论《华尔街日报》印刷版的内容安排开始，然而这次的会议却从网络版的内容安排开始讨论，然后是道·琼斯通讯社，再然后是财经新闻网站 MarketWatch，最后才是当天印刷版报纸的内容，按照副主编阿伦·莫里（Alan Murray）的话说，"这简直是一个彻底的颠倒"②。而这样的"颠倒"将会在以后持续下去，这意味着《华尔街日报》网络版的地位获得了提升，印刷版将逐渐成为网络版的有力补充。为了能让报社员工更好地适应这种转变，《华尔街日报》还专门为他们设计了相关的培训，例如怎样给印刷版和网络版内容取名字不同又相互呼应的标题。托马森希望能通过这些强化培训为整合后的新闻流程做准备。

然而，仅仅有空间上的接合或者表层的文化统一还远远不够，真正的挑战是如何在最深层次的基本理念上改变员工的思想和文化，例如从过去的印刷版报纸的新闻报道模式转向如今的 24 小时新闻报道模式，而这个过程需要一定时间的实践和磨合。

《华尔街日报》的企业文化强调责任与合作，这一点在其母公司道·琼斯集团的官网上有所体现。官网上的宣言首先表明道·琼斯不论是在雇主，还是在能源和资源的消费者，抑或是在工作和社区中的积极影响者的角色上，都力求负责任。官网中的员工行为规范则明确规定"诚信经营，我们的出版物、服务和产品的独立性和完整性，是我们企业的灵魂；我们的顾客相信我

---

① 露西·金-尚克尔曼.透视 BBC 与 CNN：媒介组织管理[M].彭泰权,译.北京:清华大学出版社,2004:6-8.

② Katherine Thompsonon. WSJ. com relaunches, revamps newsroom: This is just the beginning[EB/OL]. [2008-09-16].http://www.editorsweblog.org.

们在对他们讲真话;我们的事实是准确和公平地提出的;我们的分析代表我们最好的独立判断,而不是代表我们的喜好,或那些我们的新闻来源、广告商或信息提供者;我们的意见只代表我们自己的编辑哲学;我们任何的新闻事业没有隐藏的议程"。① 这些代表集团的指导性意见无不折射出《华尔街日报》负责任的这一要求和特点。强调责任之余,《华尔街日报》也注重合作文化的打造。2008年新闻集团掌管道·琼斯和《华尔街日报》后公布的道·琼斯核心价值观之一就是"坚持团队协作,痛恨小仓库作风"。"小仓库作风"(Silomentality)意指组织中部门的小团体意识,不愿和组织内其他部门或个人分享信息或知识,这种心态会降低组织工作效率,不利于形成良好的组织文化。② 为此,《华尔街日报》在招聘时较为看重员工的协作能力,并在具体实践过程中注重通过"师徒制"来以老带新,促进团队的打造与磨合。同时,定期组织报社内部的交流和研讨活动,实现知识的流动与共享,营造良好的沟通氛围。

就在此次编辑室改组之后一年左右,《华尔街日报》又迎来了另一轮的裁员风潮。托马森在给员工的信中写道:"众所周知,我们正处在前所未有的经济低迷中,同时我们也欣喜地看到网络读者和印刷读者数目的增长,但是印刷广告的减少迫使我们必须仔细检视我们的结构和成本费用。"③ 因此,《华尔街日报》通过裁员和买断的形式削减了编辑室25个职位,尤其是记者和编辑的数量,如该报驻洛杉矶和波士顿报道处将各裁一人,驻纽约的法律报道组、健康报道组和房产报道组也各裁一人;同时,关闭时尚组和零售组,其中的记者和编辑会转到别的部门。托马森认为,这样的裁员只是为了节约成本,以将有限的资源更多地应用到网络中来。就像主编莫里所说的:"我们有着远大的理想希望为网络平台提供更优质的内容和服务,我们有一整套网络创新的规划,目前所经历的只是个开始。"④

人员方面,《华尔街日报》自从进入默多克时代后也做了相应的调整。2007年8月1日,道·琼斯公司和新闻集团正式签署了合作协议,默多克以

---

① Dowjones. Dow Jones&Company Code of Conduct[EB/OL].[2018-8-30].http://www.dj.com/CodeConduct.asp.
② 张利平.华尔街日报的媒介融合战略[D].武汉:武汉大学,2014.
③ Jeff Bercovici. Cuts Coming Next Week at The Wall Street Journal[EB/OL].[2009-01-30].http://www.portfolio.com/views/blogs/mixed-media/2009/01/30/cuts-coming-next-week-at-the-wall-street-journal.
④ Katherine Thompsonon. WSJ.com relaunches,revamps newsroom:This is just the beginning[EB/OL].[2008-09-16].www.editorsweblog.org.

56 亿美元收购了道·琼斯公司及其旗下的《华尔街日报》，这意味着"班氏家族对道·琼斯长达一个世纪的掌控已成为历史"①，《华尔街日报》由此迎来了它的默多克时代。

最初，道·琼斯希望成立一个独立的特别委员会（Special Committee），用来决定对《华尔街日报》主编和发行人及道·琼斯网络业务主管人员的任免，从而掌控新闻内容和预算，但默多克对此表示反对，因为他不愿放弃对报纸发行人和道·琼斯金融网络业务负责人的任免权利，不过默多克同时表示，他同意成立特别委员会就未来重要编辑和评论部职位的安排发表意见，并负责确保道·琼斯出版物和服务的新闻真实性。②特别委员会由 5 名与新闻集团、班克罗夫特家族和道·琼斯没有任何关系的人士组成，目前的初始成员为：美联社前任社长兼 CEO 路易斯·博卡迪，《底特律新闻》社论版前主编汤玛斯·布雷、詹妮弗·邓恩，芝加哥论坛报出版公司前任总裁杰克·福勒以及麻省理工学院媒体实验室前创办人尼古拉斯·尼葛洛庞帝。尽管特别委员会成立的初衷是为了保护道·琼斯旗下出版物的独立性以及编辑的工作不受干预，但许多道·琼斯的高管还是担心原有的办报理念会因此受到威胁而选择离开，其中包括道·琼斯的首席执行官、首席财政官、《华尔街日报》主编马库斯·布劳克力（Marcus Brauchli）等。

随着布劳克力的离开，现任该报发行人的罗伯特·托马森（Robert Thomson）将兼任该报主编一职。新闻集团和道·琼斯做出这个决定主要有三方面的原因：经验、个性和与默多克的私交。托马森在加入道·琼斯之前曾经有过 4 年的《金融时报》美国版编辑经验和《泰晤士报》6 年的编辑经验，作为《华尔街日报》的发行人，他已经参与管理道·琼斯旗下《华尔街日报》、通讯社及《巴伦周刊》的编辑事务，因此有着丰富的编辑和管理经验。在性格上，托马森擅长社交，《堪培拉时报》对他的评价是"思虑周全、与人为善"，"他一直保持着和老朋友们的联系，即使那些人并没有重要的影响力；他尽职地带着妻儿每年去墨尔本探望母亲，他是一个拥有人格魅力的人"③。

---

① Abel, J. C. Wall Street Journal takes paywall fight to mobile [EB/OL]. [2009-12-05]. http://www.wired.com/epicenter/2009/09/wall-street-journal-takes-paywall-fight-to-mobile.

② 王冬月.默多克收购道·琼斯最后冲刺[EB/OL].[2007-06-27].http://www.caijing.com.cn/2007-06-27/100023433.html.

③ Katherine Thompsonon. WSJ.com relaunches, revamps newsroom: This is just the beginning [EB/OL]. [2008-09-16].www.editorsweblog.org.

除了这两点之外,还有很重要的一个原因是他与默多克颇有私交。托马森与默多克同为澳大利亚人,同一天出生,默多克欣赏他敢于打破陈规的行事风格,他们不仅是上下级的关系,也是很好的朋友。自身的个性以及与默多克的熟稔让他能迅速领会到默多克的想法和意图,因此在他的带领下,《华尔街日报》走上了默多克时代的发展道路。

三、《今日美国》:定位转型之下的编辑室整合

早在2005年8月《纽约时报》宣布整合其报纸编辑室和网络编辑室时,《在线新闻评论》的记者就此事采访了《今日美国》网站副总裁兼主编金西·威尔森(Kinsey Wilson),威尔森当时强调,如果要建立一个更强大、更灵活的报业组织,就必须拆除印刷版和网络版之间的障碍,因为一个分散的编辑室无法给报纸带来长远的发展。但同时威尔森也认为这一变化的举措必须经过一番深思熟虑和谨慎部署,不能率性而为。① 无独有偶,在《纽约时报》编辑室进行重组之后4个月,《今日美国》也宣布对其新闻编辑室进行一次大调整,按照威尔森之前的说法,这次调整应当是甘尼特集团和《今日美国》管理层深思熟虑的结果。事实上,《今日美国》编辑室的调整和《纽约时报》类似,主要是将网络编辑室并入(印刷版)报纸编辑室中,从而组建成一个单独的、统一的新闻编辑室。新成立的编辑室共由2位执行主编负责管理:一位是原任《今日美国》网站副总裁和主编的金西·威尔森(Kinsey Wilson);另一位是原任报纸编辑室执行主编的约翰·希尔柯克(John Hillkirk),他们将共同探讨报纸的内容和运营,同时共同接受《今日美国》总编肯·保尔森(Ken Paulson)的领导。

《今日美国》的此次编辑室整合与其定位的转型不无关系。据保尔森透露,最初做出这一决策的目的是为了建立一个统一的24小时工作的新闻组织,从而能通过各种平台即时发布新闻,并及时与读者交流和互动。然而,通过进一步的讨论和思考,这个目的已经逐渐演变为"在这个新闻已经变成按需定制(on-demand)的商品的世界中,提高新闻采访资源部署和调度的效率,整合各部门的运转"②,也就是说,从开始的构想到最终的实行,《今日美国》的这一举措已经具有了战略升级的意义。对于此次编辑室的调整,《今

---

① Katherine Thompsonon. WSJ.com relaunches, revamps newsroom: This is just the beginning[EB/OL]. [2008-09-16].www.editorsweblog.org.

② http://www.cyberjournalist.net/news/003099.php.

日美国》总裁兼发行人克雷格·穆恩（Craig Moon）表示，整合新闻编辑室是对网络世界崛起的一次有针对性的调整，它有利于原本独立的两个部门协同合作、统一调度，从而提高运作效率，帮助《今日美国》完成从"提供单一的新闻产品"到"随时、随地以用户喜欢的方式提供新闻和各种服务"的定位转型。从这次调整以及穆恩的言语中，可以看出《今日美国》在产品和发布方式两方面的变化。产品方面，由原来单一的新闻报道扩展至新闻、信息以及各种个性化定制的服务；而在发布方式上，则把数字平台尤其是网站的地位加以提升，使其和印刷版报纸甚至比印刷版报纸更加重要。由于在旅游、娱乐和突发新闻这几个板块中，原有的两个部门曾经有过合作，并建立了良好的合作基础，因此新整合的新闻编辑室也将从这几个方面的内容入手，探索新体制下如何改进印刷和网络两方面的报道，加强报网互动以及整合资源和运营等问题。

对于 2005 年进行的编辑室重组，《今日美国》新上任的发行人戴夫·亨克（Dave Hunke）认为那只是一个过渡，2009 年，亨克与《今日美国》管理层共同分析了报纸目前的困境和可能的出路，认为把业务转向受读者青睐的领域是当前《今日美国》唯一的出路。根据 ComScore 的调研，近几年通过移动设备访问新闻内容，获取信息服务的行为呈上升趋势，而以 iPad、iPhone 为代表的智能手机和平板电脑则是目前移动市场的新宠。因此，当前《今日美国》的首要任务就是在移动平台中推出用户想要和需要的内容。然而，在亨克看来，并不是所有的内容或内容架构都适合于移动平台，据较早前《今日美国》的数据显示，利用移动平台获取信息和服务的用户年纪普遍比印刷版报纸读者小 10~15 岁，这就意味着报纸不能再靠过去千人一面的内容来吸引他们，而必须提供适合这些更年轻读者品味的新内容。也就是说，针对不同类型和不同年龄层的读者，无论是内容还是发布平台都应当有所区分。因此，亨克认为，只有设计和编辑适合于移动平台特征和市场的内容，《今日美国》才能有机会利用到手机和平板电脑等移动平台。

秉承这一理念，2010 年 8 月《今日美国》在戴夫·亨克的领导下经历了自创办以来最大的一次结构重组。重组的目的一方面是为了将发展的重心从印刷平台转移至网络平台和移动平台，为所有可能的数字平台形式提供内容；另一方面则是为了寻求新的受众和多平台的广告创收方式。按照亨克的规划，《今日美国》这次"相当激进的"重组共涉及以下 5 个方面：

第一，大幅度裁员。《今日美国》将在其内部进行多达 135 人次的裁员，裁员比例达 9%，员工人数从 1 500 人减为 1 365 人，这也是《今日美国》迄今为止最大规模的一次裁员。

第二，将截稿时间提前以缩减开支。例如，《今日美国》原来的截稿时间为午夜 12 点，如今通过改革将时间提前为晚上 9 点，这就意味着 9 点之后的新闻（除了重要的突发新闻）就不需要人手去负责和追踪了，当然也就上不了第二天的报纸。因此，在报纸印刷版的体育栏目中，读者基本上看不到头一天晚上棒球比赛的结果，因为比赛结束的时间通常较晚。作为对印刷版此项目上不足的弥补，网站的信息更新较为及时，因此读者还是可以通过《今日美国》的网站获悉最终的结果。

第三，在原有部门分工基础上成立 5 个新的部门。《今日美国》原有的部门包括：销售市场部、信息技术部、财政管理部、生产部、发行部和新闻编辑室（也被称为新闻中心）。在此基础上，新成立的 5 个部门分别是：商业发展部（Business Development）——负责开发和维护新的商业机会和合作关系；产品设计与开发部（Product Development and Design）——负责在《今日美国》的所有网络中研发其新产品；垂直开发部（Vertical Development）——负责新的和原有的纵向内容领域；数字开发部（Digital Development）——负责开发和维护支持《今日美国》网络平台和移动平台的技术和系统；体育部（Sports）——为《今日美国》的体育内容，以及甘尼特旗下其他报纸的多媒体内容提供发布平台。值得一提的是，亨克所任命的这 5 个部门的负责人中有 3 人曾有数字平台的管理经验，其中商业发展部负责人鲁迪·戴维斯（Rudy Davis）曾经是体育网站 BNQT.com 的创始人，体育部负责人罗斯·肖费勒伯格（Ross Schaufelberger）曾担任 BNQT 媒介集团执行总裁，而数字开发部负责人 Steve Kurtz 则是原来信息技术部的经理。亨克希望能通过此举加大对数字领域的投入，希望借助他们过去的经验带领《今日美国》在数字领域有所作为。

第四，对新闻编辑室进行整改。原有的新闻编辑室共分为 4 个传统板块：新闻、理财、生活和体育，每一个板块由一位执行编辑负责。《今日美国》的这次重组将原有的这 4 个板块以及管理他们的执行编辑全部取消，重新按更细的内容划分为 13 个不同的"内容组"，它们分别是："生活""旅游""突发新闻""调查性新闻""本国新闻""世界新闻""华盛顿新闻与经济""个人理财""环境与科学""汽车""娱乐""技术""航空"，这些新建的内容组将由原生活版的执行编辑苏珊·韦斯（Susan Weiss）负责监管，韦斯则直接向总编希尔柯克汇报工作。这13个内容组的划分与传统报纸的板块截然不同，事实上倒更像是网站内容的划分方法，这不仅表明《今日美国》在内容的编排上蕴含数字领域内容的特点，更暗示着其编排理念甚至经营理念向数字化的转型。此外，新闻编辑室的另一个变化是，新建立了内容发行和规划部，由切特·恰尔尼亚克（Chet Czarniak）担任执行主编，负责在报纸、网络、移动以及其他平台中规划和发布内容。

第五，加强社论与商业内容之间的协作性。按照亨克的说法，在重组后的新体制下，负责内容组的苏珊·韦斯将会与商业发展部建立"合作性的关系"（Collaborative Relationship），这意味着，《今日美国》将在内容上朝着"与广告商友好"（ad-friendly）的方向发展。① 具体地说就是，报纸根据广告商的兴趣提出某一个话题，并为该话题寻找和填补内容，《今日美国》希望"引入一种全新的方式，以将销售措施与其制作的内容结合起来"②。尽管亨克表示《今日美国》在任何情况下都不会改变职业新闻的本色，更不会牺牲正义的报道原则和新闻价值，但此举还是引发了不小的争议。不少人担心，在如此激进的商业文化的驱使下，《今日美国》的新闻文化是否还能坚持，究竟又能坚持多久？《今日美国》架构图见图5-2。

和前一次以整合为主的编辑室改革不同，《今日美国》此次的重组似乎更热衷于拆分，甚至有分析家认为，《今日美国》是在"分解其过去5年来在整合新闻编辑室方面的努力"。但事实上，这次的拆分与过去的整合并不相悖——过去是从横向上对网络和报纸的新闻资源进行整合，以提高新闻从采编到发行的效率，协调各部门的运转；此次则是从纵向上以内容为单元进行细化的区分，以建立适合网络和移动平台的垂直式的内容架构，两次重组的目的都只有一个，那就是帮助《今日美国》完成从单一报纸到多种平台、多种信息和服务的数字化转型。对于《今日美国》的此次重组，美国著名版面专家大师马里奥·加西亚（Mario Garcia）毫不吝啬地给予了赞赏，他认为，"走出传统的部门设置是报纸发展的里程碑。《今日美国》的这次重组打破了新闻编辑室原有陈旧的、专制的划分方式，有利于一个更加灵活的、以内容

---

① Chris O'Brien. USA Today blows up the newsroom again[EB/OL].[2010-09-09].http://nextnewsroom.com/2010/09/01/usa-today-blows-up-the-newsroom-again/.

② Rick Edmonds. USA Today's 'Radical Restructuring' Means End of Newsroom Integration, Universal Desk[EB/OL].[2010-10-20].http://www.poynter.org.

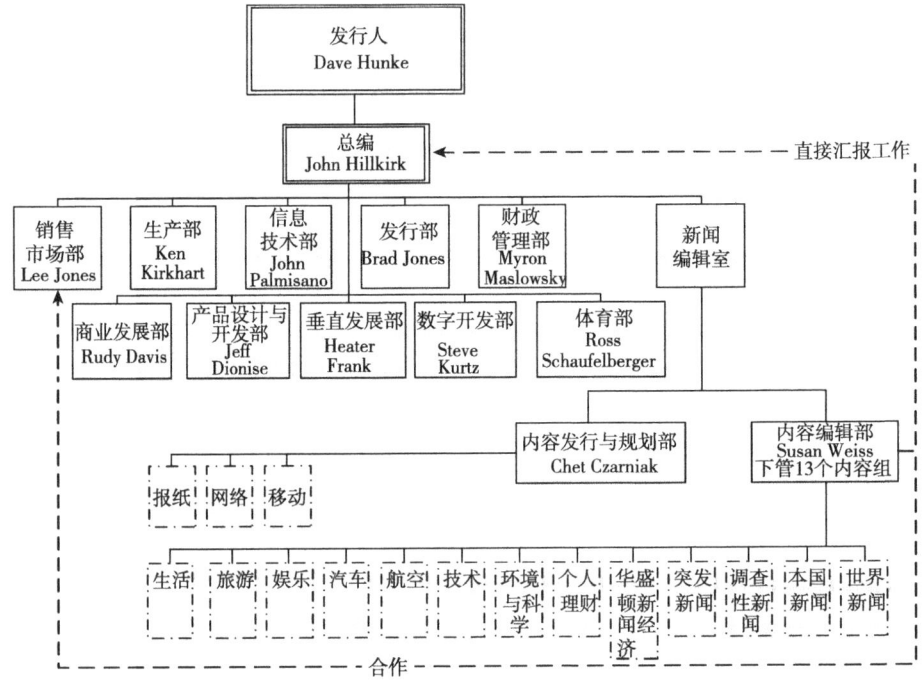

图 5-2 《今日美国》架构图①

为驱动的编辑室的建立"②。亨克本人也认为,这样的重组可以使《今日美国》的资金从"传统的生产模式"流向"新平台和商业专题",从而获得"平台和专题两方面的增长机会"③。从宣布到完成,《今日美国》的这次"史上最大规模"重组引发了广泛的关注,对于其改革的最终成效,目前还不得而知,但是对于《今日美国》来说,在目前境况惨淡、亟须创收的情况下尤其应该明白,内容和读者才是其生存的第一基石,应注意划清新闻和广告之间的界限,一旦这一界限混淆,将会是对报纸公信力的致命打击。

还有一点值得一提的是,《今日美国》的母公司甘尼特集团 2006 年领导其旗下的所有报纸开展了一次较大的内部结构变革——建立信息中心(Infor-

---

① 图片由笔者根据《今日美国》架构绘制。
② Mario R. Garcia. The shape of newsrooms to come[EB/OL].[2010-08-27].http://www.garciamedia.com/blog/articles/the_shape_of_newsrooms_to_come.
③ Rick Edmonds. USA Today's Radical Restructuring Means End of Newsroom Integration, Universal Desk[EB/OL].[2010-10-20].http://www.poynter.org.

mation Center)以代替原有的新闻编辑室,但是这一规划并未在《今日美国》中施行。甘尼特集团首席执行官克雷格·杜博(Craig Dubow)在一份给员工的备忘录中宣布了该消息,他说:"如今读者所感兴趣的内容不只是新闻本身,他们对各种信息和服务都有需求,为了满足读者需求,保证报纸的核心产品新闻能在数字化的、多媒体驱动的媒介环境中具有竞争力,甘尼特集团决定在其旗下的所有报纸内部设立信息中心。信息中心将24小时、更加灵活和广泛地为报纸、网站、移动设备甚至一些尚未被发现的平台搜集和发布信息,并由读者来选择他们喜欢获取信息的方式。"① 杜博把新闻编辑室看作出版业的文化核心,因为它传承着公正、准确的新闻价值和美国第一修正法案的自由独立精神,同时它代表着传统报纸陈旧的生产过程,新技术,尤其是与网络和手机相关的新技术在这里永远排在第二。正因如此,杜博认为新闻编辑室的地位需要被彻底地颠覆,而他在备忘录中提到的在信息中心设立7个分部正是解决之道,这7个部门分别是:数字部——以数据库为基础快速搜集新闻和信息,同时选择信息发布的最佳平台;数据部——获取和管理本地信息,发布读者生活上所需的信息;多媒体内容制作部——负责所有平台中视觉内容的展示;公共服务部——帮助读者发挥其在调查性新闻中的舆论监督作用;本地新闻部——加强本地新闻报道的深度和广度;社区对话部——履行报纸评论专栏的功能,邀请社区参与网络活动,帮助实现传者与受者之间、受者与受者之间的交流;内容定制部——与目标受众建立联系,在多种平台中重新为其定制内容。具体操作上,甘尼特集团希望能通过4个方面的努力来实现信息中心的战略作用:"一是进一步突出本地新闻和信息优先于全国和国际新闻信息的地位;二是发表更多由受众贡献的内容;三是每周7天、每天24小时不间断地跨平台更新和发布新闻和信息(印刷版报纸的作用从而下降、网站的作用因此上升);四是在与受众的互动中进一步发挥他们的舆论监督作用。"② 作为《今日美国》的母公司,甘尼特集团的一举一动决定着旗下报纸的发展方向,从"信息中心"的设立可以看出甘尼特集团彻底拥抱网络世界的决心,事实上也正是这种决心引导了上文中所阐述的《今日美国》的两次结构变革。

在报纸的数字化进程中,美国的三大报纸不约而同地先后进行了编辑室

---

① Craig Dubow. Memo from Craig Dubow[EB/OL].[2006-11-04].http://gannett.gci/infocenter
② 邓建国."信息中心":未来报纸的新闻编辑室?——美国甘耐特集团的"激进"报业改革[J].新闻记者,2007(1):71-73.

整合，然而，整合只是手段，并非目的。从管理学的角度上来说，资源整合是优化配置的决策，其目的是通过组织制度安排和管理运作协调将企业内部彼此相关但却彼此分离的职能，以及企业外部既参与共同的使命又拥有独立经济利益的合作伙伴整合成一个为客户服务的系统，从而突显和增强企业的核心竞争力，寻求资源配置与客户需求的最佳结合点。从美国报业目前的发展状况来看，印刷版已不复辉煌，而数字领域却有很大的发展空间，因此，三大报纸都希望通过编辑室的整合一方面协调印刷版和数字版的互动和合作，另一方面也增强报纸在数字领域的核心优势，确立以数字化为主、以印刷版为辅的发展战略。

第三节 基于融合需求的中国报业组织之调整

传统的报业组织成长并成熟于纸质媒体的时代，它的部门设置、人员分工和组织关系经时间和实践检验，被证明是适合单一新闻媒体及单一发布渠道的，它能保证各部门协同分工、合理运行、效率稳定。然而，在报纸展开数字化转型的过程中，由于新闻时效性的抢夺更为激烈、多渠道分发平台的出现、不同平台受众对信息需求的不同等因素，使得原有组织结构的弊端日益显现，无法适应新媒体的发展特点和新媒体环境下的新闻生产，也不利于报业组织对旗下新闻资源的整合利用。因此，流程重组、流程再造、机构整合等话题屡次被提及，也成为国内各大报业集团在经历报网融合的困境之后需要在更深层次上解决的问题。

一、《人民日报》：围绕"中央厨房"的流程重塑

作为中共中央机关报，《人民日报》肩负着宣传与诠释国家的党政方针以及引导舆论的重大使命。在中央提出的建设国际一流媒体目标的背景下，《人民日报》率先展开媒介融合的转型。然而，随着转型的日益深入，越来越发现传统的组织结合和制度已经无法跟上时代发展的需要，从而暴露出许多问题。一是原有的条块分割机制导致了资源难以有效整合。过去，当有重大新闻报道活动时，人民日报社旗下的《人民日报》、《人民日报》（海外版）和人民网由于各自为战的原因，没有形成统一的安排与规划，因此往往各自派出记者展开采访和报道，这就导致了不少重复劳动以及人力、物力资源的浪费。二是受报社部门职责分工以及记者业务分工的限制，人民日报社旗下不

同媒体平台的记者只能采访其对口范围的新闻，同时也只能发布在自己的媒体平台上，因而限制了记者创造性和能动性的发挥，也影响了新闻的传播范围和效果。三是在原有的机制下，新闻没有"动"起来，而是处于静态的状态，一次生产一次利用，前一天采编后一天发布，违背了新媒体时代新闻的传播特点，无法与网络媒体相抗衡。鉴于此，人民日报社为了配合融合的转型，展开了报社组织部门重组、新闻生产流程再造的探索。

2009年，人民日报社在机构改革中增设了新闻协调部，主要职能为协调各部门之间的关系，包括统筹新闻资源、优化采编关系以及推进报网融合。这一机构在实质上类似于中央指挥部，它的设立有利于改善报社过去内容资源浪费、人员各自为战的分割状态。为了进一步突显人民网的主体地位，人民网从人民日报的下属部门转变为独立的有限责任公司，在人事、财务和内容等方面都有了一定的主动权，从而得以更灵活地应对网络时代对优秀人才和优质内容的需求。这一系列的调整都为人民日报社后来"中央厨房"的设立以及新闻生产的流程再造奠定了基础。

经过两年多的酝酿，人民日报"中央厨房"于2017年1月正式投入使用，它由空间平台、技术平台、业务平台三大平台构成。空间平台即人民日报社的全媒体大厅，它位于人民日报社新媒体大厦10层，建筑面积达3 200多平方米，分为核心指挥区、自由工位区和技术支持区，发挥着新闻采编和指挥中枢的作用。这一空间平台最大的特点是从地理空间上打破了过去纵深、条块式的编辑部结构，消弭了传统媒体和新媒体记者之间的空间壁垒，具有开放性、去中心化、网状化等特点。在全媒体大厅中，不同部门的新闻从业者可以围着圆桌坐在一起，统筹协作、相互交流，而报社领导也可以在此通过大屏幕了解新闻生产的实时动态，坐镇指挥。空间平台的重构是报社在建立"中央厨房"、展开数字化转型中最基本的一步。

人民日报社"中央厨房"的业务平台与新闻生产的流程再造直接相关。如果说空间平台打破了报社员工横向之间的阻隔，那么业务平台则减少了报社纵向层级的层层壁垒，传统意义上的采编人员成为新形态下的指挥员、联络员、推销员、服务员、采集员等角色。指挥员即指挥调度中心，负责重大选题的策划与指导，是策、采、编、发网络的核心层。联络员负责统筹团队，通过报题软件、微信群、电话、邮件等手段，在记者、编辑、报纸、网站、微博微信客户端之间随时联络，及时传递需求信息，实现资源整合，提高工作效率，避免重复劳动。推销员即推广团队，负责将"中央厨房"和"人民系"的特色新闻产品推广给内部各渠道和终端,并推广给全国百余家合作媒体,实现产品发布多元化和传播价值最大化。服务员即内容定制团队,为前方记者提供专属服务,联手进行时政新闻的多元生产。程序员即可视化团队,利用 H5 等新技术,进行内容可视化生产,创作适合互联网传播、能让用户参与互动的新型新闻产品。[①] 这种无形的人员重配体现了新媒体的生产理念,重塑了报社内部的采编文化,是传统报业向数字化转型的核心部分。例如,2017 年 "两会" 期间的特别栏目《两会 e 客厅》就以项目制的形式集多部门之力,实现部门间横向的协调和信息的共享,为报业的融合创新报道提供了可借鉴的实践案例。

除了基于中央厨房的部门重组,人民日报社对薪酬人事制度也展开了改革的尝试。作为 "顶层设计" 出现的 "中央厨房",为媒体掌门人提供了改革的 "开瓶器",从地理空间的整合到生产流程的重构,这些冲击自然松动了薪酬人事制度的周边土壤。人民日报社出台的《中央厨房运行方案》中,对稿件实行 "基础稿酬+优稿优酬" 制度,稿酬向独家、原创、首发倾斜,与首发率、转载率、落地率挂钩,建立新闻传播力排名制度,由 "中央厨房" 的媒体传播效果跟踪系统实时监测、动态排名,并根据排名给予奖励。[②] 在新的薪酬人事制度下,原来的职级、工龄、身份差异都被淡化,能力、绩效成为考核的重要标准,极大地激发了员工的积极性和创造性,从而从人才方面保障了报业组织的不竭动力。

二、《浙江日报》:渐进变革中的革命性突破

浙江日报报业集团组建于 2000 年,并于 2011 年成功上市。为了适应新媒体时代报业集团的发展需要,同时打造企业型报业集团,浙报集团在部门结构、团队激励和文化创新等方面展开了一系列调整。

首先,根据现代企业制度调整报业集团的组织形态,建立规范高效的公司治理机制。在整体架构上,浙江日报报业集团采用了混合组织模式的 "两纵三横" 集团管理框架。其中,"两纵" 指的是在办报和经营方面采取自上而下的 "两分开",与我国大部分传媒集团相似,由编委会和总经理办公会分别掌管编辑出版业务和经营业务。"三横" 则是形成了三个由高到低的横向管理

[①] 叶蓁蓁,盛若蔚.中央厨房探路融合发展[J].中国报业,2015(7):38-39.
[②] 曾培伦,朱春阳."如何来用" 到 "用来如何":中央厨房的 "载体化" 实践改造面向[J].新闻界,2018(08):10-17,29.

格局：除党委之外，由于集团在2002年首创了报业集团有限公司，因此该层面还有公司董事会，和党委一起对集团的发展战略、舆论导向、主营方向和重大的人、财、物等事项进行统一决策和领导。第二层是集团总编辑和集团公司总经理分别对宣传和经营事务进行管理。最后一层则是各级媒体和其相应的媒体公司，对本单位的日常运营和管理负责。这种宏观管理体系是对集团母体的一种解放，集团专注于系统型发展决策并对经营政策进行协调统筹，而各级子公司专注于自身业务的市场化运作。① 由此，集团内部各部门不仅分工明确，各司其职，共同保障公司的良性运营，而且相互制衡，避免了权力的滥用与过度集中。为了进一步加强集团内部管理，集团已经修订了30多项内部控制制度和40多个有关规范子公司运营、财务管理、人力资源管理等方面的文件。2012年，集团对内部管理、业务运营等方面的现状与问题展开梳理，形成了6 000余字的浙报传媒《内部控制手册》，下发给各部门员工阅读、学习，以规范集团的管理和运作。

在具体改造中，内容生产的流程改造是传统媒体融入新媒体的重要环节。2013年，浙报集团成立了一个数字采编中心，即所谓的"中央厨房"。该中心一方面负责组织与整合"浙江新闻"移动客户端、浙江手机报、浙江在线新闻网站及网络视频新闻等核心媒体的内容生产与发布、运营推广，另一方面也承担着浙报集团边锋网新闻专区和新闻弹窗、云端悦读PAD客户端、边锋互联网电视盒子、钱报网、大浙网新闻板块、各县市区域门户等紧密型全媒体的新闻类内容生产和发布。通过浙报集团"中央厨房"的统筹与协调，原本的一次生产一次传播模式转变为一次生产多次传播，从而避免了资源的浪费，重构了新闻生产与传播的流程，有利于真正实现传统媒体的互联网化改造。此外，浙报集团还专门成立了市场部与品牌部，负责产品策划、市场调研、媒介品牌建设等工作，通过利用企业的运营和推广模式来推进报业集团的品牌建构，更为重要的是，通过这一做法让浙报员工更加深刻意识到报业集团不仅是内容生产机构，也是市场化的企业组织。

其次，积极践行人才强报战略，创新绩效考核机制，激发团队活力。人才是媒体发展的重要因素，特别在传统媒体向数字化转型的过程中，熟悉新媒体采编、运营和互联网技术的人才大量缺乏，因此，浙报集团主要通过引进和培训两种路径打造能适应转型的优质团队。人才引进与招聘方面，浙报

---

① 潘昊颐.互联网战略下传媒组织变革创新性研究[D].广州：华南理工大学，2017.

集团一方面在各大高校中广觅全媒体人才，另一方面则从华为、阿里、盛大等大型互联网公司引进数据和互联网技术人才，并专门设立了集团总工程师CTO岗位。为了优化集团的互联网人才队伍，浙报集团还颁布了《互联网技术人才管理办法》，设置了"浙报阿里"奖学金，对互联网型人才实行每年5%~10%的淘汰率，以促进互联网人才的优胜劣汰，为集团的数字化转型打造最优技术团队。培训方面，从2013年开始，浙报集团就开始集中开展覆盖全员、分层分类的全媒体融合创新专题培训。培训共分9期，每期两天，主要突出专业性和实战性。封闭式轮训将采编、营销人员垂直打通，按照财经类、社会类、文教类、时政类、视觉类、管理类、生活时尚服务类以及专业子报刊、上市公司等9个类别分批进行专业化授课。① 通过培训，浙报员工在理念上对新媒体有了更深刻的认识，对报纸在新媒体时代的发展有了更深刻的思考。

首次培训取得成功之后，浙报集团于2014年启动第二轮培训，其目标在于提升报社员工的新媒体技能，掌握传媒的前沿技术。通过几年轮训的探索，集团已初步建立起统分结合的培训工作体制，使员工的定期培训形成常态化的机制。与此同时，集团还经常邀请国内外新闻学院和媒体专家来开展讲座，并分批次组织员工前往世界名校和英美大报学习新媒体知识。2016年，浙报集团更是创新性地采纳了师徒制的方式来培养优秀青年员工。集团为每位新到岗的员工配备一名政治坚定、业务精湛、作风优良的集团各业务领域优秀骨干作为其指导教师，将他的一线经验和优秀的道德品行传授给新进员工。这种以老带新的方式能帮助新进员工快速成长，也鞭策老员工们不断学习，形成比拼赶超的文化氛围，为集团的发展带来了动力和活力。

在人才考核方面，浙报集团效仿互联网公司的人力资源管理模式，提出了KPI考核，从年薪制转向月薪制，探索打破职务、职称、身份界限，建立以岗定人、平等竞争、按岗聘用、同岗同酬的用人机制，实施岗位能上能下、待遇能高能低的岗位管理、绩效管理和薪酬管理。其考核的内容主要集中在考核对象的宣传舆论导向、事业发展、用稿量、供稿采用率、干部人才队伍建设、采编费用控制等方面。工资薪酬实行ABCD四个档，连续两年D档的人员将被解除聘用。在这一考核模式下，浙报集团的员工有一定的走与留、

---

① 张彤.推动全员融合 打造全媒队伍——浙报集团推进人的融合之实践与探索[J].传媒评论，2015(10):26-28.

升与降,保持了人才适度流动的态势①,也使集团更具发展的活力。

最后,输入创新基因,打造适合传媒集团的互联网文化。报业流程再造的阻碍和动力,其实都是文化。文化是一家媒体的核心竞争力,也是在困境中最难改变的部分。②浙报集团在与阿里巴巴合办《淘宝天下》杂志时就意识到互联网文化在自身转型中的重要作用,用互联网思维开展媒介融合的创新会取得事半功倍的效果,而传统纸媒的思维则会束缚集团在互联网时代的创新。而浙报集团一直将自身定位延伸为文化服务业,视读者为用户,用户主导也成为浙报集团的核心理念。正如浙报集团前社长高海浩所认为的,传统媒体转型不能纠缠于内容为王、渠道为王的狭隘视角,根本上要把原先属于纸媒的用户找回来、服务好、吸引住。③鉴于此,浙报集团一方面展开一系列的文化投资,如收购边锋浩方游戏平台、投资培育新兴文化传媒企业等,通过与文化产业新业态的对接,吸引互联网用户;另一方面利用传媒梦工厂的创新孵化项目打破体制的束缚,吸引了大量对新媒体感兴趣的人才齐聚一堂,展开以用户为中心的项目创新,通过具体的实践打造集团的互联网文化。

---

① 高海浩.浙江日报报业集团,媒体融合永远在路上[N].中国新闻出版广电报,2016-12-13(6).
② 何镇飚.美国报业新一轮的流程再造[J].新闻与写作,2016(10):31-35.
③ 高海浩.用互联网基因构建传媒转型新平台——浙报集团:做了什么,还要做什么[J].中国记者,2013(3):18-19.

第六章
中美报业转型的对比分析

第一节 中美报纸数字化的创新扩散轨迹比较

一、创新与扩散视角下的报业调整——渐进性创新

创新（innovation），源于拉丁语"innovare"，意为"创造某些新的东西"（make something new），它既是企业期望达到的目标，也是其发展的核心力量。对于创新的理解，人们总是存在着不同的观点，其中也有不少误区。按照博里斯·高瑞斯（Boris Gorys）的观点，如果产品、服务或过程与以往相比有所不同，而且更有价值，那么就达到了创新的标准。[①] 也就是说，任何对以往的改进都是一种创新。弗里曼（Freeman C.）、罗斯韦尔（Rothwell R.）和加德纳（Gardiner P.）认为，创新是一个将机会（opportunity）变成观点，或广泛应用和实践的过程。[②] 埃弗雷特·罗杰斯（E. M. Rogers）认为，创新是一种思想、一种实践或是一个被个人或其他采纳团体认为是崭新的东西。[③] 被誉为创新研究之父的顺彼得（Schumpeter J. A）认为，创新来自一个"创造性颠覆"（creative destruction）的过程。在这个过程中，不断的探寻最终创造了某些新的方面，同时颠覆了某些旧的方面，而导致这一"创造性颠覆"的终极动力则是对新的收入来源的追求。[④] 由此，创新过程可以被区分为三个不同

[①] Cinzia Dal Zotto & Hand Van Kranenburg. Management and Innovation in the Media Industry[M]. Edward Elgar Publishing, Inc. 2008:1.

[②] Freeman, C. The Economics of Industrial Innovation[M]. London:Frances Pinter, 1982:57-58.
Rothwell, R. & Gardiner, P. Invention, innovation, re-innovation and the role of the users[J]. Technovation. 1985(3):168.

[③] Everett M Rogers. Diffusion of innovations[M]. New York:Free Press, 2003:119.

[④] Schumpeter, J. A. Theorie der wirtschaftlichen Entwicklung: Eine Untersuchung uber Unternehmergewinn, Kapital, Kredit, Zins und den Kojunkturzyklus[M]. Berlin:Dunker und Humblot. 1997.

的阶段：创造（invention）、创新（innovation）和模仿（imitation）。创造指的是最初对某种技术或产品效用的发现，如盘尼西林的治疗效果；而在创新阶段，这项发明或创造被发展成一种具有经济价值的产品；如果创新被证明是成功的，那么其他企业便会相继创造或推广与其略有不同或稍做改进的相近版本的创新，这个过程便被称之为模仿。循着这一视角，创新又可以根据其新奇的程度分为新的或彻底性的创新、调整的或渐进性的创新以及模仿三大类。[①] 新的或彻底性的创新，又被称为颠覆性创新，所谓的彻底或颠覆意味着创新的产品、观点或技术完全是新的，也就是之前从未出现过。因此，这种创新具有一定的不确定性和风险性，对于企业来说也更难驾驭。调整的渐进性的创新是指对已有产品、形式、功能、服务或内容进行改进和完善，这种创新相对保守，它依托于原有的产品、观念或技术，因而较少会出现巨大的不确定性。模仿是创新的另一种形式，指的是已经存在于市场上的产品和服务在功能、外形及生产过程中被其他企业所模仿。这一创新实际上已经经过了市场的部分检验，因而风险相对最小。尽管俗语有云："不破不立"，但彻底的创新一方面要耗费巨大的人力、财力和物力，另一方面还需要面对未知市场的考验，因此鉴于其高投入与高风险的特性，各组织机构对这一创新形式都保持谨慎的态度。相比之下，调整性创新和模仿则投入较少，改变也较少，同时风险也更小，因此更容易受到不同组织的青睐。报纸产业也是如此，在数字化的创新道路上或是选择模仿其他报社成功的经验，或是做小范围的变革和调整，以逐步应对来自互联网的挑战。

现代报纸从诞生之日起就一直与创新有着紧密的联系。从过去的政党报到便士报是一种创新；从邮寄发行到订阅与零售共存是一种创新；从以文字为主到图文并存是一种创新；从黑白到彩色也是一种创新。尽管创新式的变革不断出现，但没有一次有此次的变革来得强烈，这是因为因特网和信息技术的发展引发的是报纸载体的一次大变革。回顾过去，在数次变革中报纸的载体始终是新闻纸，人们早已习惯在纸上阅读报道、欣赏图片，而在互联网的时代，报纸将其内容搬上了数字网络空间，过去的铅与火变成了一堆二进制符号，过去的新闻纸也变成了各式各样的电子屏幕。载体的创新带来各个层面的转型和变革。美国纽约大学的尼娜·齐夫（Nina D. Ziv）教授对此进行

---

① Tidd J, Bessant H, Pavitt K. Managing Innovation: Integrating Technological, Market and Organizational Change[M]. Chichester: John Wiley and Sons, 2005: 99.

了总结，认为在新媒体时代报纸等传统媒体正在经历 11 个方面的转型，如图 6-1 所示。①

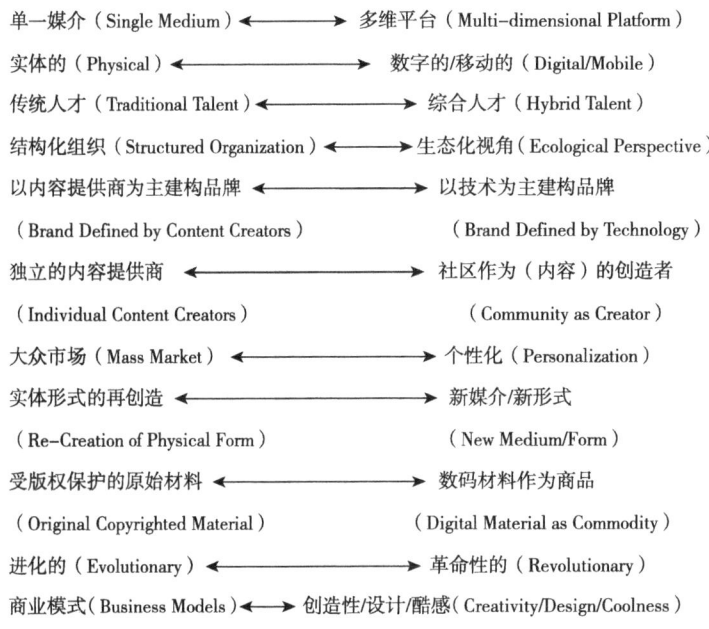

图 6-1

从齐夫教授的研究中不难看出作为传统媒体之一的报纸目前正在经历着哪些变化，这些变化涉及报业内外的各个方面，其中内部的变化包括其组织、人才、经营模式、内容提供商等方面，而外在的变化则有诸如市场、媒介形式、展现内容的平台、品牌的建构等。不论这些变化是来自报业内部还是外部，报纸都努力对每一种变化做出创新的尝试，因此它的创新措施同样涉及很多方面。按照熊彼特（Schumpeter）的划分，创新大致可以分为六个方面，分别是产品创新、市场创新、过程创新、技术创新、结构创新和社会创新。其中产品创新和市场创新主要面向外部市场或顾客，针对其需求适当做出调整，而后四种创新则涉及企业的内部生产和内部管理。六种创新相互依赖、相辅相成：一方面产品和市场的创新依赖于技术和过程的创新；另一方面技

---

① Nina D Ziv. Toward a New Paradigm of Innovation on the Mobile Platform: Redefining the Roles of Content Providers, Technology Companies, and Users [R]. Sydney, Australia: IEEE Conference Proceedings, MBusiness Conference, July 2005.

术和过程的创新又离不开企业结构的创新。而社会创新，如为员工提供更好的工作环境，履行企业的社会责任，则是完成其他创新的最根本的基石。最终，所有创新又都以企业的盈利作为最大的目的。

在报纸的创新过程中，每一个创新或者说有价值的创造多数属于循序渐进式的发展结果，而不是由某个突破性的创新一举引发。也就是说，通常不以技术作为核心产品或服务的行业所经历的创新都是调整的渐进性的创新，这种循序渐进的变化或演进一般都在企业现有的框架结构中进行，因此不会对行业的主要资产和活动产生很大的影响。就像莱昂斯（Lyons R. J. Chatman）所说的："这些行业的创新以一系列长期稳步的变化为特征，这个过程与其说是革命性的（revolutionary），不如说是进化的（evolutionary）。"[1] 美国哥伦比亚大学新闻研究所新闻媒体研究中心主任约翰·V. 帕夫利克曾经提出电子报纸的三阶段发展[2]：第一阶段为"翻版"阶段，电子报纸与其母体——印刷报纸在内容上一脉相承，内容没有大的变化；第二阶段为"创新"阶段，电子报纸的内容和形式开始有所变化，内容除母报的新闻信息外，还包括自动在线服务、分类广告、以往报纸档案、联网服务等内容，大大扩张了信息的覆盖面；第三阶段是消费化阶段，即杰克·富勒所设想的"我的报纸"，由读者根据自己的需求来挑选信息。可以说，帕夫利克的三阶段发展论很好地诠释了报纸循序的渐进性创新的发展历程。从管理学的角度来看，报纸拥有属于自己的核心资产，它的核心资产主要是指作为核心产品的新闻，以及发行印刷版的同时又积极创建网络版等核心活动，这些活动并非完成于朝夕之间，而是循序渐进的创新结果。因此，不管从哪方面来看，报纸的数字化创新主要采取了循序渐进的创新方式。

创新是基础，扩散是保证，创新的推广离不开扩散。罗杰斯将扩散定义为创新通过一段时间，经由特定的渠道，在某一社会团体的成员中传播的过程。这里包含以下两层含义：

第一是扩散的内容具有创新性。也就是说，这是一种未经过检验的新方法或者新观念，因此其未来具有不可确定性。正是因为这一原因，使得很多人和机构对创新望而却步，从而加大了创新扩散的难度。对创新本身而言，它的不可感知属性会影响创新的扩散速度，而不可感知属性包括相对优势、

---

[1] Lyons, R. J. Chatman and C. Joyce. Innovation in Services: Corporate Culture and Investment Banking [J]. California Management Review, 2007, 50(1).

[2] 张咏. 美国电子报纸的发展及展望[J]. 国际新闻界, 1997(6): 22-25.

相容性、复杂程度、可试验性和可观察性。其中，相对优势具体又包括经济利润、较低的初始成本、不舒适感的减少、社会地位、时间和精力的节省以及回报的及时性等。相容性则涉及创新与各种价值观和信仰、以往的各种实践经验以及潜在采纳者的需求相一致的程度。复杂性是指理解和使用某种创新的相对难度。可试验性是指创新在有限的基础上可能进行试验的程度，通常可以分期试验的新想法比那些不可分的创新被更快地得到采纳。而可观察性是指创新成果能够被其他人看到的程度，一般硬件的创新可视性较为明显，而软件的创新则不容易被察觉和看到。① 任何人和机构都是趋利避害的。因此，一般来说，一项创新的相对优势越大，相容性越高，可试验性和可观察性越强，同时复杂程度越低，它就越容易被扩散开来。

第二是扩散的对象是某一特定的社会团体。这就意味着该团体社会成员之间的联结程度和联结方式将会影响扩散的效率与成功与否。由此我们可以看出，一个具有创新性的产品、技术或观念能否成功扩散不仅取决于其本身的质量，也受到其传播对象，即某一特定社会团体的影响。倘若这些团体成员可能具有同质性，这种特性会给创新带来更多的水平扩散而不是垂直扩散。因此，创新从一个阶层扩散到另一个阶层，比创新在同阶层中扩散的效率要相对更低。

除了扩散的对象之外，创新在扩散的过程中还受到其他变量的影响，如：创新决策的种类，在创新决策过程中不同阶段创新扩散中的沟通渠道的性质，创新扩散所在的社会系统的性质，创新代理人在推广创新方面所付出的努力。② 具体来说，如果创新决策的主体是一个小团体，那么在决策过程中主体团体之间首先需要达成共识，这个过程通常比创新主体是单一个体时更为复杂。而决策主体中如果存在行事强硬的领导者，那么创新决策的扩散将会更利于推行。传播渠道方面，如果扩散主要通过点对点的人际传播来进行，那么扩散的速度无疑会受到影响；而如果是通过点对面的网络传播的形式进行扩散，则效率会提升很多。社会系统方面，系统结构的稳定程度、伦理与行业规范、子系统之间相互关联的程度都可能会影响创新的扩散情况。创新代理人方面，由于前期创新扩散的阻碍相对较大，创新代理人的努力在这一时期更为重要，而当创新的采纳率达到一定的程度之后，代理人的作用逐渐减

---

① 埃弗雷特 M 罗杰斯.创新的扩散[M].辛欣,译.北京:中央编译出版社,2002:189.
② 埃弗雷特 M 罗杰斯.创新的扩散[M].辛欣,译.北京:中央编译出版社,2002:189.

小，即使他不再做出很多努力，该创新也会继续扩散。

在报纸渐进性创新的发展轨迹中，从早期报纸的电子版，到电子版向综合网站的转型，再到客户端、社交平台的介入，人们可以清楚地窥得报纸与互联网以及网络技术合作的每一个过程，由此勾勒出报业在数字化创新和扩散中的轨迹。

二、创新与扩散轨迹对比

数字技术的创新加速了网络报纸的诞生，它对报纸其后的发展走向产生了至关重要的影响。国内新闻界普遍认为1993年推出电子版的《圣何塞信使新闻报》是全球第一个在网上发布电子版的报纸，而林穗芳经考证后提出，美国的另一份报纸《沃斯堡明星电讯报》才是最早的连续不断出版的在线报纸，其在1982年就启用了星文（Star Text）BBS系统。因此《沃斯堡明星电讯报》算是美国乃至世界报业数字化的创新者。创新者往往最早从系统外获取并引入创新思想，从而启动创新思想在本系统内的扩散，因此他们是新思想纳入系统的"把关人"，尽管他们本身并不一定受到整个系统内其他成员的尊重。[①] 创新者在系统内率先进行的创新活动并不意味着该项创新会立刻被系统其他成员接纳。按照加布瑞尔·塔德的说法，"发明的过程通常分为三个阶段，起初阶段进展很慢；接下来第二阶段的进展很快，并且呈一定的加速度向前推进；进入第三阶段之后，进展又缓慢下来，直至停止。"[②] 罗杰斯则用S形曲线来说明创新采纳的过程。在早期的每个时间段里，因为只有很少的创新采纳者，S形曲线上升很慢。当系统内的半数成员都已采纳时，S曲线加速上升，达到最大值。之后，S曲线又以相对缓慢的速度上升，因为系统里剩下越来越少的成员加入采纳者的行列中来。

从网络报纸在美国的发展来看，当《沃斯堡明星电讯报》率先对接上互联网，启动星文系统时，并未在美国以及全世界范围内引发多大反响，这正是罗杰斯所说的S形曲线上升很慢的时期。当然，这一时期创新采纳的缓慢也与网络技术本身的不完善有关。

直到1994年，网络报纸的发展逐渐有了起色，据统计，1994年美国上网的报纸有几十家，这几十家正是罗杰斯所划分的占据整个系统13.5%的早期

---

① 埃弗雷特 M 罗杰斯. 创新的扩散[M]. 辛欣, 译. 北京: 中央编译出版社, 2002: 247.
② 转引自埃弗雷特 M 罗杰斯. 创新的扩散[M]. 辛欣, 译. 北京: 中央编译出版社, 2002: 189.

采纳者。罗杰斯认为，早期的采纳者在多数系统中最能把握舆论导向。潜在的采纳者往往从早期采纳者那儿得到有关创新的信息和建议，他们在采纳创新方案前通常向早期采纳者咨询。早期采纳者往往被创新机构视为当地的传播者以加快扩散进程，这是因为他们往往比社会系统内的普通个体更具有创新性，但并不远远超出普通个体，因此他们是系统内许多成员效仿的榜样人物。早期采纳者在1994年的出现与互联网浏览器的诞生有很大关系，网景浏览器的推出使得美国以及全球的互联网用户以及上网人数急剧攀升，由此引发了一场网络冲浪的高潮。互联网的兴起直接带来了网络报纸的发展，自1994年之后，网络报纸的创新采纳过程逐步进入加速上升的时期，即所谓的"起飞期"。罗杰斯指出，创新事物在一个社会系统中要能继续扩散下去，首先必须要有一定数量的采纳者，通常这个比例是10%~25%，也就是说S形扩散曲线是在10%~25%的采用比时"起飞"的，这是因为此时的人际关系网活跃，大量的采用者开始使用创新方式。据美国报业协会和Quill Report的统计，1995年，全美共有1 500多家日报，其中有150家创办了网络报纸，而到1996年4月，开设网络版报纸的数量则达到了175家，[①] 这意味着从1995年开始，网络报纸的创新采纳百分比已经达到了"起飞期"的标准10%~25%，进入S形扩散曲线的"起飞期"。按照罗杰斯对创新采纳者的划分，这一时期的采纳者属于"深思熟虑的早期大多数"的范畴。罗杰斯认为，早期大多数指的是系统内比普通成员略早地采纳创新的群体。他们在扩散过程中具有独特的地位，接受创新的时间位于早期采纳者和晚期采纳者之间，是扩散链中的重要一环，在人际关系网中起着承上启下的作用。早期大多数相对比较谨慎，他们在做出采纳创新的决策之前通常要考虑一段时间，最终会谨慎地跟随这种潮流，但很少会领导这种潮流。在所占百分比中，早期大多数是5种采纳者中人数最多的一个类别，占据整个系统的34%左右。

除了创新者、早期采纳者和早期大多数之外，罗杰斯所提出的另外两类采纳者分别是持怀疑态度的后期大多数和墨守传统的落后者。后期大多数是指比普通成员还稍晚采纳创新的采纳者，他们和早期大多数一样，占据整个系统成员的34%。后期大多数采纳创新可能是出于经济利益的考虑，也可能

---

① The National Newspaper Association. Total Paid Circulation [EB/OL]. [2017-10-20]. http://www.naa.org/TrendsandNumbers/Total-Paid-Circulation.aspx.

是出于来自周围的压力，他们对创新总是抱着小心翼翼和怀疑的态度，因此只有系统内的大多数成员采纳了创新之后，他们才会跟随。落后者是社会系统内最后采纳创新的群体，占据整个系统成员的 16%。落后者在决策过程中参考的对象往往是过去，其交往的对象也多为具有传统价值观的个体。由于守旧的价值观和有限的财力物力，落后者对创新通常抱根本性的抵制态度，只有确信创新方案不会失败，他们才会采纳。以此来看，在美国 1998 年之后才创立网络版的报纸属于后期大多数和落后者的范畴，这是因为，根据彭尼·帕加诺（Penny Pagano）在美国《新闻学评论》上的文章显示，截至 1998 年年底，全美已有 60% 的报刊完成了上网[1]，即接纳了网络报纸的创新，那么剩余 40% 的报纸不是落后者就是后期的大多数。

如果按照 1982 年《沃斯堡明星电讯报》的《星文》BBS 系统是世界上最早的报纸"触网"产品的说法，中国报纸的数字化进程起步则比西方相对稍晚。中国报纸的首次触网行动是在 1993 年 12 月 6 日，即《杭州日报》（下午版）通过杭州市的联机服务网络进行传输。据统计，到 1995 年年底，中国第一批上网的报纸有 7~8 家；到 1996 年年底，中国上网的报纸增长到了 30 家，而当时中国的报纸数量已经增长到了 2 089 种。这就意味着，截至 1996 年年底，中国报纸采纳数字化创新的比例大约为 1.4%。按照罗杰斯对采纳者的划分比例，我国在 1996 年年底之前进行数字化探索的报纸都属于创新者的角色。1997—1998 年，我国报纸上网掀起了新高潮。到 1998 年年底，全国电子报刊总数达到 127 家，占当时共 2 149 家报纸总数的 5.9%。从 1999 年开始，中国报纸掀起了第二轮上网的高潮，一批冠名某某网、某某在线的报纸网站悄然诞生。到 1999 年 6 月，根据中国互联网信息中心的数据显示，全国的电子报纸共有 273 家，占报纸总数的 12.7%，而到了 1999 年年底，我国全国上网的报纸近 1 000 家，占所有报纸总数的 46%。根据这一测算，可以发现 1997—1999 年上半年"触网"的报纸仍然都属于采纳创新的早期采纳者，而从 1999 年下半年开始"触网"的报纸到 2000 年则被划分到早期的大多数范畴。到了 2006 年，全国电子报刊的数量达到了 1 450 家，约占总数的 67%。将这些数据与罗杰斯采纳者分类的比例进行换算，笔者初步勾勒出了中国和美国报纸在数字化创新中的采纳时间和角色，详见表 6-1。

---

[1] 匡文波.网络媒体概论[M].北京:清华大学出版社,2001:15.

表 6-1　中美报纸采纳数字化创新的时间与角色分布

	创新者	早期采纳者	早期大多数	后期大多数和落后者
美国报纸	1982—1993 年	1994—1995 年	1995—1998 年	1999 年以后
中国报纸	1993—1996 年	1997—1999 年上半年	1999 年下半年—2000 年	2001 年以后

从表 6-1 中可以清晰地看到，中、美两国的报纸在数字化的探索过程中其时间轨迹具有高度的相似性。在第一个阶段，美国作为报业数字化的创新先驱，其探索和扩散路径更为漫长，这不仅是因为创新前景的不确定，更大程度上也是受制于网络技术本身的不完善。而中国报纸的数字化探索起步要比美国晚，可以说在一定程度上受到了西风东渐的影响，因此在技术、模式上都具有了更多的可参考的经验，因此这一过程所花费的时间更短。在后几个阶段，中国和美国报纸的数字化扩散速度大体相当，其采纳速率分别都是一年和三年，并各自在 1995 年和 1999 年达到起飞的临界点。因此，虽然美国报纸数字化创新的时间比中国早，但到后期中国报纸的网络化发展非常快，两国在时间上的差异已经非常接近。从世界范围来看，大多数国家的报纸创建网络版的时间都在 1993—1994 年。可以说，中外报纸在数字化的浪潮中几乎站在同一条起跑线上，共同迎战来自互联网的冲击。

三、创新角色及其成因

在这场数字化浪潮中，中国和美国的主流报纸都能审时度势，及时抓住互联网带来的机遇，较早地搭乘上网络的诺亚方舟。以美国为例，美国的几家知名大报如《纽约时报》《华尔街日报》《今日美国》在数字化转型中都充当了早期的大多数的角色，它们分别在 1995 年和 1996 年开辟了报纸网络版。为什么这几家大报在网络报纸的采纳中既不是早期的采纳者，也不是后期的大多数，而偏偏都是早期的大多数呢？笔者认为原因有二：其一是三大报在 20 世纪 90 年代中期发展态势相对良好。所谓"穷则变"，无论是组织还是个体，只有在遇到困难或发展瓶颈时才会思及变革和创新，以突破瓶颈、解决困难。试想，一个运营状况良好且收入稳定的企业通常不会愿意打破现有的、已被实践检验的、成熟的体系去寻求任何未知的创新，报纸企业也是一样。尽管当时美国报业已经感受到了来自因特网的冲击，但毕竟因特网本身也才刚刚流行，对于实力雄厚、知名度高、发行量排名前三的《纽约时报》《今日美国》《华尔街日报》来说影响并不算很大。在这种情况下，它们没有必要当第一个吃螃蟹的勇士,打破目前相对稳定的状态。因此,这三家报纸都没有率先采纳网络报纸的创新,而是深思熟虑地观望了一段时日。其二是作为行业的领军者,三大报拥有优秀的市场分析和预测团队,在经过了对创新者和早期采纳者的考察以及对网络市场的分析之后,它们看到了互联网的发展速度,也认同了它的发展潜力,因而迅速做出决策接受网络报纸的创新。由此可见,这三大报纸的应变能力普遍较强,从采纳的时间上看,它们甚至比其他的早期大多数更快地接纳了此项创新。

中国的主流报纸不是早期采纳者就是早期的大多数。如本书重点关注的《人民日报》和《浙江日报》在数字化转型中都充当的是早期采纳者的角色,其接受创新的速度比《纽约时报》等商业报纸更快,这也充分说明了党报的灵活性和创新性,以及其在应对挑战时的顽强生命力。与此同时,《人民日报》作为中共中央的机关报在中国报业中具有舆论领袖的地位,当它开始采纳创新时,等于向中国报业释放了"党报也要拥抱新媒体"的信号,其影响意义非同一般。在《人民日报》之后,许多党报和商业报都纷纷效仿,先后走上数字化转型的道路,掀起了又一轮报纸上网的热潮。因此,在早期大多数这一采纳比例中,美国报纸用了三年达到了罗杰斯所说的34%的采纳者比例,而中国仅用了一年多的时间,由此使得中国报纸在采纳创新的效率上比美国报纸要高。

从20世纪80年代美国《沃斯堡明星电讯报》早期的"触网"探索,到20世纪90年代互联网报纸的创办,再到20世纪90年代末世界各国基本完成早期大多数的采纳过程,网络报纸用了十来年的时间基本完成了它的创新扩散过程。毫无疑问,网络报纸的扩散速度相比其他创新更为快速,而不同的扩散速度又与创新的特征有着紧密的联系。[①] 罗杰斯认为,创新的特征包含5个方面的内容,即相对优势、相容性、复杂性、可试性和可观察性。相对优势是一项创新比它所取代的方法具有的优势,它可以用经济因素、社会声望、便利性、满意度来评价。一般来说,一项创新的相对优势越大,它被采用的速度就越快。

对于美国的网络报纸来说,采纳者对其经济利益的考虑是首要的。[②] 张咏华在《中外网络新闻业比较》中提出了美国网络新闻业"快、新、特"的三

[①] 埃弗雷特 M 罗杰斯.创新的扩散[M].辛欣,译.北京:中央编译出版社,2002:189.
[②] 埃弗雷特 M 罗杰斯.创新的扩散[M].辛欣,译.北京:中央编译出版社,2002:189.

个特点，认为在这三个特征表象背后是深埋于美国社会背景之下的市场竞争逻辑。[1] 美国的报纸企业和其他企业一样自主经营、自负盈亏，它的生存和发展自始至终都受到市场利益的驱动，而网络报纸的创新恰好具有经济因素上的相对优势：一方面，将报纸搬上网络可以节约纸张、印刷、发行等经济成本；另一方面，网络报纸还可能吸引网络广告，扩大其收入来源。尽管当时互联网的广告收入还不到全美报纸广告收入的1%，但是要知道，互联网广告收入的增长速度极其迅猛：1994年互联网商业广告刚刚出现便创下了当年1 200万美元的纪录，第二年这个数字增长了358%，第三年又在前一年的基础上增长了445%，而这一切对于任何其他行业来说都是一个巨大的诱惑。因此，单凭这一点就得以带来网络报纸的加速扩散，就像美国经济学家格瑞利切斯所说的，"在决定技术创新模式的因素中，社会因素会渐渐隐退，而经济因素将起到主要的决定性作用"。[2]

此外，相容性、复杂性、可试用性和可观察性也是影响创新采用速度的因素。相容性是指一项创新与现存价值观、潜在接受者过去的经历以及个体需求的符合程度。在这点上，网络的出现和普及为网络报纸的创新奠定了基础，可以说几乎所有的潜在接受者都对互联网有一定的了解和运用，因此在价值观上相对容易接受，在具体实践上也能较快上手。而可试用性和可观察性则指创新被实验和观察的可能性，这对于网络报纸的创新来说都不是问题。由此可以看出，网络报纸的创新具有很大的相对优势，同时相容性好，可试性高，并且也不那么复杂，因此在美国乃至全世界获得了较快的采用速度。

对于中国报纸来说，经济因素也是报纸数字化转型中不可或缺的一个考量因素，这与中国报业组织属性的变革不无关系。1949年新中国成立之初就在当年12月26日的全国报纸经理会议决议中指出："报纸的经营，必须采取与贯彻企业化的方针……必须把报社真正作为生产事业来经营，逐步实行经济核算。"然而随着计划经济的展开以及受到极"左"思潮的影响，媒介市场逐渐萎缩。尤其在"文革"期间，报纸实行企业化管理的方针被迫中断。1978年十一届三中全会以来，《人民日报》等7家报纸经批准实行"行政事业单位，企业化经营管理"，报社的组织属性发生变化。到了20世纪90年代初，全国多数党报与财政"断奶"，实行自收自支、自负盈亏。1996年6月，

---

[1] 张咏华.中外网络新闻业比较[M].北京:清华大学出版社,2004:66-67.
[2] 张咏华.中外网络新闻业比较[M].北京:清华大学出版社,2004:195.

新闻传播业产业化改革出现标志性转折,中共中央、国务院发布《关于加快发展第三产业的决定》,把报刊、广播电视划出党政机关,归属第三产业。1999年9月,中办、国办联合下发《关于调整报刊结构的通知》,提出"政报分离"原则,要求各级报刊都要面向市场、自负盈亏。这实际确定了改革的方向,即实现由机关管理模式向企业经营模式的转变,使报纸企业成为真正的市场主体。2003年中办19号文件及实施细则进一步明确,"中央党政部门所办报刊,要与部门实行管办分离,由读者自费订阅","对主要在本系统内自办发行,读者自费订阅数量不足发行总量50%的部门报刊,予以停办"。[1] 这就意味着,中国报纸将同西方私营化的报纸一样在媒介市场中面临残酷的竞争,经受读者和市场的检验。而数字化创新,有利于增加报纸的竞争力和影响力,乃至扩大收入来源,因此成为各家报纸的选择。

与美国不同的是,除了受到经济因素的推动之外,中国报纸的集体"触网"行动还受到国家政策环境的影响。1999年5月,中国驻南斯拉夫大使馆遭到以美国为首的北约集团的导弹袭击,中共中央从此次事件中看到了利用互联网传播信息的重要性,更加明确了必须占领互联网这一阵地的决心,以加强传统新闻媒体的地位,迅速改变中国在互联网传播中的被动局面。[2] 为此,党中央自2000年开始全面部署,逐步推进互联网新闻网站的建设,以期有规划地建立涵盖中央、省、区、直辖市、计划单列市的三级新闻网站,形成有中国特色的网络新闻传播体系。2006年8月5日,新闻出版总署在北京启动了"数字报业实验室计划",该项目后被正式列入《全国报纸出版业"十一五"发展纲要》(以下简称《纲要》)中。《纲要》明确指出,确立数字报业发展战略,就是要积极应对传播技术变革挑战,重塑报纸出版业的行业边界和业务形态,推动多元传播格局下报纸出版方式和报业经营模式的转型,实现报业核心竞争能力与信息网络传播技术的深度融合,牢牢把握数字化、网络化条件下舆论宣传和市场竞争主导权。[3] 政府的介入与大力推动无疑成为报业采纳数字化创新的强心剂,因此中国报纸在数字化创新的推广中相对顺利,用了十年不到的时间就让大多数报纸接受了这一新形式。

---

[1] 赵念民.产业背景下的报纸流程再造研究[J].青年记者,2006(1):10-19.
[2] 马涛.中国报业数字化30年[M].北京:中国传媒大学出版社,2014:50.
[3] 曾凡斌.发展数字报业战略的关键点及需要注意的问题[J].中国报业,2006(10):23-27.

第二节　中美报业转型路径比较

进入 21 世纪以来，报纸面临了自其诞生以来的最大变革，这次的变革和以往的变革既有相同之处，亦有不同之处。不同之处在于，此次报业所面临的是结构上和形态上的彻底变革，报纸从单一的"原子"形态向数字形态发展，传统以新闻纸作为载体的报纸日渐式微，最终甚至有可能消失于历史的洪流之中。相反，以新媒体作为载体的数字报纸却一步步登上历史的舞台。而相同之处在于，报业资本追逐利润的本性并没有改变，也正是在经济利益的驱动下，报纸选择将经营的重心从原来的印刷版转向新兴的网络版和移动版，试图依靠新媒介数字化的力量继续追逐企业利润的最大化。

一、报网互动：转型初期的共同选择

美国和中国的报业在面对互联网的强势冲击时都不约而同走上了报纸—网站—依托社交媒体平台—建立自己 App 的相似路径。其中，网站是报纸转型的第一选择，其选择的时间在 20 世纪 90 年代中期。尽管美国报纸初次触网的时间较中国报纸更早，但早期的报纸在触网后几乎没有任何创新，仅仅为报纸内容的照搬照抄，而对于报纸来说，也只是多了一个刊登的平台而已。因此，从这个角度来说，触网早个 3~5 年的意义并没有多大，可以说，中国和美国的报纸在报纸转型的早期基本处在同一起跑线上，都抢得了互联网发展的先机。由于这一时期大型互联网网站和其他公司尚未起步，传统媒体仍然具有得天独厚的优势地位，因而被视为是报业媒介融合的黄金时期。遗憾的是，美国和中国的报纸虽然都意识到了互联网的威力，且在业态上都形成了先发的优势，但在触网之后两者都缺乏有效的创新和应对举措，因此共同错失了这一融合的黄金时期。

进入 21 世纪之后，随着互联网技术的发展，雅虎、新浪等国内外知名门户网站逐渐崭露头角，美国和中国的报业终于在历经蹉跎后开始探索报网互动的方式，以期增强其网站的影响力。但在这一过程中，团队的创业精神是打赢这场创新之战的关键所在。例如，在中国，由于体制原因，人民网无法构建类似三大门户网站那样以团队为主导的股份架构和决策机制，难以给予团队和负责人以富有竞争力和吸引力的股权期权制度，也无法及时引入风险投资。双方在机制上没有实现创新所需要的突破，是近 20 年发展缺乏持久性

和延续性的症结之一。① 而美国各报业集团所做的调整也基本上是在不触及其公司体制和核心架构上的小打小闹。这就决定了美国与中国的报业在数字化转型中缺乏创新的根本动力，因而在渐渐丧失了优势。

当互联网的发展进入到移动化时代之后，基于互联网的企业迎来了大行其道的发展时机。社交媒体在增进受众与传播者之间互动的同时也使得传受之间的角色发生转换。传统的内容消费者转变为内容的消费者兼生产者。在此背景下，报纸原有传播模式的弊端愈发明显，因此借助社交平台成了中美两国报纸转型的不二选择。尽管搭乘上了社交媒体的平台，但此时的传播环境和受众已然不同，报纸逐渐退出传媒主流市场，被挤入行业的边缘。为了增加报纸的收入，美国许多报纸纷纷建立"付费墙"，试图通过电子订阅的收入来弥补报纸纸质版发行量和广告的下滑。然而，由于国情不同，中国建立付费墙的报纸并不多。《人民日报》虽然曾经尝试过付费墙的模式，但历经几年的探索，付费墙最终被取消，这也从侧面反映了在中国对报纸网络版收费的赢利模式并不可行。除了搭乘社交平台的快车之外，在 Web 2.0 时代，美国和中国的媒体还都积极开发自己的客户端，力争通过客户端的优质内容和新颖形式吸引受众，增加受众黏性。从早期的报网合一，到之后的报网互动，再到打造客户端，美国和中国的报纸在向互联网转型的道路上做了大量尝试，也都各有亮点，但收效一直不甚显著。这主要是因为：一方面它们都没有把握住最佳的发展时机，等它们真正确立"数字报业"的发展战略之后，市场上的互联网企业已经成长并强大，传统报纸只能望其项背，难以赶超，由此报纸转型的难度加大；另一方面，它们后续的许多改革虽然花样繁多，但都缺乏明确的思路，改革效果大多不明显。受传统空间观和价值观的束缚，报纸在涉及核心问题的改革和执行时往往陷入困境。因此，无论从传播影响力还是从赢利能力来看，两国的报业都失去了引领时代的能力，更无法和如日中天的互联网公司同日而语。

二、独立与跨界：深入转型的不同战略选择

媒介融合初期，美国和中国的报业在转型道路的选择上都采取了从纸媒到网站，再到客户端的发展路径，扩大了原有纸媒的传播范围。然而这样的

---

① 方兴东,潘斐斐,李树波.新媒体之道与媒体融合战略选择——纽约时报与人民日报媒体融合20年历程与经验比较研究[J].新闻记者,2016(1):74-81.

转型只是 1+1 的简单相加，仅仅是同样的内容在三个不同平台的分发，从本质上并没有改变报业企业的本质。报业的数字化经过 20 多年的发展，其媒介融合已经进入深水区，传统的渠道叠加、范围拓展，乃至部门融合都难以彻底满足传统媒体与新媒体深度融合的需要。深水区的媒介融合更多需要的是企业的互联网思维和互联网基因，这就要求报业组织摆脱原有体制的束缚，走上独立的跨界融合发展之路。中国的报业集团虽然在触网时间上相比美国报纸略晚，但在独立发展、跨界发展等方面却拥有比美国同行更广阔的空间，更具有前瞻性的思维，这也决定了两个国家的报业集团在转型深水区不同的战略选择。

美国的报业集团成立时间较早，对报纸的影响根深蒂固。1999 年，纽约时报集团成立独立核算的数字纽约时报部门，负责《纽约时报》网站和波士顿环球网在内的多个网站的业务，并设有各种类型的数据库以供读者查阅。集团为该部门确立了独立发展的路线，并准备融资上市。然而，随着互联网泡沫的破灭，数字纽约时报公司独立发展的道路受挫。2004 年第三季度，纽约时报报纸集团和数字时报公司被合并为新闻媒体集团，与时报集团旗下的广播媒体集团并行。这次调整是纽约时报集团发展上的一个重大拐点。因为，放弃了数字时报公司独立自主发展的战略，也就失去了后来跟上发展趋势的创新的各种可能性，从此走上了一体化的不归路。[①]《华尔街日报》的多元融合战略也是将旗下的报纸、新闻网站、广播、视频电视、视频杂志、平板电脑和智能手机报纸、新闻信、时尚杂志、财富管理杂志各个平台相互统合，所有的内容生产都围绕传媒行业展开，各个平台之间形成协同效应，相互补充，相得益彰。在传媒行业之外，《华尔街日报》通过其无关多元化战略将其经营范围突破报纸行业以及传媒行业，通过向其他行业渗透来分散媒体组织的经营风险，并获得不同利润来源。《华尔街日报》的无关多元化战略突出表现在日报进军电子商务行业，借助品牌开展电商业务。[②] 如，它通过"红酒俱乐部"在线售卖红酒，通过在线旅行社经营旅游业务。然而，不管其当时的多元化战略有多么"多元"，其所有的发展都以传媒行业作为基础，资本的运作与管理也都没有形成相对独立的空间。

而纵观《人民日报》与人民网的发展可以发现，双方关系经历了由一体

---

① 方兴东,潘斐斐,李树波.新媒体之道与媒体融合战略选择——纽约时报与人民日报媒体融合20年历程与经验比较研究[J].新闻记者,2016(1):74-81.
② 张利平.华尔街日报的媒介融合战略[D].武汉:武汉大学,2014.

到独立的转变。1997年人民网成立时,其作为下属部门隶属于人民日报社体系,一直以人民日报网络版的身份自居。即使在2000年,人民日报社网络中心正式启动,网络版编辑部更名为网络中心,以及之后"人民网"正式启动新域名,并在第16届世界计算机大会展会上首次亮相后,人民网依然只是《人民日报》的影子,没有形成自己的影响力和知名度。人民网原总裁何加正在采访中透露,他第一次出差介绍自己是《人民日报》网络中心副主任时,却被询问"网络中心是架线的吗?"他告诉对方就是人民网,结果对方没有人听说过人民网的名号。2002—2003年这两年间,由于体制等原因,人民网步入发展低谷。与此同时,兄弟网发展突飞猛进,人民网一时间陷入内忧外患的窘境。① 2003年6月,在人民日报社编委会确定了何加正为人民网第一责任人后,他对人民网进行了人事制度改革和组织架构改革,破除了人民网内部事业编、社聘、网聘的不同身份区别,完善领导班子,给每个人竞聘上岗的机会。

事实上,人民网在2000年就开始谋划取得制度和财务的独立,摆脱人民日报社的主导。这一愿望在2003年得以实现。2003年,在何加正的努力下,人民网成立了自己的财务部,收入上稳中有进。2006年,人民网已经可以不依赖于政府补贴而自主经营,基本获得了财务的独立性。自2008年起,人民网成立了上市工作领导小组,着手准备转体改制和上市工作。2010年,人民网股份有限公司正式宣告成立,这标志着人民网转企改制工作进入实施阶段。同年6月20日,人民网完成了转企改制,并且通过股权换置解决了和环球网之间的同业竞争问题。2011年,国新办下发了《关于积极推进新闻网站转企改制和上市融资的意见》,明确提出要争取在2011年实现新闻网站在A股市场上零的突破。2012年4月27日,人民网在上海证券交易所正式上市,如《人民日报》所言,创造了两个第一:第一家在国内A股上市的中国新闻网站;第一家整体上市的中国新闻媒体。这两个第一掀起了股市的传媒热潮,也推进了我国文化体制的改革。在何加正看来,上市只是人民网发展的一个阶梯,只是一个新的开始。人民网要想有长远发展,就一定要找到真正具有创新意义的互联网媒体盈利和发展模式。② 在这其中,注入企业运营因素,引进战略投资者必不可少。因此,在人民网之后的发展道路中可以看到,人民

---

① 刘春云,史江民.眼光与脚步——访人民网原总裁何加正[J].中国报业,2016(11):38-41.
② 刘春云,史江民.眼光与脚步——访人民网原总裁何加正[J].中国报业,2016(11):38-41.

网的运作更像是一个独立的公司，它的业务范围早已跳出了传媒行业，形成了广告+移动增值+信息服务+技术服务的新媒体模式。

与人民网相比，浙江日报报业集团的改制和上市之路启动得更早。2002年由集团出资设立的报业集团有限公司，董事会与集团党委会是一套人马，党委书记和社长兼任董事长，以集团对公司的产权关系为纽带，负责集团各类经营性业务的管理及运作。[①] 自2003年浙报集团成立钱江晚报公司之后，按照"一媒体一公司"的理念，浙报集团下属14家系列媒体经营公司进行了"两分开一本账"的运作与管理。"两分开"指的是采编与经营的分开，即报纸与采编有关的业务与资产留归相应报社管理；而广告、发行、印刷等报刊经营业务则由各媒体公司具体经营。"一本账"则是指采编与经营在具体操作过程中虽然分开，但在考核过程中却被统合为一个主体共同接受浙报集团考核。"两分开一本账"的实质是独立经营、统一管理，在这一理念的基础上，浙报集团在之后的转企改制中继续深化"两分开"的做法，如在人事制度上消除了事业编和非事业编的差别，用薪酬奖励来激励创新，这些做法为后来浙报集团的上市奠定了坚实的基础。2011年9月29日，浙报传媒成功在上海证券交易所上市，成为全国第一家媒体经营性资产整体上市的报业集团，也是浙江省第一家上市的国有文化集团。因为上市，一些长期困扰传媒组织的体制和机制障碍被消除。这一点也如同为上市公司的北青传媒股份有限公司总裁孙伟所指出的：北青传媒上市后给北京青年报社带来的改变表现在管理制度上，就是传统的媒介管理体制变得更加"企业化"和"国际化"，上市破除了制约企业的机制性障碍，使之更加适应现代市场环境的需要。[②] 上市之后的浙报传媒具有更强的内生动力，更规范的组织制度，更为重要的是，它在理念上正在逐步摆脱传统媒体运营理念的束缚，而与其他非传媒类上市公司站在了同一起跑线。"互联网基因"成为深深印刻在每一位浙报传媒员工脑海中的核心理念。

方兴东认为，传统媒体与新媒体业务的关系取决于三个方面：一是要看人员和内容是否独立，是否高度重合；二是要看人事和财务是否完全独立；三也是最关键的一点，即资本结构是否独立，看是百分之百控股，还是具有

[①] 沈志华,周小华.体制和责任制:报业成本控制的关键——浙江日报报业集团经营体制改革启示[J].中国报业,2005(8):73-74.

[②] 潘祥辉.嵌入新场域:股改上市对传媒业单位体制的改造及影响[J].南京社会科学,2017(12):112-118.

外部股东或者团队股份。他认为上述三点可以区分是单独的部门,还是相对独立的事业部或者子公司,抑或是真正彻底独立的主体公司。① 按照这一标准,不难看出,不管是纽约时报集团,还是道·琼斯集团或甘尼特集团,它们都脱胎于传统媒体,在成为上市公司之后依然以传统媒体为主营业务,其数字报纸部门都没有脱离母公司而成为独立的主体公司,因此它们的数字报业转型只能与母公司继续保持一体化的发展方向。人事和财务上依附于母公司,资本上难以独立,适应互联网浪潮的深度转型将更为艰难。

相比之下,人民网较早就从人民日报社中取得内容、管理和财政的独立,从而脱离了对母体的依赖。相对的独立性使得它在转型过程中较少受到传统体制、传统思维的束缚,而更能放开手脚大胆革新。如2014年,人民网就开始进军互联网医疗、互联网金融和在线教育等领域,在互联网平台找到了更广阔的发展空间。如果说独立与上市是人民网发展的重要转折点,那么上市与跨界则是浙报传媒的制胜法宝。自上市以来,浙报传媒实行了一系列举措,壮大资本力量,打造资本航母,从房地产行业到游戏行业再到网络娱乐行业,它的盈利点和盈利招数比《纽约时报》要多得多。

第三节　中美报业的网络运营模式比较

马克思主义唯物史观认为,经济基础决定上层建筑,而与经济基础直接相关的物质生产活动是人类最基本的实践活动,也是人类赖以生存和发展的基础。人类在实践活动中从事经济生产和运作,经济的发展又反过来推动社会的进步。传媒系统作为社会系统的一个组成部分,同样与经济运作有着密不可分的关系。

一、市场逻辑与网络媒体的运营模式

丹·席勒在《数字资本主义》中分析了美国的新自由主义市场理念以及政府干预对网络发展的影响,认为网络以及网络技术获得如此巨大发展的一个最重要的原因是美国的大型企业对于全球化利益的追逐,这种对利益的追逐甚至影响到了美国政府的决策,引发了政府对网络的两次大幅度干预:即

---

① 方兴东,潘斐斐,李树波.新媒体之道与媒体融合战略选择——纽约时报与人民日报媒体融合20年历程与经验比较研究[J].新闻记者,2016(1):74-81.

建立跨国网络系统和解放电子商务。这两项决策对美国的跨国公司和网络媒体的运营模式产生了直接的影响。跨国网络系统是指采用一种系统的、统一的方式进行国际网络通信与数据传输，它意味着企业的生产和销售得以从原来狭小的国内市场扩展到广阔的国际范围。席勒认为，在这种范围不断扩大的生产与销售领域内，资本重组导致了劳动重组：业务程序网络化提高了企业管理人员处理工作与工人关系的能力；网络化生产链条帮助劳动过程及工种突破了之前的限制，因此"跨国公司在决定在何处从事某项生产活动以及用多长时间可以找到这样一个生产地点方面获得了更多的灵活性"[1]。而这一切都源于网络与资本主义的结合，席勒指出，"因特网恰恰构成跨国程度日益提高的市场体系的核心的生产和控制机器……因特网以及与之密不可分的整个电信系统构成了这种史诗般跨国化经济活动的首要特征"[2]。毫不夸张地说，因特网由经济利益而生，为经济利益而活，因此网络媒体在它的诞生与发展过程中从来没有放弃过对经济利益的追逐，它用各种途径和方式努力使自己达到利益的最大化。

和传统媒体一样，广告也是网络媒体赢利的一个主要手段，但是闵大洪认为，由目前网络媒体广告收入的现状及网络媒体本身的特性和功能来看，广告当时不可能成为网络媒体最主要的营收手段，而网络媒体也不可能有单一的适用于所有网站的赢利模式，而应当有多种赢利模式。为此，闵大洪进一步提出了网络媒体赢利的八种模式。[3] 一是信息内容收费。这种模式通常要求信息和内容的质量要高，替代性要低，同时付款机制方便完善，消费者付费观念健全，上网费率要低等。目前中外网络媒体信息内容营收模式主要有三类：①新闻和信息内容打包向其他网站或媒体销售；②用户付费方能浏览网站；③用户付费进行数据库查询。二是服务功能收费，即网络通过为用户提供各类标准服务或 VIP 服务收取费用。服务范围可以是为用户提供各种实用的信息，也可以是为用户提供功能性的便捷服务。三是手机短信收费。随着移动网络的兴起，手机短信新闻订阅成为比较流行的一种信息获取方式，因此这个新兴的领域不仅给移动电信运营商带来了丰厚的收入，也给网络媒体提供了赢利的契机。四是手机短信新闻订阅，即网络媒体通过搭建电子商务平台销售各类产品，这也是比较常见的一种赢利模式。五是网络接入，即

---

[1] 丹·席勒.数字资本主义[M].杨立平,译.南昌:江西人民出版社,2001:58.
[2] 丹·席勒.数字资本主义[M].杨立平,译.南昌:江西人民出版社,2001:12.
[3] 闵大洪.网络媒体赢利模式探析[J].现代电视技术,2003(7):106-109.

传媒集团将业务范围从内容的提供扩展到宽带上网服务、网络互动电视服务等，如台湾的东森集团，这种模式对传媒集团的规模和实力要求较高。六是多种经营。网络媒体可以和其他媒体一样，开展与本身相关或无关的多种经营业务，如提供网络广告制作、域名注册、主机托管、空间租赁等，也可以利用自己成熟的技术向其他客户提供建设网站服务。七是宽带新服务，即网络媒体可以在原有的基础上尝试给用户提供更丰富和多元和内容服务模式，如在线游戏、影视作品的在线观看和下载等，满足用户更高层次的需求。八是网络广告。广告不仅是传统媒体主要的赢利模式，也是网络媒体的一项主要收入。尽管在广告市场方面，网络媒体暂时还无法与传统媒体争锋，但毕竟是其营收不可忽视的一个方面，且近年来始终保持着增长态势。闵大洪提出的上述八种模式较全面地涵盖了网络媒体已经、正在或者可以尝试的赢利项目，然而，对于目前的网络报纸来说，其赢利的方式还远远没有如此之多。

按照美国传播学者约瑟夫·多米尼克的观点，目前在因特网上获利主要有三种途径：创建内容吸引人的网站，使人们乐意出钱看它；在线出售商品或服务；出售广告。① 多米尼克提出的这三种途径与张咏华的观点较为一致。张咏华在《中外网络新闻业比较》中认为，由于网络新闻业的历史较短，尚且没有固定的经济运营模式，而只是处在一个探索阶段，因此她提出了三种经营模式的探讨：一是付费订阅，《华尔街日报》就是这种模式的典型；二是电子商务，《纽约时报》和《今日美国》都推出了这项业务；三是网络广告，这也是网络报纸最先尝试的赢利方式。② 结合张咏华和多米尼克提出的这三种模式，以及闵大洪提出的八种模式，笔者接下来将分别探讨《纽约时报》《华尔街日报》《今日美国》网站的运营模式。

二、美国主流报纸的网络运营模式分析

纽约时报公司是一家以报业为经营核心的传媒集团，其业务范围涵盖了报纸、广播电视和网络等多个领域，这里主要探讨《纽约时报》网站的运营状况。众所周知，《纽约时报》网络版在20世纪90年代就曾经尝试对海外读者收费，在2005—2007年又设立"时报精选"（TimeSelect），对社论和存档新闻收费，但是这些尝试最后都无疾而终。也就是说，在2011年3月《纽约

---

① Joseph R Dominick. Dynamics of mass communication:media in the digital age[M].New York:McGraw-Hill,2004:315.
② 张咏华.中外网络新闻业比较[M].北京:清华大学出版社,2004:94.

时报》正式宣布网络新闻收费之前，它的网络版基本属于免费对读者开放。此时，它主要的收入来源应当包括以下几个部分。

（一）时报网站"档案库"（archive）的收费

《纽约时报》网站于1998年开通了"档案库"，为读者有偿提供从1851年迄今为止的《纽约时报》的所有报道内容。检索该档案库的方式有两种：一种是登陆ProQuest数据库进行检索；另一种则是通过《纽约时报》网站的搜索功能直接检索。档案的内容分为1851—1980年，1981年至今两个阶段。对于电子版的订户来说，每个月可以有100篇1923—1986年档案文章的免费阅读权限，超过100篇之后，则需要为每篇文章支付3.95美元；而1923年之前和1986年之后的档案文章则对所有电子版订户免费开放。另外对于非电子版订户来说，1923—1986年的档案文章每篇收费3.95美元，1923年之前和1986年之后的档案文章免费，但是有数量上的限制。除了提供以往的文字内容之外，《纽约时报》的档案库还能为读者提供大量多媒体格式的文档。由于《纽约时报》素来有"历史记录者"之称，它的数据库里蕴含着过去100多年来《纽约时报》的几乎所有报道，因此是广大学生、研究者以及其他有关人士寻找资料、了解过往社会历史的一个重要资料来源，也是《纽约时报》网站的一大收入来源。

（二）《纽约时报》电子版的订阅收费

2001年10月，《纽约时报》推出了时报电子版，在纽约时报网站和一家网上出版商"书报摊"公司（NewsStand）进行线上销售。用户可以通过互联网直接将《纽约时报》电子版下载至电脑或笔记本电脑中，并保存7天以供离线阅读。电子版的收费标准分为三种：订阅7天的电子版内容收费为每周6.7美元；订阅5天的电子版内容收费为3.25美元一周；只订阅周日的电子版内容收费则为每周3.4美元。用户也可通过"电子钱包"单独订阅某一期的电子版，不过这种方式收费较高，一期要花到10美元。除了能将内容下载到电脑之外，纽约时报公司还和微软合作开发了一款可以支持多终端使用的收费阅读程序——时报阅读器（Times Reader）。2007年3月，该款阅读器正式对外发行，由于采用了微软的Windows Vista操作系统，时报阅读器提升了《纽约时报》读者在线和离线时的阅读感受，同时也提供给读者在页面上进行搜索的功能。2007年，《纽约时报》网站还与亚马逊公司合作，将内容输出至亚马逊Kindle阅读器。Kindle用户可以在纽约时报网站以及亚马逊网站上订阅以及无线高速下载《纽约时报》电子版。目前，针对新兴的手机市场，纽约时报公司还在积极寻求其他可能的载体，将时报的电子版推向更广阔的市场。

(三) 电子商务

席勒在《数字资本主义》中曾提到1997年美国联邦通信委员会起草了一份电子商务报告，报告宣称："美国政府，支持国家间最大程度的信息自由流通。这包括可以通过因特网读取与传输信息性最强的资料，如万维网页、新闻、其他信息服务、虚拟商场，以及娱乐项目，如音响产品及艺术品。"① 这项报告以及其后的《全球电子商务框架》预示着美国电子商务的解放，以及因特网在全球市场的进一步深入。因此，电子商务从20世纪90年代起就成为许多美国网站比较常见的一种赢利方式，《纽约时报》网站也是较早采用电子商务的网站之一。目前，《纽约时报》网站的电子商务项目主要是《纽约时报》网上商店和订票业务。《纽约时报》商店以礼品、纪念品、艺术品、书籍和音像产品等的出售为主，另外还出售美国民众普遍很热衷的各种字谜。网上商店每天会进行不同产品在不同时段的限时抢购活动，活动开始之前网站会通过电子邮件提醒读者下一个时段抢购的产品是什么。票务订购则为读者提供百老汇和其他大剧院的各类戏剧、歌剧等便捷的网上订票和购票服务。

(四) 广告收入

尽管闵大洪认为广告不可能成为网络媒体最主要的营收手段，但对于广告这个颇有潜力的赢利增长点，《纽约时报》网站显然没有理由选择放弃。和印刷版报纸相比，网络版的广告并不多，但是却定位清晰。首先，在网站首页（无论是国际版还是本土版）刊登的广告都是劳力士手表，应该说劳力士的定位和《纽约时报》基本一致，都是社会的精英人士。其次，进入到每一个子板块之后，广告内容会根据该板块的内容作相应的调整。例如：在旅游板块中，网页顶部的条幅广告与酒店预订有关；在艺术板块中，广告与书籍的销售、预订有关；在教育板块中，广告则与留学咨询有关。在广告的数量上，基本上每个网页只有一个主打广告，即上文所说的以条幅的形式置于网页的顶端。除了网站自己的主打广告之外，在网页的底部还可以看到由谷歌发布的广告，谷歌根据读者的IP地址判断出其所在的区域，从而有针对性地发布该地区的广告。这也是谷歌公司与报纸网站的一项合作计划，通过谷歌公司的技术与网络报纸平台的合作达到双赢的目的。

---

① 丹·席勒.数字资本主义[M].杨立平，译.南昌：江西人民出版社，2001：95.

2011年3月28日，纽约时报公司在其报纸网站的运营上跨出了重要的一步——完成了网站从免费阅读到付费阅读的转型。对于《纽约时报》印刷版的订户来说，时报网站将仍然免费对他们开放。《纽约时报》电子版的订户也同样可以免费无限量地阅读网站的内容，订阅电子版的具体收费标准根据不同的阅读平台有所不同，例如智能手机电子报的订户每周需支付3.75美元，而借助iPad、时报阅读器等便携设备阅读电子报的订户每周则需支付5美元的费用。对于非订户来说，每位读者每个月可以免费阅读20篇时报网站的文章以及网站各个栏目和博客的主页，超过20篇的阅读上限之后，时报网站将会告知读者需要订阅才能继续阅读。此外，时报网站允许读者从其他外部网站，如Facebook、Twitter等社交网站以及各类博客和搜索引擎点击进入其内容，而且对此亦不作数量限制。为了更好地推广其网络版付费阅读的政策，《纽约时报》还对一些曾经留下电子邮件地址的老顾客给予订阅优惠，推出了订阅26周打5折的活动。按照《纽约时报》发行人小索兹伯格的说法，网站收费模式的引入是对未来的一种投资，它能帮助网站扩大盈利的途径，从而使得纽约时报集团能有更多的财力和物力为公众带来高品质的新闻报道以及技术上的创新。另一方面，小索兹伯格也希望《纽约时报》能逐步减少对印刷版，尤其是印刷版发行收入的巨大依赖性。严格来说，《纽约时报》网站的收费政策存在着一定的漏洞/空隙。一方面，时报网站如何判断读者是否达到20篇的阅读上限？如果通过IP地址确认，那么读者可以更换电脑或者使用代理，如果通过用户登录，读者同样可以一人注册多个用户名。另一方面，即便存在着20篇的阅读限制，读者依然可以通过外部网站的链接点击进入网站的正文。由此可见，网站收费目前仍然是《纽约时报》的一个尝试性的探索，其目的并不是真想收取大笔的订阅费，而是对公众接受底线的一种试探，因为就连时报集团领导人自己也不确定网站收费究竟是否能如他们所愿为时报集团带来更多的收入，也可能会反而损失其原有的访问量。正如《新闻日报》的网上服务总编辑托尼·布里格斯（Tony Briggs）所说："互联网文化是在所有的东西都是免费的前提下发展起来的。向用户收费是惹怒他们、把他们赶走的最好的办法。"① 收费模式的关键在于读者是够愿意为此内容付费的，收费内容应当具有三个要素：不可或缺，且口碑佳；内容为独家，且有读者对

---

① 转引自张咏华.经济全球化背景下的因特网及网站的经济模式[J].新闻与传播研究,2001(4)：53—60.

此深感兴趣；能为用户增加效率或赚钱。① 因此，《纽约时报》网络版的收费模式究竟能否取得成功主要取决于三点：一是看它能否持续为读者提供高质量的内容，网络版的内容收费之后与收费之前是否有变化，与印刷版内容相比又是否有所不同；二是看它能否为读者提供印刷版所无法提供的个性化或特色化服务；三是看读者对其品牌的依赖和信赖程度，是否愿意为其心甘情愿地掏腰包。无论如何，对于印刷版报纸来说，网络版收费无疑对其有益，原本免费的内容如今收费，相信会有不少的读者会选择重回印刷版的怀抱，就算印刷版的发行量没有大幅上升，但至少也会因此而减缓其下降的速度。

通过 2011 年网站收费的转型，《纽约时报》将其赢利模式从原本的广告、电子商务、档案库收费扩展到了广告、电子商务、档案库以及网络收费浏览。2012 年纽约时报订阅收入首次超过广告收入。冀万林和张欣在回顾《纽约时报》1997 年至 2012 年的收缩转型中发现，经营巅峰的 2000 年，纽约时报年收入近 35 亿美元，营业利润超过 6 亿美元；而接下来则经历了 12 年的发展停滞与下滑。为了应对行业环境变化，纽约时报公司在 2000 年之前处在战略性发展阶段，表现为在全媒体领域多平台、多方向的全面出击；而在 2000 年后则逐渐进入战略性收缩阶段，对核心领域进行防御与有限探索，在非核心领域则收缩与退出。② 2013 年，《纽约时报》在其客户端实施收费墙，其模式与网络版大体相同。通过上述发行+广告的传统赢利模式，2014 年《纽约时报》总营收达到 15.89 亿美元，但该数字比 2000 年《纽约时报》的赢利额少了将近一半。

和《纽约时报》最近才采用收费阅读的方法不同，《华尔街日报》网站自从建立那天起就有着明确的定位，那就是对于印刷版报纸交互性的补充，而且这种补充并不是免费的。道·琼斯新闻总编辑尼尔·布达曾明确表示："从一开始我们就是按收费来设计这个版本的，我们将使信息足够丰富并增加很多特别报道。它的价值将值得人们付费。"③《华尔街日报》发行人莱斯·辛顿（Les Hinton）也认为，为读者提供免费的内容是一个"根本性的错误"，一旦读者习惯了可以免费获得这些内容，想要再重回收费的模式就变得非常

---

① 转引自谢娟.报业的媒介融合之路[D].重庆：四川大学,2007.
② 冀万林、张欣.回顾纽约时报1997-2012年收缩转型中的教训[EB/OL].[2013-09-06].http://media.people.com.cn/n/2013/0916/c4060622933098.html.
③ 转引自陈映.他们是如何打拼的——《华尔街日报》和《金融时报》经营策略的比较分析[J].新闻传播,2004(10):40-42.

困难了。① 尽管默多克刚接手道·琼斯集团时曾有过免费开放《华尔街日报》网站的想法，但之后便改变了主意，对此他的解释是，单独依靠网络广告收入远远不够，因此还是需要订阅收入加以补充。② 不仅如此，从《华尔街日报》的网络版，到电子版、移动版，从《华尔街日报》到新闻集团旗下的其他报纸，默多克决心坚持"天下没有白看的新闻"这一理念，坚守报纸网站收费的模式。

《华尔街日报》网络版收费的成功源自其内容的专业性，财经类报纸的独特定位，专业化的报道视角，全球顶尖职业财经撰稿人的独家报道和评论，使得这份报纸与其他看完即扔的报纸完全不同，具有一定的价值。硅谷内线的创始人兼首席执行官亨利·布洛杰特（Henry Blodget）分析了《华尔街日报》收费方式的特点③：一是在《华尔街日报》网站上，大部分内容需要付费，但也有小部分为免费内容，非订户也可以阅读，这部分用户带来的网站流量同样值得重视；二是用户可以通过谷歌或其他搜索引擎看到《华尔街日报》所有内容的索引；三是非订户无法通过搜索引擎看到《华尔街日报》网站的完整页面；四是一些网站同《华尔街日报》达成协议，读者可以免费阅读该网站链接到《华尔街日报》网站的部分内容，"这将促使博客们和出版物能够在对话经济中接入《华尔街日报》的内容"。《华尔街日报》的特点决定了它的成功并不是每一份报纸都可以复制的，究其原因，它的成功首先来自其被广泛认可的专业性。《华尔街日报》的订阅户通常为从事金融相关工作的高收入人群，他们成熟、稳重，一旦认可了这份报纸的地位就会保持极高的忠诚度，而事实上《华尔街日报》遍及全球的 1 600 多名采编人员和他们每天发回的 1 000 多篇稿件也值得这样的忠诚。除了专业化的定位和高质量的内容之外，《华尔街日报》在印刷版与网络版上的高度互动、完美契合也是它的网站成功的第二个因素。如前所述，读者在报纸上通常看到的是"精简本"的报道，而在网络版上可以找到更详尽、更完整的版本。《华尔街日报》网络版除了涵盖《华尔街日报》所有版面的全部内容外，还有来自其他道·琼斯

---

① Jason Ankeny. Wall Street Journal adds 200 000 mobile subscribers[EB/OL].[2011-03-10].http://www.fiercemobilecontent.com.

② Sarah Ellison. Murdoch's Choice:Paid or Free for WSJ.com?[EB/OL].[2010-09-22].http://online.wsj.com/article/SB119015797997631717.html.

③ Henry Blodget. Our Plan to Fix the New York Times[EB/OL].[2009-01-30].http://www.business-insider.com/2009/1/our-plan-to-fix-the-new-york-times-nyt.

产品资源的新闻报道和专栏文章。2007年报网相继改版之后,《华尔街日报》的报网互动得到了进一步的加强,其中的一个显著成果就是把读者更多地吸引到网络版中,而提高报纸网络版的点击率可增加网络经济收益,这也是对报纸收益的分担和补偿。

付费订阅或付费浏览目前是《华尔街日报》网络版的主要赢利模式,随着各种移动产品的相继开发,该报也和kindle、iPad、iPhone、蓝莓等便携式移动设备建立了合作关系,这样一来,读者同样可以通过这些设备付费浏览或下载《华尔街日报》的内容。在《华尔街日报》的网站中,广告的数量并不多,唯一能看到的是由个人或房屋中介发布的房地产广告,这与该报的专业定位、读者层次和收费阅读的模式有一定的关系。同样,该网站中也没有推出任何电子商务的服务,但是鉴于电子商务在美国的流行,《华尔街日报》在其新闻网站之外专门开设了与电子商务有关的网站,如www.wsjwine.com,它是《华尔街日报》与供应商合作建立的专门出售红酒和果酒的商业网站。应该说,《华尔街日报》这种独立于新闻的电子商务网站既没有放弃电子商务这块收入颇丰的领地,又无损其专业财经新闻报道的形象,是一项两全的举措,但是究竟有多少读者知道这样一个商务网站的存在却不得而知。

在付费之外,《华尔街日报》似乎也开始越来越多地提供免费的内容,形成付费为主、免费为辅的运营策略。《华尔街日报》的副总编和在线执行编辑阿伦·默里在一次采访中说道:"最好的模式是付费和免费内容混合模式,为此《华尔街日报》允许读者免费进入其政治、艺术、观点报道、某些突发新闻报道和所有的博客,但网站的其他内容则要求订阅。"同时,他也认为:"不要对网站上最受欢迎的内容收费,因为具有广泛吸引力的内容用来增加可以转换为广告收入的流量更好。"①

打造数据库也是《华尔街日报》的一个重要营销战略。《华尔街日报》借助其母公司道琼斯集团的力量,通过与第三方调查公司的合作,着重建设四类数据库:其一为商业、财经内容数据库,主要收录了1 500种报纸和3 200份期刊现在及过去的所有报道;其二为受众数据库,收录了关于道琼斯和《华尔街日报》受众特征统计数据和反馈资料;其三为各行业广告商数据库,包含了道琼斯和《华尔街日报》对各大市场上的领先企业的数据调查;

---

① Zachary M. Seward. Five Tips on Charging for Content from Alan Murray of WSJ.com [EB/OL].[2009-04-08].www.niemanlab.org/2009/04/five-tips-on-charging-for-content-from-alan-murray-of-wsjcom/.

其四为商业调查数据库，包括各类市场调查和社会调查数据。这几个数据库帮助其客户获得有效的数据信息，从而有利于他们广告和服务的精准投放。

前面已经提到，美国这三大报的定位完全不同，对于《今日美国》来说，它的读者群既不是像《纽约时报》读者那样的精英群体，又不是像《华尔街日报》读者那样的商业群体，而是普通美国大众群体。这一群体通常社会地位一般、收入一般，所从事的职业也是千差万别。为了满足这些大众人群获取新闻，尤其是美国国内新闻的需要，《今日美国》从一开始就没有选择网络版的收费阅读策略，而是免费向普通大众开放。笔者以为，这一方面与《今日美国》的报道内容不如另外两家报纸那样具有独特性和不可复制性有关；另一方面也与其大众化市场定位有关。《华尔街日报》的专业性已经毋庸置疑，《纽约时报》的深度报道、新闻评论也被广泛认可，同时两家报纸还都多次拿过象征新闻业最高荣誉的普利策奖。反观《今日美国》，它的内容没有《纽约时报》那样博大，也没有《华尔街日报》那样精深，它所报道的只是普通百姓关注的不同主题的新闻故事，而新闻是无法被垄断的，即使不通过《今日美国》，读者也能通过其他报纸或媒体渠道了解新闻的发生。同样，其大众化市场的定位也决定了《今日美国》没有像另外两份报纸一样选择网络版的收费阅读，即便在印刷版中，它的定价也比另外两份报纸要低得多。可见，付费阅览并不是《今日美国》网站目前主要的赢利模式。

尽管读者可以免费浏览《今日美国》网络版当天的内容，但对于过去的内容的查询，《今日美国》网站的档案库还是毫不客气地树起了收费的大旗。其查询的范围是1987年至今的所有文章，其收费标准为：149.95美元包年，在规定的期限内可以浏览1 200篇文章；24.95美元包月，在规定的期限内可以浏览75篇文章；9.95美元包天（即24小时），在规定的期限内可以浏览10篇文章；以及按篇收费，即每篇文章3.95美元。对于其档案库内容的收费阅览行为，笔者的理解为，档案库的内容具有不可替代性。档案库收集的是过往的报道，换而言之，档案库里的新闻已经失去了它的时效性，那么此时读者对档案库的查询显然不是为了新闻本身，而可能是为了研究报纸的标题、报道风格、报道来源等，抑或是有其他方面的原因。因此对于《今日美国》来说，查询档案库就意味着有需要，那么为了需要而付费便成为理所当然。

网络广告方面，《今日美国》网站主营两大类广告：一类是特许经营权广告;另一类是房地产广告。欧洲特许经营联合会(European Franchise Federation)认为,特许经营是一种营销产品和服务或技术的体系,基于在法律和财务上分离和独立的当事人——特许人和他的单个受许人之间紧密和持续的合作,依靠特许人授予其单个受许人以权利并附加义务,以便根据特许人的概念进行经营。简单说来,特许经营就是特许人将自己的商标、商号、产品、专利、技术秘密、配方、经营管理模式等无形资产以特许经营合同的形式授予被特许人(受许人)使用,按照特许人统一的经营模式从事经营活动,并向被特许人收取费用的经营形式。《今日美国》网站中的特许经营权广告主要基于一种合作的模式,即该报网站与另一个网站www.franchisesolutions.com合作发布此类广告。当读者在《今日美国》网站中点击"特许经营权"这个链接时,系统会将其自动转入 franchisesolution.com,后者包含各个行业、公司特许经营权的介绍和加盟信息等内容。这种合作模式的好处在于,一方面,franchisesolutio.com 可以利用《今日美国》的知名度和平台;另一方面,《今日美国》也可以利用 franchisesolution.com 的广告信息资源。同样,在房地产广告中,《今日美国》网站也采用了和上述一样的合作策略,与知名房产中介网 www.homegain.com 合作,利用他们的资源为《今日美国》的读者找到合适的住所。

电子商务是《今日美国》网站重点经营的一个项目,在其"分类广告"的子目录下可以看到两个跟电子商务有关的频道,一个是"体育商店",另一个是"《今日美国》商店"。体育商店以出售美国各种职业联赛的服饰、装备为主,包括印有球队标志的玻璃杯、钥匙扣、证件夹等,还有与比赛有关的DVD,以及球星签名的各类体育用品。《今日美国》商店中的产品则以各类书籍、音像产品、游戏光碟、明信片、日历等为主,采用的也是多方合作的形式。网站在其商店的介绍中提到,《今日美国》的网上商店与许多图书出版商以及其他产品零售商建立了合作,其发货则由亚马逊网络商城统一处理。同时,《今日美国》网站也邀请其他出版商、制造商和零售商与其合作,开发更多的产品销售渠道。

从《今日美国》到《纽约时报》和《华尔街日报》,不同报纸的定位和特点决定了其在网络报纸的经营模式上各有侧重。其中,《华尔街日报》以收费订阅为主要盈利点,同时兼顾电子商务;《今日美国》以电子商务为主要盈利点,兼顾广告和档案库的收费;《纽约时报》的赢利方式相对更为多元,既有广告、电子商务,也有档案库收费、电子版收费订阅,以及最近刚刚实施的网络收费订阅。按照闵大洪的观点,订阅收费和档案库收费都可以归结为信息内容付费,也就是说在这点上三大报都有所涉及,只是程度不同。另外,从目前网络广告的情况来看,三大报网站上的广告数量都屈指可数,这也恰恰印证了前文中闵大洪所说的"广告目前不可能成为网络媒体最主要的营收手段"①。尽管如此,广告仍然是网络报纸不可放弃的一个赢利板块。在电子商务方面,事实证明,美国政府的推动对其产生了重要的影响。席勒指出,美国政府对因特网发展的一个重要指导思想就是——减少管制,尽可能地把它推向市场,在市场的带动下让它获得充分的发展。正是在这种市场化理念的指导下,电子商务在美国蓬勃兴起,至今已经确立了较为成熟的运营体系。由于报纸本身并不生产产品,因此它必须和其他的生产商、零售商、发行商建立合作关系,而后者也愿意借助报纸的品牌力量和宣传平台来达到双赢的目的。目前这种合作式的电子商务模式也是网络报纸采用得比较多的一种方式。合作式的电子商务以及前面提到的合作式的广告能够让报纸专心制作新闻而不必在广告和商品买卖方面花费太多心思,毕竟对于报纸来说,内容质量才最为重要。

三、中国主流报纸的网络运营模式分析

早在20世纪90年代初,中国的媒体在属性上就被界定为"事业化管理,企业化经营",这就意味着中国的媒体从此担负起了自主经营、自负盈亏的重任。为了探寻有利于传统媒体长远发展的路径,也为了更好地担负国家大政方针的宣传和舆论引导的责任,作为党报的《人民日报》和《浙江日报》都在经营模式上展开了自己的探索。

在传统媒体向互联网转型的过程中,建立网络付费墙是许多媒体选择考虑的方式。按照原人民网总裁何加正的说法,付费墙不完全是出于经济方面的考量,一方面是出于对于保护知识产权的尝试,另一方面是希望能够通过这种尝试逐渐改变以往人们在网上免费读报的习惯。② 因此,2010年1月1日,《人民日报》数字版曾尝试过阅读收费的模式,如订阅一个月需要24元,订阅半年128元,订阅全年198元,全年订阅还可获赠一年的《人民日报》手机报和一年的全文检索光盘。然而,由于中国社会长期以来版权意识相对

---

① 闵大洪.网络媒体赢利模式探析[J].现代电视技术,2003(7):106-109.
② 段悦.报纸网站内容收费模式初探[D].汕头:汕头大学,2011.

淡漠，习惯了网上的内容拿来就用，付费墙模式在中国的推广遭遇了一定的困难。在搜狐网做的对《人民日报》收费前景探析的调查中显示，有63.8%的读者表示不会付费阅读《人民日报》，只有3.45%的读者表示会对收费后的《人民日报》继续支持。① 由网络版收费引发的读者流失、网站点击率下降、报纸影响力下滑、广告客户流失等问题使《人民日报》不得不对其做出相应的调整。3个月后，即2011年3月5日，《人民日报》就将其收费模式由全面收费改为部分收费，即《人民日报》数字报前4版内容长期免费，第5版及其之后的内容当天免费；原先免费用户阅读前4版内容时需要注册登录，但在3月5日之后，用户可以无须注册登录便能阅读当天及历史前四版内容。

经历了6年多部分收费的尝试之后，2016年12月21日人民网发出一则《〈人民日报〉数字报停止收费的通知》，通知中提到，为了更好地传播党的主张，反映人民心声，有效引领舆论，服务广大读者，《人民日报》将从2017年1月1日起取消数字报收费。《人民日报》收费阅读模式的取消，从侧面说明付费模式并非适应于所有媒体。作为中共中央机关报，付费阅读会影响《人民日报》的传播范围和传播力度，不利于中国在全球范围内信息的传播和话语权的建构。

从1997年《人民日报》网络版正式进入国际互联网，到2000年其更名为人民网，再到2010年人民网股份有限公司创立及两年后在上海证券交易所上市交易，人民网股份有限公司成为第一家在国内A股整体上市的新闻网站。该公司由人民日报社控股，它的成立扩大了人民日报社赢利的范围，使其不再局限于传统媒体的内容+发行+广告的赢利渠道，而更向互联网公司的运营模式靠拢。根据人民网2017年年度报告显示，目前人民网从事的业务主要分为四个版块：广告及宣传服务、移动增值业务、信息服务和技术服务，其收入主要来自除技术服务外的前三种服务，它们共占人民网营业收入的94%以上。

其中，广告及宣传服务依托于人民网、环球网、海外网等网页运营平台，在网站主页及其各频道、互动社区等页面上通过文字链、图片、多媒体等表现形式为客户提供广告服务，广告客户涉及金融、房地产、食品、家电、通

---

① 李晓莉. 人民日报电子版收费多数专家学者不看好[N/OL].[2010-02-02]. http://media.sohu.com/20100202/n270004063.shtml.

信等多个行业和领域。2017年，中国网络广告市场规模为2 957亿元，同比增长28.8%。技术已成为互联网广告快速发展的驱动力量，移动化、垂直化、智能化是未来主要发展方向，广告预算正在向移动、社交、视频、垂直平台等领域快速迁移，PC端投放总预算不断下降。受上述因素影响，人民网股份有限公司在广告业务市场开拓上面临严峻挑战。2017年，人民网依托政府、专家、行业代表的资源整合能力以及话题营销策划优势加强行业论坛服务，在一定程度上缓解了市场变化带来的巨大冲击，该年其广告及宣传服务实现收入人民币5.85亿元，较上一年同比下降8.77%。

移动增值服务是人民网股份有限公司的第二项收入来源。人民网拥有跨地区增值电信业务经营许可证和包括手机视听节目内容服务在内的信息网络传播视听节目许可证等经营资质，拥有WAP门户网站、手机视频、手机阅读、手机音乐、手机动漫等多项移动增值业务。通过自身运营及与电信运营商合作的方式，人民网在移动互联网领域，通过文字、图片、视频等多种形式，向用户提供新闻、舆情、生活、娱乐等内容信息服务。[①] 2017年，人民网利用其媒体资源属性及资源优势，以及在内容审核方面独到的优势及专业的团队，继续开拓面向各类平台的风险审核服务，并中标多项审核业务资格。手机视频业务方面，子公司人民视讯调整自身业务布局，积极建立自有产品体系，利用现有资源优势，建立流量平台；以内容建设为重点，大力发展内容原创和版权集成，加大资源投入，建设差异化栏目，形成了具有用户口碑和市场影响力的名牌栏目群，收入水平在同行业保持前列。但由于移动互联网领域中新产品、新应用层出不穷，用户分流现象加剧，基于运营商服务的付费市场被进一步蚕食，加之内容提供商数量众多，诸如手机报、手机阅读、动漫、游戏等相关产品同质化严重，市场环境日趋严峻、竞争日益激烈。报告期内，尽管公司积极应对挑战，针对市场变化对自身业务进行一系列调整，合并层面移动增值业务收入仍出现一定程度下滑，全年实现相关业务收入人民币3.81亿元，同比下降17.26%。

信息服务方面，人民网传媒股份有限公司拥有电信与信息服务业务经营许可证、互联网新闻信息服务许可证等信息服务类经营资质，已形成完整的"信息采编—策划—信息发布—信息服务"的一体化经营产业链，通过新闻信

---

① 人民网股份有限公司.人民网股份有限公司2017年年度报告[EB/OL].[2018-04-17].http://static.sse.com.cn/disclosure/listedinfo/announcement/c/2018-04-17/603000_ 2017_ n.pdf.

息版权销售以及网络舆情咨询研究、数据库等其他信息增值服务形式，实现了公司优质原创新闻内容的进一步传播。①2017年，人民网传媒股份有限公司成立版权渠道部，深入挖掘行业资源，全面拓展渠道合作，深度融合"版权+渠道"的业务模式，母公司信息服务业务收入稳中有增。子公司人民在线继续保持稳中有进、进中向好的发展态势；传统业务稳固，延伸业务和新兴业务双双取得突破；产业布局趋于完善，向"数据+咨询"的智库转型已初显成效。2017年，公司信息服务业务实现收入3.55亿元人民币，同比增长16.49%。

浙江日报报业集团的组建也是顺应了全国报业集团化改革的浪潮。随着报业生产力发展到了一定时期，与之相适应的生产关系也提出了变革的需求。原国家新闻出版总署在《关于同意建立广州日报报业集团的批复》中指出："随着社会主义市场经济体制的建立，报纸的竞争日趋激烈。在这种形势下，适时组建以党报为龙头的社会主义现代化的报业集团，可以带动实现我国报业由规模型向优质高效型转移，由粗放型向集约型转移，推进中国报业的繁荣和发展。"② 不仅如此，党报的集团化还有利于建立党报传媒矩阵，扩大党媒党刊的舆论影响力。在经济利益、政治利益和社会效益的三重推动下，浙江日报报业集团成为国内较早展开集团化运营探索的报业组织。

从2003年起，浙江日报报业集团有限公司作为投资主体，先后成立了钱江晚报有限公司、浙江日报新闻发展有限公司、今日早报有限公司、浙商传媒有限公司、浙江在线有限公司、上虞日报有限公司、诸暨日报有限公司、东阳日报有限公司等14家系列媒体经营公司。目前，浙报集团旗下共有包括钱江报系有限公司、杭州边锋网络技术有限公司、上海浩方在线信息技术有限公司等在内的9家全资子公司，以及包括浙江在线新闻网站有限公司、淘宝天下传媒有限公司、东方星空创客投资有限公司等在内的18家控股子公司。这标志着浙报集团告别了过去广告加发行的传统经营，走上了向其他产业领域扩张和渗透的多元化经营道路。

报业经济多元是指报业集团适应战略环境的要求，通过战略性资产重组以及人、财、物、信息资源的再整合，媒体内部资源向外部其他行业或部门的渗透和扩张，生产和提供市场所需要的产品和服务，达到以媒体产业为主，涉足多个行业或部门，以期实现规模优势，降低组织风险，营造持续竞争优

---

① 人民网股份有限公司.人民网股份有限公司2017年年度报告[EB/OL].[2018-04-17].http://static.sse.com.cn/disclosure/listedinfo/announcement/c/2018-04-17/603000_2017_n.pdf.

② 李培清.加快传媒集团公司建设步伐[J].新闻前哨,2007(6):17-19.

势的扩张行为。① 浙报集团目前的多元化经营主要立足于与资本的结合，运用资本手段实现做大做强和规模扩张。其中，项目自营和合作经营是浙报集团两种主要的经营方式。项目自营主要是自己出资，自己运作，如进行证券市场或房地产市场的投资，谋求利润；而合作经营则需要寻求与社会资本展开合作，进行多元拓展，有时甚至全部由社会资本出资，浙报集团提供品牌、资源和管理，双方实现合作共赢。

根据浙报集团 2017 年年度报告显示，2017 年浙报集团实现营业收入 162 662 万元，同比下降 54%，净利润 173 064 万元，同比增长 69%；归属于上市公司股东的净利润 165 694 万元，同比增长 171%；扣除非经常性损益后归属于上市公司股东的净利润 18 803 万元，同比下降 25%；基本每股收益 1.27 元/股，同比增长 147%。其主营业务主要围绕数字娱乐、数字体育、大数据三大核心事业群展开，同时着力发展电商服务、文化作品服务等具备先发优势的文化产业服务和文化产业投资业务。

自边锋浩方被收购以来，数字娱乐事业群一直是浙报集团主营业务之一。随着移动市场的发展，手游成为当下新兴的游戏形态。为此，浙报集团在稳定原有 PC 端市场的基础上，积极拓展数字娱乐产品的移动端市场，加速移动化、社交化转型。目前，其移动端棋牌游戏业务市场范围已扩大至全国十余个省份，整体用户数及活跃度已稳居浙江省内第一并进入全国前列。集团全资控股子公司边锋网络再次入选"中国互联网企业100强""2017 年度十大最受欢迎 IP 游戏""2017 年度十大最受欢迎移动单机游戏""2017 年度中国十大游戏研发商"等荣誉。2017 年，边锋网络赢利 38 347 万元，同比增长 18%。

数字体育事业群的主营业务为竞技直播，包括杭州边锋旗下的战旗直播和以电竞赛事组办、赛事平台支撑为主要业务的上海浩方在线信息技术有限公司，依托和国家体育总局的密切合作，充分发挥业内领先的官方资源优势，重点打造国内领先的绿色数字体育产业生态圈，推动国家电竞、直播行业规范健康发展。

杭州边锋孵化的"战旗直播"项目，专注电竞赛事，签约多家冠军俱乐部，取得多项赛事独播、直播权，成为国内领先的绿色电竞直播平台。由杭州边锋拆分并引进社会资源大力发展的"三国杀""云更新"等业务发展良

---

① 高春景.报业经济多元化的主要形式[J].新闻前哨,2007(6):15-17.

好，三国杀系列游戏付费率有所提升，云更新成为国内最优秀的网吧管理软件之一，2016年年收入突破1亿元。2017年，战旗直播获"第十二届金翎奖最佳游戏直播平台""第二届金陀螺奖最佳游戏直播平台"等奖项，被公安部授予"党的十九大网上安保工作优秀团队"荣誉。上海浩方则在保持基础业务平稳运营的同时，大力拓展赛事运营、手游联运等全新业务，其在2016年的营收同比2015年实现100%增长。

大数据事业群方面，集团首先对其架构进行梳理，设立了云服务事业部、创新应用事业部、综合事业部等内设机构，试点探索事业群内部的生产要素互联互通，产业整体取得较大进展。集团自主研发了大数据确权平台，设立了智能制造行业运营分中心，与国际科技成果转移网络（ITTN）签订战略协议，尝试将大数据交易中心业务模块全面升级。受浙江省政府委托的政府服务网PC版本已覆盖浙江全省五级行政体系，移动端推出全新4.0版本。2017年，该平台累计用户1 300余万，日均流量超1 000万人次。在2017年第二届全国政务服务论坛上，浙江政务服务网荣获"中国政务服务突出贡献奖"。

除了上述三大核心产业群之外，文化产业服务也在浙报集团占据了一席之地。如，在2017年，浙报集团控股子公司淘宝天下专注推进包含电商视频融合、新媒体运营、电商培训、数据营销、金麦奖等重点业务发展，积极构建电商生态服务集群，营业收入、利润均较上年同比增长。与此同时，集团通过转让唐人影视股权实现投资收益1.27亿元人民币，投资回报率127.25%；转让百融金服股权实现收益约6 770万元人民币，继续对投资项目保持有序退出和收益释放。

不管是人民网股份有限公司还是浙报传媒有限公司，都是立足于传媒产业又不局限于传媒产业的企业。在传媒产业的范围内，它们坚守传统媒体的内容、广告与发行，但依靠广告与发行的赢利如今日渐式微。因此，利用在传媒行业积累的资源、口碑与人气，联合社会资本的力量，向行业以外的其他领域（如房地产、医疗、互联网金融等）拓展，是目前国内报业集团的主要经营模式。在管理上效仿企业化经营，独立融资上市，走独立发展的道路。相比之下，美国的报业集团成立时间较长，因此在转型中没有完全独立出来，多受到母公司管理机制的束缚，因此在经营模式上还是走传统的内容、发行、广告、电商的道路，较少涉及传媒产业之外的其他领域，因此利润增长点相比中国的报业集团要少。

第四节 中美报业转型的未来

一、报业转型的关键词

(一) 关键词一：定位转型

对于报纸在数字时代将何去何从的问题，《纽约时报》发行人小索兹伯格早在2002年接受《新闻在线评论》采访时就提出应当把"新闻纸"（newspaper）中的"新闻"（news）和"纸"（paper）分开来理解："纸"只是报纸诸多载体中的一种，并不具有决定意义；"新闻"（内容）才是报纸的最终意义所在。而内容不仅包括新闻报道，还应当涵盖各种信息和各类服务。[①] 小索兹伯格的观点从两方面诠释了目前报业正在经历的转型：一方面，在报业面临数字化转型背景下，报纸已不是纯粹意义上的"纸"，而是一种显示终端和存储介质，诸如电脑、显示器、手机、PDA和各种手持阅读器；另一方面，报业的核心业务是各类的信息服务和内容，"内容"的呈现方式不单单是新闻纸一种，还有其他表现形态、传输渠道和显示终端，也就会相应产生不同的产业运营模式和盈利模式。基于这两方面的考量，报纸需要重新思考它的定位。在本书的三个研究对象中，报纸的定位转型恰巧涉及小索兹伯格所言的两个方面：一是报纸内容的转型；二是发布内容的方式或平台的转型。众所周知，传统的报业集团产品单一，主要为读者提供新闻产品，而随着互联网和手机的流行，读者已经可以先报纸一步了解到世界各地发生的大事，为此《纽约时报》《华尔街日报》《今日美国》纷纷在它们所提供的内容产品上做出调整——即从单一的新闻产品扩大至各类信息和服务，从即时的新闻播报转型为后续的跟踪报道和详细解读。换言之，报纸的位置从原来的新闻前沿退后为追踪解读，而网络版、移动版此时则充当了新闻前排兵的角色。同时，网络版和移动版的相继出现也恰恰说明了报纸在发布平台上的转型。在新的发布平台上，视频新闻、定制化信息、交互式报道等各种新形式层出不穷，极大地推动了报纸与读者的互动以及读者与读者之间的互动。最终，无论是否有过明确的表态，美国三大报纸都是在向着多媒体、服务型的方向前进。

---

① Saul Hansell. NYT "Bits" Hits #14 on Techmeme Leaderboard[EB/OL].[2017-11-09]. http://www.beet.tv/2007/11/bits-new-york-t.html.

随着定位的明确,随之而来的便是第二个关键词。

(二) 关键词二:编辑室整合

《今日美国》前任总裁兼发行人汤姆·库里(Tom Curley)曾对该报员工说:"数字革命已经抵临我们家门,我们需要一个新的组织结构(organization)来应付随之而来的各项挑战。这个新组织并不是指简简单单地开一扇窗,而需要拆除所有的围墙。"① 库里所说的"拆除围墙"指的就是新闻编辑室的整合,尤其是网络版编辑室和印刷版编辑室的整合。不仅是库里,《纽约时报》发行人亚瑟·索兹伯格也看到了这一点,于是从2005—2008年,这三份报纸先后完成了整合网络版编辑室和印刷版编辑室的任务,其主要的目的一是为了节约成本,避免不必要的重复劳动和资源浪费;二是为了方便人员的统一管理和资源的统一调度,适应以移动和网络为核心、印刷版为后备的数字化转型。

(三) 关键词三:创新

创新包含着创造与更新的双重含义,是任何企业发展和进步的核心,报业也不例外。报纸通过"二次售卖"实现自身的运营,因此读者量、发行量、广告量通常是衡量报业兴衰的主要指标,而如今受众注意力资源被"碎片化",报纸的受众资源和广告资源大幅度下降,如何通过创新来吸引受众和广告的注意力便是关系报业生存的重要问题。报业的创新涉及两方面:首先是内容上的推陈出新。事实上,"内容为王"的观点在传媒界的提出和被认可已经不是一天两天,因此内容上的创新不仅在现今的时代,在过去也是各大报纸和其他媒体机构想要达到的目标。其次是技术和形式的创新,所谓的形式包括:提供信息和服务的形式、与读者互动的形式、吸引读者在其网站多做停留的形式、为广告商提供广告的形式等,于是便出现了诸如"我的日报""我的提醒""我的推荐"等具有个性化特点的栏目。而在技术创新上,建立庞大的数据库,开发各种手机应用程序和应用程序端口,满足数据库用户对信息资源和受众注意力资源的需求,利用技术为用户提供便捷的服务和新颖的形式是各大报纸努力的方向。

(四) 关键词四:社交化路线

社交网络服务(Social Networking Service,SNS)是指旨在帮助人们建立

---

① Michael Tushman, Michael J. Roberts. USA Today: Pursuing the Network Strategy [EB/OL]. Harvard Business School Programme, [2005-09-19]. https://www.thecasesolutions.com/ustoday-pursuing-the-network-strategy-b-13354

社会性网络的互联网应用服务,目前以 Facebook、Myspace 领衔的社交网站在全球拥有庞大的用户群体。用户可以通过朋友结识朋友的朋友,通过一传十、十传百的方式将人际脉络不断向外扩展,因此具有很强的延展性和交互性。随着网络版和移动版的建立,报纸也尝试着将社交网络的某些特点融入其网站当中。根据对美国三大报网络策略的分析,报纸主要通过两种方式借鉴和利用社交网络的力量:第一,在自己的网络版中建立读者社区或在线社区,邀请读者在社区中发表观点、参与讨论互动,同时允许他们评论和推荐文章以及其他读者的观点,以达到传受互动和受受互动的双重目的。第二,与 Facebook、Myspace、Twitter 等知名社交网站合作,为用户在上述社交网站分享文章和观点提供便利,从而借用社交网站的力量吸引其亲友或朋友来关注报纸的内容,加入报纸的在线社区。

(五)关键词五:全能型报业人才

中国人民大学蔡雯教授在对美国的报业进行实地考察后,认为目前在美国报纸编辑室中有两类人才较受欢迎:一类是能在多媒体集团中整合传播策划的高层次管理人才;另一类是能运用多种技术工具的全能型记者编辑。[①] 一方面,报业数字化的转型要求管理者不仅需要具备信息内容生产能力,还要熟悉报纸与新媒体的融合技术,擅长统筹策划;另一方面,网络版和印刷版编辑室的整合也需要报社的员工能熟练地操作电脑、使用各种多媒体设备,掌握基本的数据整理和分析能力,例如前文所提到的《纽约时报》"互动新闻报道小组"的成立。为此,以美国密苏里大学领衔的几所大学纷纷开设了"媒介融合"专业,旨在培养全能型的复合传媒人才。

(六)关键词六:跨界融合

在转型初期,报业媒体主要以"两微一端"的建设为首要任务。当报业的互联网转型进入深水区后,对其资本的运营能力提出了更高的要求,因而报业集团更加注重多元产业的延伸。据中国报业协会和中山大学全媒体研究院联合推出的《2015 中国报业媒体融合发展年度报告》显示,包括浙江日报报业集团在内的中国 7 家大型报业集团融合转型具有整体性、多元化特点,逐步从精耕报业转向布局多元文化产业,通过行业延伸进行多元创收。[②] 其中,浙报集团还以实施整体转型为特征,它利用上市公司直接融资的优势,

---

① 蔡雯.新闻传播的变化融合了什么?——从美国新闻传播的变化谈起[J].采写编,2006(2):57-59.
② 张志安,陈席元,章震.2015中国报业媒体融合发展年度报告[J].传媒,2016(5).

通过资本手段并购边锋浩方游戏等新媒体重大项目，实现了在互联网空间中的跨界发展，打造媒体融合生态圈。

媒介融合的概念最早由西方学者提出，目前还在不断的修正与完善之中。1983年，伊契尔·索勒·普尔在其所撰的《自由的科技》中提出"传播形态融合"（the convergence of modes）这一概念，指的是不同传播形态之间的融合趋势，认为数码电子科技的发展是导致历来泾渭分明的传播形态发生聚合的原因。尼葛洛庞蒂、道尔（Doyle G）、罗杰·菲德勒、安德鲁·纳齐森（Andrew Nachison）也分别从技术层面表达了他们对媒介融合的看法，认为它是"技术和媒介形式的聚合"，"路径的交叉与合并"或"印刷的、音频的、视频的、互动性数字媒体组织之间的战略的、操作的、文化的联盟"[①]。事实上，媒介融合涉及的范围远不止技术层面，根据美国西北大学教授李奇·戈登（Rich Gordon）的观点，媒介融合可以分为六大类，即媒体科技融合、媒体组织融合、媒体所有权融合、媒体战术融合、媒体结构融合、采访技能融合和叙事形式融合。[②] 根据笔者对几位美国报业人士的访谈来看，他们普遍认为，为了顺利实施数字化战略，报纸应当从运营、市场和内容三个方面进行融合：

1. 运营上的融合（operational convergence）主要是指更新基础设施，以符合数字化的要求标准。这一举措可以通过协调各种技术平台的合作，从而达到创造价值、降低成本的目的。

2. 建立跨平台市场营销（cross-platform marketing）。在经过内部运营上的融合达到目的之后，融合的第二个层面转向了外部的市场。通常，报业集团通过合并或收购获得多个市场平台，它们在一个平台上宣传、推广其他的平台，从而使每个平台的市场都得到了扩展。

3. 发布用户需要的内容（delivering on-demand content）。融合的第三个层面涉及内容。过去，报纸总是采用复制的方式将印刷版的内容搬上电脑屏幕，而忽略了不同发布平台的特点。如今，尽管不少报纸仍倾向于内容的"重复利用"（repurposing），但在媒介融合的要求下它们也开始考虑到不同平台的特点，于是对原有内容进行加工、修改，使其能够更加适应新平台的特征，发挥出新平台的优势，同时与原有平台的内容保持呼应。

由此可见，报纸与新媒体的融合既是当前的生存需要，也是未来的发展

[①] 郜书凯.全媒体时代我国报业的数字化转型[D].浙江：浙江大学，2010.
[②] Rich Gordon. Convergence Defined[N].Online Journalism Review,2003-11-13.

趋势。报纸如果选择"对抗网络"或者"拒绝网络",无疑将会走向穷途末路。就像2005年在西班牙马德里举行的世界报业协会会议上提出的观点:"没有在线和数字服务,报纸就没有未来"。[①] 报纸与新媒体的融合意味着报纸要转变心态,放低身段融入新媒体当中,建立以互联网为核心的融合型、一体化生产平台。这个过程本质上正是报业数字化的过程,在这个过程中,报纸和其他媒介形式在互联网和移动等数字平台中分享不同的数字信息符号,进行着数字化整合。然而,在媒介融合的背景下,报纸需要重新思考几个问题:

第一,谁将会是未来的竞争对手?时代华纳集团战略策划部副总裁伊丽莎白·弗斯特(Elizabeth Furst)曾说过:"我们的业务范围日益广泛,对方的业务范围也越来越广泛,我们相互之间既是主要对手关系,又是主要客户关系。"[②] 这意味着,融合之后媒体之间的关系会变得更加错综复杂,报纸应当审慎以对。此外,随着谷歌新闻、各类博客网站和社交网站的走红,受众可能更倾向于用手机或电脑获取信息,而代替原本的报纸,在这种情况下,报纸的竞争对手是其他报纸,还是其他发布新闻的媒介?

第二,竞争是平台之间的竞争还是内容之间的竞争?也就是说,报纸或互联网站的体育新闻和电视的体育新闻是否存在竞争关系?

第三,随着报纸的核心平台从印刷版转向网络和移动平台,过去的核心目标受众群体是否也随之改变了?

第四,甘尼特集团率先尝试的众包模式是否能持续发展?报纸的发展在多大程度上可以依靠众包模式?如前文所述,众包固然能降低成本,增强读者的参与感,但众包的对象毕竟是良莠不齐的未知大众群体,他们提供的多数属无偿劳动,因此如何对其进行有效的监管,保证其提供的报道或技术的质量?倘若众包的内容是技术的话,如何对其进行后续的维护和更新,这些都值得未来业界和学界的后续探讨和研究。

二、报业的未来:转型之路再升级

有人说19世纪是纸媒的天下,20世纪是电子媒介的天下,21世纪则是互联网的天下。报纸要想在互联网的天下获得一席之地,自然应当全面地了解互联网,进而全面地适应互联网。因此,创新互联网理念、深化互联网平

[①] 崔保国.2006中国传媒产业发展报告[M].北京:社会科学文献出版社,2006:5.
[②] Everette E. Dennis, Stephen Warley, James Sheridan. Doing digital: an assessment of the Top 25 U. S. media companies and their digital strategies[J].Journal of Media Business Studies,2006,3(1):33-51.

台融合、加强互联网人才培养是报业应当在做且坚持要做的三件大事。

(一) 创新互联网理念

经过 20 多年的成长,互联网已经成为全球社会经济发展的基础性设施。2015 年,李克强总理在政府工作报告中首次提出"互联网+"行动计划,这意味着互联网与传统产业融合发展被纳入国民经济的顶层设计之中,正式上升为国家战略。"互联网+"意味着跨界,互联网天生的无空间壁垒使得原本行业之间的藩篱被打破,一切都变得可以连接。正如马化腾、张晓峰、杜军等人联合创作的《连接一切:"互联网+"国家战略行动路线图》中所指出的,"互联网+生态"是指以互联网平台为基础,利用信息通信技术与各行各业的跨界融合,推动各行业优化、增长、创新、新生。在此过程中,新产品、新业务与新模式会层出不穷,彼此交融,最终呈现出一个"连接一切"(万物互联)的新生态。① 换言之,互联网不再是报纸的竞争对手,而是一个全新的生态环境,它为报业以及其他传媒产业带来了融合的数字空间和可能性。用《人民日报》副总编辑马利在内部所作报告的一句话来说就是:"互联网时代,如果你不敢跨界,就有人敢跨过来打劫,一切都有可能被推倒重来。"

在这个新生态中,每个组织都在经历去中心化,打破旧有的关系,建立新的关系。新关系的建立通常通过横向融合与纵向融合的方式。横向即所谓的水平跨界融合,它是指为了产生规模效益和降低生产成本,组织与相关行业内的其他组织进行横向联合,通过收购、并购等跨界手段提升组织市场占有率和竞争优势;或者组织在原有品牌、资源的优势下直接进入无关的新兴行业市场,以扩展组织的经营范围,积极融入互联网经济中去。纵向即垂直跨界融合,指的是向组织价值链上下游进行扩展,从产品生产的主要业务向上可跨界进入产品原材料的生产、供应行业,向下可进入产品销售的行业。张利平在其博士论文中认为,传媒业多以内容产品生产作为其核心业务,因此传媒组织主要倾向于以降低组织成本、提高效益为目的的水平跨界融合发展,通过融合建立某种关联,从而实现多元化业务协同作战和资源共享。②

目前,中美报业在"互联网+"的跨界发展中有各自的一套作为。其中,最简单的跨界是文本的跨界,即在内容生产中体现互联网思维,关照用户的阅读体验和感受,创作多元化的新闻内容。在互联网时代,受众在向用户乃

---

① 马化腾,张晓峰,杜军.连接一切:互联网+国家战略行动路线图[M].北京:中信出版社,2015:2.
② 张利平.华尔街日报的媒介融合战略[D].武汉:武汉大学,2014.

至生产消费者角色进行转变,因此不少传统媒体都提出了用户至上的理念。传统的点对点的传播被点对面、面对面的传播方式所取代,用户在网络中有了更多的参与权和话语权,他们的实时互动性在逐步增强、放大。作为舆论的广场,互联网的内容开放而多元。因此,倘若要在此舆论广场中脱颖而出,内容、形式缺一不可。通过建立消费者数据库,有利于对用户行为、偏好和需求差异进行科学、全面的分析,精准定位到价值消费者,对内容产品进行多层次、多介质的销售,从而满足互联网思维阅读模式下培养的用户的需求,适用于多平台的跨界新闻符号因此应运而生。① 因此,传统报业"两微一端"新媒体矩阵的打造,以及"中央厨房"的构建都是为了适应用户思维而做的调整,从而促使一次生产出来的文本能够全能化,以适应不同的平台。与此同时,报业自身也突破了单一媒体的范畴,而是向新型的互联网媒体企业组织转变。例如,《华尔街日报》目前的业务范围就包括了报纸、通讯社、网站应用、新闻信、杂志、视频、广播、专利数据库、会议等。《纽约时报》则在融合新闻、数据新闻、虚拟现实新闻等领域不断出新,将技术优势融入新闻故事中,从而创造出适应互联网用户的多元化新闻产品,守住自己的内容阵地和品牌形象。

  随着报业集团的融资、上市,以及人事和财务制度的独立,越来越多的报业组织开始了基于"互联网+"的跨界经营。所谓传媒资本运营,就是将传媒所拥有的可经营性资产视为有经营价值的资本,通过价值资本的流动、兼并、重组、参股、控股、交易、转让、租赁等途径进行运作,优化传媒资源配置,扩张传媒资本规模,进行有效经营,以实现最大限度增值目标的一种经营管理方式。② 报业过去在运营中往往因为业务单一而容易受到行业大环境的影响,缺乏优势资本又使其难以展开有效的资本运作。因此,报业要想走出困局,首先是坚守阵地,守住自己的品牌;其次再利用已有的品牌力量吸引资本,运作资本,将资本的触角不断向外延伸。以世界500强传媒集团为例,它们的业务范围通常涉及报纸、广播、电视、出版、电影等众多行业,同时它们依靠兼并或重组,不断扩大自身规模,寻找新的盈利增长点。

  互联网的发展加速了行业的融合、链接与并购,为报业的跨界经营提供了现实条件。通过资本输出、产业供给和市场循环的方式,报业的运营打破

---

① 李艳瑜.国内报业跨界融合战略研究[D].重庆:重庆工商大学,2017.
② 谢耘耕.中国传媒资本运营若干问题研究[J].新闻界,2006(3):4-9.

了原有行业、区域的限制,并突破地方保护主义的瓶颈,实现资本的联姻。例如,人民网股份有限公司在全国31个省、市、自治区设立了地方分公司,在全球10个国家和地区设立了11个子公司或办事处,业务遍布广告宣传服务、移动增值业务、信息服务和技术服务四个层面。此外,还在众云大数据平台及人民慕课等新兴业务方面取得重大进展,向"数据+咨询"的智库转型也初显成效。其收入结构进一步多元化,产业布局日益趋于完善。而浙报传媒控股集团有限公司更是秉承"传媒控制资本,资本壮大传媒"的发展理念,统筹运营浙江日报报业集团经营性资产,其下属拥有独资、控股子公司30多家,经营业务以传媒出版为核心,覆盖资讯服务、数字娱乐、教育培训、文化投资等多个产业领域,成为我国报业集团中跨界运营的领军传媒集团。

(二)深化平台融合

喻国明认为,未来媒介发展的主流模式是打造"平台型媒体"。所谓平台型媒体(platisher),是乔纳森·格里克(Jonathan Glick)在2014年将Platform(平台)和Publisher(出版商)整合后发明的新词汇,意指既拥有媒体的专业编辑权威性,又拥有面向用户平台所特有的开放性的数字内容实体。平台型媒体的实质是将算法技术与专业的编辑运作结合起来,打造一个包含了各种规则、服务和平衡力量的良性开放式平台。[①] 该定义对平台的开放性、平等性与专业性提出了一定的要求。所谓开放性,意味着该平台有更多的机会和可能与外界建立连接、共享资源,这有利于传媒企业的跨界发展。由于互联网本身就是一个开放的空间,因此在互联网上建构平台从本质上来说具有开放的属性。平等性是指任何角色在该平台上都有平等的机会参与、创作、分享、互动,其中没有绝对的控制者,也没有绝对的中心,角色之间呈现你中有我、我中有你的合作交互关系。平台的专业性则依托于原媒体组织的采编团队创作出专业且优质的内容产品,依托于原媒体组织的口碑与影响力形成权威发布。这三点是打造平台型媒体的精髓,也是所有媒介组织在向平台型媒体转型过程中所要努力的方向。

中国和美国的报业组织早已明白平台融合的重要性,也在数字化转型的探索过程中不断尝试平台融合的各种实践,但离格里克提出的平台型媒体的建构仍有一定的差距。目前,大部分的报业组织都在原有纸媒和网站的基础上,或利用Twitter和Facebook(国外),或利用新浪微博和微信公众号(国

---

① 喻国明.互联网是一种高维媒介[J].教育传媒研究,2016(1):15-17.

内)等社交媒体平台来扩大报纸的传播范围。对于它们来说，内容的发表并不是报纸内容生产的结束，而是一场互动的开始，因为后续的浏览量、转发量、评论数量和评论内容都是极有价值的数据，作为评价和反馈有利于优化下一阶段新闻的传播。另有一些实力较强的报业组织，如本书的几个主要研究对象，均斥资研发了自己的新闻客户端，并不时更新和推出各种具有特色的服务，涵盖新闻、生活资讯、休闲娱乐等不同领域。诸如《纽约时报》和《华尔街日报》等还经常通过开展线上和线下的活动构建传播者和用户之间的互动关系，为双方的相互了解和平等交流搭建良好的平台，打造双方的强关系链接。

赵大伟在《互联网思维独孤九剑》中提出了未来媒介组织的设想——"小前端、大平台、富生态"①。由于移动应用是目前的主流趋势，小前端应当首先聚焦于移动端口，优先保障移动端口的内容需要和时效性。移动发布端口的背后是大平台的构建，这有赖于"中央厨房"的建设。有了精准的前端，有了强大的平台，才能建立起将所有利益相关方纳入其中的富生态。中国人民大学新闻学院教授宋建武认为，要实现移动端口优先需要做到以下三项：其一要以平台意识更新端口思维，构建移动发布平台；其二要以原创+聚合的方式更新内容生产模式，逐步实现以大数据为基础生产新闻产品，聚合社会各方面的信息；其三是要以精准分发取代千人一面，顺应传播关系的转型，尊重每个人的传播主体地位，满足每个人的个性化信息需求。② 目前，国内媒体的"中央厨房"正是构建"小前端、大平台、富生态"的一次尝试。"中央厨房"通过抽调和重组编辑人员的物理融合方式打破了原有编辑部门的界限，建立中央编辑部，掌握网站、微博、微信、客户端等各个端口的内容分发和反馈情况，保证了新闻产品的一次采集、多次利用、全平台分发的高效实现。通过这一运作机制，"中央厨房"被广泛运用于聚合自己媒体内部资源，同时还被尝试用于聚合其他媒体乃至政府机构发布的信息资源，实现多方的参与与合作共赢。

平台融合的另一个层面是资本平台构建。互联网既是一个开放的平台，也是一个资本密集的行业，每个企业的创新与成长都离不开资本的力量，报业组织亦是如此。对于报业组织来说，短期内有效积聚资本的方法就是融资。

---

① 赵大伟.互联网思维独孤九剑北京[M].北京:机械工业出版社,2014:213.
② 李雪昆.融合新路径:聚合+算法[N/OL].中国新闻出版广电报,2017-06-20 [2018-10-16]. http://zgcb.chinaxwcb.com/info/106073.

互联网的开放性使得报业组织能够凭借其品牌与行业的优势，吸引其他企业资本的进入，为报纸搭建跨界融合平台。浙报集团就是通过融资实现跨界经营的成功典型。浙报传媒在2011年上市之后一直秉信"传媒控制资本、资本壮大传媒"的理念，通过打造传媒梦工厂创投平台，发掘和培育虎嗅、知微、车商通等新型媒体产品、技术和服务，投资或合作"百分点科技""随视传媒""阜博通"等新媒体股权项目，并购边锋浩方游戏平台集聚用户资源等一系列举措，最大限度开发传统媒体的产业价值，加速媒体融合及文化产业的整合，促进资本跨界平台的融合。

（三）加强人才队伍建设

人才是报业的根本，是报业发展的决定性力量。习近平总书记在致《人民日报》创刊70周年的贺信中就明确提出了要加强人才队伍建设。习总书记的要求在媒体转型的当下尤为迫切。一方面，由于受到新媒体的冲击，传统报业面临着人才的大量流失，有的主动离职，有的被无奈裁员，报业队伍亟待优化重整；另一方面，由于媒介环境的变迁以及报业数字化转型的必要，具有互联网思维，同时既懂传统采编业务又懂数字传媒运营的复合型人才极为紧缺，数字化人才队伍的重要性日益显现。此外，"整合型"经营人才、产业人才、新媒体技术人才和国际化人才队伍都需要进一步夯实。

《纽约时报》曾经在其《创新报告》中反思自己在编辑室人才招聘上的认知偏差："我们现在的做法是高估了数字人才招聘中新闻技能的重要性，低估了新闻人才招聘中数字技术的重要性。"[①]《纽约时报》作为一家以创新和技术见长的报业组织尚且发出如此感叹，其他报纸的数字人才稀缺可想而知。为了填补这一人才缺口，各国的传统媒体都在不断做出努力和调整。一般来说，人才队伍的建设主要通过两方面来完成：一是靠外部引进；二是靠内部培养。外部引进首先指的就是招聘新员工。在实际操作中，许多报纸由于新建部门，会采用人手扩充的方式招聘一批新员工，他们往往都是刚刚毕业的大学生。这就自然能在员工的选择上有意识地偏重掌握新媒体技术、具有全媒体运营能力和互联网思维的人，这也有利于吸收新鲜的"数字化血液"。但是，新人进来也不是立刻就能上手所有工作的，报业组织还是得对其加大培养、展开教育。另一种引进侧重于高端、有经验的人才，但相比之下给出的条件也必须要有足够的吸引力。由此可见，引进固然是最快速最有效解决人

---

① 王立芳.纽约时报的数字化转型研究[D].北京:北京交通大学,2017.

才短板的办法，但要想引来金凤凰，首先得有梧桐树，因此引进人才对报纸本身的要求比较高，同时也会加大报纸的经济成本。

相比之下，通过内部培养以推动老员工转型不失为人才队伍建设中一个更经济有效的办法。内部人才的培养首先有赖于良好的学习氛围，《华尔街日报》的母公司道·琼斯集团在招聘广告上将本集团描绘为一个"具有高度创业精神，一个学院式的新闻机构，不是等级制度森严的机构"①。因此，员工在《华尔街日报》中特别注重自我成长和自我价值的提升，这一方面是受到了集团文化的影响，另一方面也是感受到了日益激烈的媒体竞争环境所带来的压力。道·琼斯和《华尔街日报》经常组织高级编辑、技术高管和经营高管到全球巡视，并将领导人的经验之谈做成语录向道·琼斯员工公开，使之学习，这些语录都是日报和道·琼斯高层领导人对于行业各领域的核心感悟，通过这些经典话语在日报组织内的流传，营造了日报从上而下的学习型文化。② 无独有偶，浙江日报报业集团也曾多次在人才总体规划和年度发展规划中提出，要切实加强工程技术人才队伍建设，加强对现有技术人员的培养，重点培养选拔一批具有较高专业技能的高级工程技术人员，进一步提升集团办报和管理的现代化水平。③ 在这一纲领性文件的指导下，浙报集团一直注重各类人才尤其是数字人才的培养，尊重他们的创新精神，给予其成长的空间，同时关心他们的生活，尽可能解决其后顾之忧，使其能专心工作。

数字化是一场不可避免的浪潮，数字化转型是报纸发展的必经之路。然而，对于这次转型，中国和美国的报业集团谁也没有必胜的把握，双方都是在不断地探索、不断地试错中寻找最适合自己的道路。或许在转型初期，中国媒体还大量参考了美国媒体的做法，借鉴了它们的经验。然而，随着转型的深入，中国媒体开始创新自己的媒介融合之路，它们在某些方面甚至比美国同行走得更远。不管怎样，报业的转型都并非一蹴而就之事，这其中涉及报业组织内部、外部方方面面的因素：自上而下，要有顶层设计和战略意识；自下而上要有新媒体团队和多元化平台；自内而外要有适应互联网的新型组织形式；自外而内要有跨界的业务与资本。只有将上下内外各方的关系打通理顺之后，报纸的融合之路才会越走越顺，越走越宽阔。

---

① Dowjones. It's All Good [EB/OL][2013-01-30].http://new.dowjones.com/press-room/good/.
② 张利平.华尔街日报的媒介融合战略[D].武汉:武汉大学,2014.
③ 应金泉.媒介融合中报纸编辑工作的转型[J].新闻战线,2009(6):41-42.

参考文献

[1] Abel J C.Wall Street Journal takes paywall fight to mobile[EB/OL].[2009-12-05].http://www.wired.com/epicenter/2009/09/wall-street-journal-takes-paywall-fight-to-mobile.

[2] Alison Alexander, James Owers, Rodney A. Carveth, C. Ann Hollifield, Albert N. Greco. Media economics: theory and practice[M]. London: Routledge, 2003:109.

[3] Althaus S L, Tewksbury D.Patterns of internet and traditional news media use in a networked community[J].Political communication,2000(17):21-45.

[4] Althaus S L, Tewksbury D.Patterns of Internet and traditional news media use in a networked community[J].Political communication,2000(17):21-45.

[5] Amy Gahran.Teaching mobile journalism: It's not just the tools, it's the mindset[EB/OL].[2017-06-12].http://www.knight digital media center.org.

[6] Arthur Asa Berger. Media and society: a critical perspective, Maryland: Rowman & Littlefield,2007:178-179.

[7] Ashley Stepanek.USA TODAY's social media editor Michelle Kessler comments on the evolving newsroom and tracking success[EB/OL].[2011-01-28].http://www.editorsweblog.org

[8] Barkemeyer R, Figge F, Holt D, Hahn T.What the papers say: trends in sustainability: a comparative analysis of 115 leading national newspapers worldwide[J].The Journal of Corporate Citizenship,2009,3(22):69-86.

[9] Barkemeyer R, Figge F, Holt D, Hahn T.What the papers say: trends in sustainability: a comparative analysis of 115 leading national newspapers worldwide[J].The Journal of Corporate Citizenship,2009,3(22):66-68.

[10] Bill Keller.A message from Bill Keller and Martin Nisenholtz[EB/OL].[2017-08-23].http://www.poynter.org/forum/view_post.asp?id=10027.

[11] Bill Kovach, Tom Rosenstiel.The elements of journalism: what newspeople should know and the public should expect[M].Danvers, MA: Three Rivers Press,

2001:24.

[12] Bogart L.Newspapers[J].Media Studies Journal,1999,13(2):60-68.

[13] Boyd DM,Ellison N B.Social network sites:definition,history,and scholarship[J].Journal of Computer-Mediated Communication,2007,13(1).

[14] Brend W Wirtz.Convergence Processes,Value Constellations and Integration Strategies in the Multimedia Business[J].The International Journal on Media Management,1999(1):14-22.

[15] Brown J R,Cramond J K,Wilde R J.Displacement effects of television and the child's functional orientation to media[M]// J G Blumler,E Katz.The uses of mass communications:current perspectives on gratifications research,California:Beverly Hills,1974:93-112.

[16] Bum Soo Chon,Junho H Choi,George A Barnett,James A Danowski,Sung-Hee Joo.A structural analysis of media convergence:cross-industry mergers and acquisitions in the information industries[J].Journal of Media Economics,2003(16):141-157.

[17] Carlson D.Compuserve [EB/OL].[2015-03-12].http://iml.jou.ufl.edu/carlson/history/compuserve.html.

[18] Chandler Jr A D.The Visible Hand:The Managerial Revolution in American Bussiness[M].Cambridge,Massachusetts:Harvard University Press.1977.

[19] Chris O'Brien.USA Today blows up the newsroom again[EB/OL].[2010-09-09].http://nextnewsroom.com/2010/09/01/usa-today-blows-up-the-newsroom-again/.

[20] Cindy Royal.The Journalist as Programmer:A Case Study of The New York Times Interactive News Technology Department[C].International Symposium in Online Journalism,The University of Texas at Austin,April 2010.

[21] Cinzia Dal Zotto,Hand Van Kranenburg.Management and Innovation in the Media Industry[M].Northampton,MA:Edward Elgar Publishing,Inc.2008:1.

[22] Cole D M.History and the technology race[J].Presstime,1999(3):57.

[23] Cole D M.Ch-ch-changes[J].Presstime,1996(10):59-59.

[24] Daekyung Kim,Thomas J Johnson.A victory of the internet over mass media? Examining the effects of online media on political attitudes in South Korea, Asian Journal of Communication,2000,16(1):1-18.

[25] Dan Butcher.Wall Street Journal monetizes mobile content via subscriptions,ads[EB/OL].http://www.mobilemarketer.com/cms/news/media/6040.html.

[26] David S Evans,Karen L Webster.Tommorrow's news today:strategies for survival[J].Ideas,2007(9):8-10.

[27] Denis Mcquail.Mcquail's Mass Communication Theory[M].London:Sage Publications Ltd,2005:405-408.

[28] Denise Caruso.Show Me the Money![J].Columbia Journalism Review,1997(7-8):32-33.

[29] Deuze M.The web and its journalisms:Considering the consequences of different types of news media online[J].New Media & Society,2003,5(2):203-230.

[30] Dowjones.Circulation[EB/OL].[2018-06-28].http://www.dowjones.com/pressroom/releases/2010/08252010-wsj-circulation-0077.asp.

[31] Dowjones.Dow Jones&Company Code of Conduct[EB/OL].[2018-8-30].http://www.dj.com/CodeConduct.asp.

[32] Dowjones.It's All Good [EB/OL][2013-01-30].http://new.dowjones.com/press-room/good/.

[33] Doyle G.Media ownership:The economics and politics of convergence and concentration in the UK and European media[M].London:SAGE Publications,2002:136-140.

[34] Duffy, Margaret, Thorson, Esther, Shim Jae. Citizenship and use of traditional and new media for information and entertainment[C].Paper presented at the annual meeting of the International Communication Association,Dresden International Congress Centre,Dresden,Germany,Jun 16,2006.

[35] Emarketer.emarketer research report [EB/OL].http://www.emarketer.com.

[36] Emarketer.emarketer research report[EB/OL].http://www.emarketer.com,Dec.2010.

[37] Everett M Rogers.Diffusion of innovations[M].New York:Free Press,2003:17.

[38] Everette E Dennis,Stephen Warley,James Sheridan.Doing digital:an assessment of the Top 25 U.S.media companies and their digital strategies[J].Journal of Media Business Studies,2006,3(1):33-51.

[39] Freeman C.The Economics of Industrial Innovation[M].London:Frances Pinter,1982:57-58.

[40] Rothwell R,Gardiner P.Invention,innovation,re-innovation and the role of the users[J].Technovation.1985(3):168.

[41] George Sylvie,Patricia Dennis Witherspoon.Time,Change and the American Newspaper[M].Mahwah,NJ:Lawrence Erlbaum Associates,2002:5-8.

[42] George Sylvie,Patricia Dennis Witherspoon.Time,Change and the American Newspaper[M].Mahwah,NJ:Lawrence Erlbaum Associates,2002:21-23.

[43] Giselle Tsirulnik.USA Today rolls out open API strategy to encourage app development [EB/OL]. http://www.mobilemarketer.com/cms/news/media/7779.html.

[44] Hagen I.Slaves of the Ratings Tyranny? Media Images of the Audience [M]//P.Alaasuutari.Rethinking the Media Audience,London:Sage,1999:130-150.

[45] Harding M.Five steps towards effective digital IP management[J].Managing Intellectual Property,2008(182):49-52.

[46] Harold A Innis,Alexander John Watson.The Bias of Communication[M].Toronto:University of Toronto Press,2008:4,28.

[47] Henry Blodget.Our Plan to Fix the New York Times[EB/OL].http://www.businessinsider.com/2009/1/our-plan-to-fix-the-new-york-times-nyt.

[48] Hider J.The trouble with newspapers[J].Editor & Publisher,1998(131):40-46.

[49] Hinings B.Structure:Organization[M]//R Westwood,S Clegg.Debating organization:Point-counterpoint in organization studies,Oxford,England:Blackwell.2003:275-283.

[50] J Schuumpere.Capitalism, Socialism and Democracy[M].New York:Harper Collins,1943.

[51] J D Lasica.Online news media's new mantra:building user loyalty[J/OL].Online Journalism Review,http://www.ojr.org.

[52] Jack Fuller.News values:ideas for an information age[M].Chicago:University of Chicago Press,1997:244.

[53] Jarvis J Networked Journalism[J/OL].Buzzmachine.[2006-07-05].[2018-05-07] http://www.buzzmachine.com/2006/07/05/networked-journal-

ism/.

[54] Jason Ankeny.Wall Street Journal adds 200 000 mobile subscribers[EB/OL].http://www.fiercemobilecontent.com.

[55] Jason Ankeny.Wall Street Journal adds 200 000 mobile subscribers[EB/OL].http://www.fiercemobilecontent.com/.

[56] Jay DeFoore.Web Victory:New York Times to Begin Integrating Online Newsroom[J].Editor&Publisher,2005-08-02.

[57] Jean Yves Chainon.US:Mobile journalism is changing the newsroom[EB/OL].[2017-06-03] www.editorsweblog.org.

[58] Jeff Bercovici.Cuts Coming Next Week at The Wall Street Journal[EB/OL].[2009-01-30].http://www.portfolio.com/views/blogs/mixed-media/2009/01/30/cuts-coming-next-week-at-the-wall-street-journal.

[59] Jeff Howe.Gannett to crowdsource news[EB/OL].[2006-12-05].http://www.wired.com/news/culture/media/072067-0.html.

[60] Jennings M.Editors need to listen up[J].Editor & Publisher,1999(132):70-70.

[61] JoePompeo.Wall Street Journal's circulation up New York Times' circulation down[N].Business Insider.2010-04-26.

[62] John Hillkirk. USA Today's new editor pushes for enterprise innovation[EB/OL].https://www.gannett.com/

[63] John V Pavlik.Journalism and new media[M].New York:Columbia University Press,2001:8.

[64] Johnson P.Publisher's message:change or be changed[J].The American Editor,1977(130):16-20.

[65] Joseph R Dominick.Dynamics of mass communication:media in the digital age[M].New York:McGraw-Hill,2004:72.

[66] Jupiter Research Vision Report.Mobile Content and Applications:Monetizing Popular Interactive Service[J].Broadband and Wireless,2000(8):52-58.

[67] Kanter R,Stein B,Jick T.The challenge of organizational change:How companies experience it and leaders guide it[M].New York:The Free Press,1992:54-62.

[68] Katherine Thompson.WSJ.com relaunches,revamps newsroom:This is just

the beginning[EB/OL]. http://www.editorsweblog.org/analysis/2008/09/wsjcom_relaunches_revamps_newsroom_this.php.

[69] Katherine Thompson. US: print and web newsrooms may be merged at Washington Post[EB/OL].[2008-07-10]. http://www.editorsweblog.org/special.php?tag=integration&category=&order=&lastn=25&offset=75&blogs=1.

[70] Katherine Thompsonon.WSJ.com relaunches, revamps newsroom: This is just the beginning[EB/OL].[2008-09-16].www.editorsweblog.org.

[71] Kaye B K, Johnson T J. From here to obscurity? Media substitution theory and traditional media in an on-line world[J]. Journal of the American Society for Information Science and Technology, 2003, 54(3): 260-273.

[72] Koch T. Journalism for the 21st Century: online Information, Electronic Database and the News[M]. New York: Prager, 1991.

[73] Lewis Mumford. Technics and Civilization[M]. New York: Harcourt, Brace and Company, INC.1934: 6-17.

[74] Lin C A. Audience attribute, media supplementation, and likely online service adoption[J]. Mass Communication & Society, 2001(4): 19-38.

[75] Lyons R J. Chatman and C. Joyce. Innovation in Services: Corporate Culture and Investment Banking[J]. California Management Review, 2007, 50(1).

[76] Mario R Garcia. The shape of newsrooms to come[EB/OL].[2010-08-27]. http://www.garciamedia.com/blog/articles/the_shape_of_newsrooms_to_come.

[77] Mark Glaser. GrayLady.com: NY Times explodes wall between print, Web[J]. Online Journalism Review, 2005-08-09.

[78] Mcluhan M. Understanding media: the extensions of man[M]. New York: McGraw-Hill Book Company, 1964: 61.

[79] Michael Liedtke. USA Today rewrites strategy to cope with Internet[EB/OL].[2011-03-23]. http://www.businessweek.com/ap/financialnews/D9M4V5200.htm.

[80] Michael Liedtke. USA Today rewrites strategy to cope with the Internet[N/OL]. Associated Press, [2011-03-23].[2018-06-25]. http://news.yahoo.com/s/ap/20110323/ap_on_hi_te/us_transforming_usa_today.

[81] Michael Malone. Furloughs Force Gannett GMs to Sidelines[N]. Broadcasting and Cable, 2009-02-16.

[82] Michael Tushman, Michael J Roberts. USA Today: Pursuing the Network Strategy[EB/OL]. Harvard Business School Programme, [2005-09-19]. https://www.thecasesolutions.com/ustoday-pursuing-the-network-strategy-b-13354.

[83] Michael Tushman, Michael J Roberts. USA Today: Pursuing the Network Strategy[EB/OL]. [2005-09-19]. Harvard Business School Programme. https://www.hbs.edu/about/academic-programs/pages/default.aspx.

[84] Morgan G. Images of Organization[M]. Newbury Park: Sage. 1986: 48.

[85] Nat Ives. USA Today: "Mcpapers" in Modern Times[J]. Advertising Age, 2008, 79(22): 22-25.

[86] Neil Postman. Teaching as a subversive activities[M]. New York: Delacorte Press, 1969: 168.

[87] Neil Postman. The humanism of Media Ecology[C]. Keynote address delivered at the inaugural Media Ecology Association Convention, Fordham University, New York, June 16-17, 2000.

[88] Newyork Times Company. NYTimes.com adds Recommendations Feature [EB/OL]. http://www.nytco.com.

[89] Nina D Ziv. Toward a New Paradigm of Innovation on the Mobile Platform: Redefining the Roles of Content Providers, Technology Companies, and Users[R]. Sydney, Australia: IEEE Conference Proceedings, MBusiness Conference, July 2005.

[90] Odum E P, Barrett G W. Fundamentals of ecology[M]. Massachusetts: Brooks Cole Publishing. 2005: 598.

[91] Pablo J Boczkowski. Digitizing the News: Innovation in Online Newspapers, Cambridge [M]. Massachusetts: The Massachusetts Institute of Technology Press. 2004.

[92] Paul Levinson. Cellphone: the story of the world's most mobile medium and how it has transformed everything[M]. New York: Palgrave Macmillan, 2004: 43.

[93] Paul Levinson. Digital McLuhan: A guide to the information millennium [M]. London, Routledge, 1999: 16.

[94] Paul Levinson. Human replay: A theory of the evolution of media[D]. New York University, 1979: 36-43.

[95] Pew Research Center. State of the news media[EB/OL]. [2017-03-23].

http://www.pewresearch.org/topics/state-of-the-news-media/.

[96] Philip Meyer.The vanishing newspaper:saving journalism in the information age[M].Missouri:University of Missouri Press,2009:6.

[97] Project for Excellence in Journalism.The Changing Newsroom:What is Being Gained and What is Being Lost in America's Daily Newspaper? [EB/OL]. [2018-05-30].http://www.journalism.org/node/11961.

[98] Raleigh.The Wall Street Journal Online and Summus Announce Launch of The Wall Street Journal Mobile [EB/OL].http://phx.corporate-ir.net/phoenix. zhtml? c=131111&p=irol-newsArticle&ID=807942&highlight=.

[99] Rich Gordon.Convergence Defined[N].Online Journalism Review,2003-11-13.

[100] Rich Gordon.The meanings and implications of convergence[M]// Kevin Kawamoto.Digital journalism:emerging media and the changing horizons of journalism.New York:Rowman & Littlefield publishers,Inc.2003:53-57.

[101] Rick Edmonds.USA Today's Radical Restructuring Means End of Newsroom Integration, Universal Desk [EB/OL]. [2010-10-20].http://www. poynter.org.

[102] Robert G Picard,Jeffrey H Brody.Newspaper publishing industry[M]. Boston:Allyn & Bacon,1996:54.

[103] Roger F Fidler.Mediamorphosis:understanding new media[M].Los Angeles:Pine Forge Press,1997:19-20.

[104] Rupert Murdoch.From town crier to bloggers:how will journalism survive the internet age? [J].Vital Speeches of the Day,2010,76(2):61.

[105] Sarah Ellison.Murdoch's Choice:Paid or Free for WSJ.com? [EB/OL]. http://online.wsj.com/article/SB119015797997631717.html.

[106] Saul Hansell.NYT "Bits" Hits #14 on Techmeme Leaderboard[EB/ OL].http://www.beet.tv/2007/11/bits-new-york-t.html.

[107] Schumpeter J A.Theorie der wirtschaftlichen Entwicklung:Eine Untersuchung uber Unternehmergewinn,Kapital,Kredit,Zins und den Kojunkturzyklus[M]. Berlin:Dunker und Humblot.1997.

[108] Scott.New York Times:highlights from the NYT business side[EB/OL]. [2017-02-12].http://www.niemanlab.org/pdfs/nytimes3memo.pdf.

[109] Shayne Bowman, Chris Willis. We meida: how audiences are shaping the future of news and information[C]. Arlington: The Media Center at the American Press Institute, 2003:14.

[110] Shoemaker P J, Eichholz M, Kim E, Wrigley B. Individual and routine forces in gatekeeping[J]. Journalism & Mass Communication Quarterly, 2001, 78(2):233-246.

[111] Simon H A. Desingning Organizations for an Information-Rich World[M]//Martin Greenberger. Computers, communications, and the public interest. Baltimore: The John Hopkins Press, 1971:40-70.

[112] Staci D Kramer. Interview: Mario Garcia: print is the mother milk of the tablet[EB/OL]. http://paidcontent.org/article/419-interview-dr.-mario-garcia-print-is-the-mother-milk-of-the-tablet/.

[113] Staci D Kramer. WSJ.com Relaunches During Financial News Meltdown[N/OL]. http://www.guardian.co.uk/media/pda/2008/sep/15/pressandpublishing.wallstreetjournal.

[114] Starkman Dean. The Hamster Wheel[J]. Columbia Journalism Review, 2010, 49(3):46-53.

[115] Stempel III G H, Hargrove T, Bernt J P. Relation of growth of use of the Internet to changes in media use from 1995 to 1999[J]. Journal of Mass Communication Quarterly, 2000(77):71-79.

[116] Stephen Quinn. Knowledge Management in the Digital Newsroom[M]. Oxford: Focal Press, 2002:65-69.

[117] Suzanne M Kirchhoff. The U.S. newspaper industry in transition, Congressional Research Service Report[EB/OL]. [2010-09-09]. [2017-12-21]. http://www.crs.gov.

[118] Teinowitz Ira. USA Today: No longer a newspaper[J]. Advertising Age, 2002, 73(36):34-44.

[119] The Interactive Advertising Bureau. The IBA Internet advertising revenue report[EB/OL]. [2018-05-20]. www.iba.net.

[120] The National Newspaper Association. Total Paid Circulation[EB/OL]. [2017-10-20]. http://www.naa.org/TrendsandNumbers/Advertising-Expenditures.aspx.

［121］The National Newspaper Association.Total Paid Circulation［EB/OL］.［2017-10-20］.http://www.naa.org/TrendsandNumbers/Total-Paid-Circulation.aspx.

［122］Thomas F Baldwi, D Stevens McVoy, Charles W Steinfield, Charles Steinfield. Convergence: integrating media, information & communication［M］. London:Sage Publications,Inc,1996:4.

［123］Thompson J D.Organizations in Action［M］.New York:McGraw-Hill,1967.

［124］Tidd J,Bessant H,Pavitt K.Managing Innovation:Integrating Technological,Market and Organizational Change［M］.Chichester:John Wiley and Sons,2005:99.

［125］Vincent Mosco.The digital sublime:myth,power,and cyberspace［M］.Cambridge,Massachusetts:The MIT Press,2005:144.

［126］Wadsworth,Khandwalla P N.Environment and its impact on the organization［J］.International Studies of Management and Organization,1972(2):297-313.

［127］Zachary M.Seward.Five Tips on Charging for Content from Alan Murray of WSJ.com［EB/OL］.［2009-04-08］www.niemanlab.org/2009/04/five-tips-on-charging-for-content-from-alan-murray-of-wsjcom/.

［128］埃弗雷特 M 罗杰斯.创新的扩散［M］.辛欣,译.北京:中央编译出版社,2002:189.

［129］埃里克·麦克卢汉.麦克卢汉精粹［M］.何道宽,译.南京:南京大学出版社,2000:385.

［130］鲍立泉.技术视野下媒介融合的历史与未来［M］.武汉:华中科技大学出版社,2013:18.

［131］蔡帼芬.加拿大媒介与文化［M］.北京:中国传媒大学出版社,2004:221.

［132］蔡雯.媒体融合与融合新闻［M］.北京:人民出版社,2012:6.

［133］蔡雯.新闻传播的变化融合了什么?——从美国新闻传播的变化谈起［J］.采写编,2006(2):57-59.

［134］曾凡斌.发展数字报业战略的关键点及需要注意的问题［J］.中国报业,2006(10):23-27.

［135］曾培伦,朱春阳."如何来用"到"用来如何":中央厨房的"载体化"实

践改造面向[J].新闻界,2018(08):10-17+29.

[136] 陈保平.新媒体环境下的报纸优势策略[J].传媒,2007(1):28-30.

[137] 陈昌凤.纽约时报公司的经营模式探析[J].国际新闻界,2003(6):33-38.

[138] 陈国权.2017中国报业发展报告[J].编辑之友,2018(2):28-36.

[139] 陈国权.浙报集团:寻找报业转型基因变革之路[J].中国记者,2013(9).

[140] 陈力丹.用自信的微笑应对2044年报纸消亡的预言[N].中国新闻出版报,2007-01-26.

[141] 陈婉莹.传统报纸媒体如何应对网络媒体的新挑战——以美国报纸网络版的变革为例[J].新闻记者,2007(11):32-34.

[142] 陈映.他们是如何打拼的——《华尔街日报》和《金融时报》经营策略的比较分析[J].新闻传播,2004(10):40-42.

[143] 成文胜.传统媒体时政类微信公众账号的运营模式探析[J].当代传播(汉文版),2015(5):62-67.

[144] 程曼丽.从历史角度看新媒体对传统社会的解构[J].现代传播,2007(6):94-97.

[145] 涂运.从"铅与火"到"光与电"印刷术见证科技创新[EB/OL].http://news.xinhuanet.com/tech/2009-09/19/content_12079379_3.htm.

[146] 崔保国.2006中国传媒产业发展报告[M].北京:社会科学文献出版社,2006:5.

[147] 丹·吉摩尔.草根媒体[M].陈建勋,译.南京:南京大学出版社,2009:22.

[148] 丹·席勒.数字资本主义[M].杨立平,译.南昌:江西人民出版社,2001:133.

[149] 丹尼斯·麦奎尔.受众分析[M].刘燕南,李颖,杨振荣,译.北京:中国人民大学出版社,2006:2-3.

[150] 邓建国."信息中心":未来报纸的新闻编辑室?——美国甘耐特集团的"激进"报业改革[J].新闻记者,2007(1):71-73.

[151] 邓顺国.网上银行与网上金融服务[M].北京:清华大学出版社,2004:49.

[152] 丁柏铨.媒介融合:概念、动因及利弊[J].南京社会科学,2011(11):

92-99.

[153] 窦锋昌."中央厨房"如何才能发挥龙头作用[J].青年记者,2017(7):12-14.

[154] 段悦.报纸网站内容收费模式初探[D].汕头:汕头大学,2011.

[155] 恩斯特·卡尔.人论[M].甘洋,译.上海:上海译文出版社,1985:33.

[156] 范东升等.拯救报纸[M].广州:南方日报出版社,2011:109.

[157] 方师师.深度数字化进程已经开启——2014美国新闻媒体报告[J].新闻记者,2014(5).

[158] 方兴东,潘斐斐,李树波.新媒体之道与媒体融合战略选择——纽约时报与人民日报媒体融合20年历程与经验比较研究[J].新闻记者,2016(1):74-81.

[159] 付晓燕.传统报纸电子阅读业务开发的必要性及其可能——以《纽约时报》电子报为例[J/OL].http://media.people.com.cn/GB/22114/150608/150615/13565809.html.

[160] 伽达默尔.科学时代的理性[M].薛华.译,北京:国际文化出版公司,1988:63.

[161] 高春景.报业经济多元化的主要形式[J].新闻前哨,2007(6):15-17.

[162] 高钢,陈绚.关于媒体融合的几点思索[J].国际新闻界,2006(9):51-56.

[163] 高海浩.用互联网基因构建传媒转型新平台——浙报集团:做了什么,还要做什么[J].中国记者,2013(3):18-19.

[164] 高海浩.浙江日报业集团,媒体融合永远在路上[N].中国新闻出版广电报,2016-12-13(6).

[165] 鄢书凯.全媒体时代我国报业的数字化转型[D].杭州:浙江大学,2010.

[166] 辜晓进,叶愉.抵达与黏合:美国报业移动优先环境下的App策略研究[J].新闻大学,2018(3):43-52.

[167] 辜晓进.规模优势:报业融合转型的丛林法则——大报转型的马太效应vs小报融合的三条出路[J].新闻记者,2017(08):6-16.

[168] 辜晓进.美国报业转型的五大发展趋势[J].全球传媒学刊,2016(3):18-32.

[169] 古荣鑫.中央厨房式报业融合的机制创新及其纠偏策略研究[D].湘

潭大学,2017.

[170] 汉斯·萨克塞.生态哲学[M].文韬,佩云,译.北京:东方出版社,1991:3.

[171] 何崑.媒体融合,技术引领?——南方报业的实践与体会[J].传媒评论,2014(10):13-16.

[172] 何镇飚.美国报业新一轮的流程再造[J].新闻与写作,2016(10):31-35.

[173] 胡颖,周忱.传统媒体与新媒体依存度分析[J].新闻传播,2007(5):4-7.

[174] 黄建友.论媒介融合的内涵及其演进路径[J].当代传播,2009(5):50-52.

[175] 黄于文.CRM在羊城晚报广告管理系统中的体现[J].中国报业,2002(4):39-41.

[176] 黄玉洋.《人民日报》媒介融合的历程及前景研究[D].石家庄:河北大学,2016.

[177] 冀万林,张欣.回顾纽约时报1997-2012年收缩转型中的教训[EB/OL].[2013-09-06].http://media.people.com.cn/n/2013/0916/c4060622933098.html.

[178] 姜青青.杭州日报"触网"记[J].中国报业,2012(4):70-71.

[179] 蒋阿福.报纸是怎样印刷和出版的?[J].新闻战线,1980(7):49-50.

[180] 杰罗姆.平台型新媒体,科技与媒体百年缠斗中再平衡[EB/OL].钛媒体,http://tech.163.com/14/1216/08/ADISV919000915BF.html.

[181] 匡文波,王丹黎.新媒介融合:从零和走向共赢[J].广告大观(综合版),2007(8):115-117.

[182] 匡文波."新媒体"概念辨析[J].国际新闻界,2008(6):66-69.

[183] 匡文波.网络媒体概论[M].北京:清华大学出版社,2001:15.

[184] 雷甜.报网融合新阶段:《人民日报》对二维码的应用研究[D].西安:陕西师范大学,2016

[185] 雷跃捷,金梦玉,吴风.互联网媒体的概念、传播特性、现状及其发展前景[C/OL].2000网络新闻研讨会中文版.http://www.cctv.com/tvguide/tvcomment/tyzj/zjwz/8236.shtml.

[186] 李建国.新媒体的崛起与报业应对之策[J].传媒评论,2006(7):

47-49.

[187] 李建国.新媒体的崛起与报业应对之策[J].新闻实践,2006(7):47-49.

[188] 李培清.加快传媒集团公司建设步伐[J].新闻前哨,2007(6):17-19.

[189] 李晓莉.人民日报电子版收费 多数专家学者不看好[N/OL].羊城晚报.[2010-02-02].http://media.sohu.com/20100202/n270004063.shtml.

[190] 李雪昆.融合新路径:聚合+算法[N/OL].中国新闻出版广电报,(2017-06-20).[2018-10-16].http://zgcb.chinaxwcb.com/info/106073.

[191] 李艳瑜.国内报业跨界融合战略研究[D].重庆:重庆工商大学,2017.

[192] 林文刚.媒介环境学:思想沿革与多维视野[M].何道宽,译.北京:北京大学出版社,2007:74.

[193] 刘春云,史江民.眼光与脚步——访人民网原总裁何加正[J].中国报业,2016(11):38-41.

[194] 刘珊.全媒体时代,报刊业围城破局——全媒体布局,报刊业的自我救赎[J].广告大观:媒介版,2010(6):20-26.

[195] 刘阳,王宇鹏.人民视频客户端上线[EB/OL].[2018-03-03].http://media.people.com.cn/n1/2018/0303/c40606-29845130.html.

[196] 卢新宁.人民日报为什么要办"人民号"?[EB/OL].http://media.people.com.cn/n1/2018/0612/c40606-30051403.html.

[197] 卢新宁."内容+"将成为媒体融合关键词——在2017媒体融合发展论坛发言[EB/OL].[2017-08-19].http://media.people.com.cn/n1/2017/0819/c120837-29480996.html.

[198] 陆高峰.我国传媒业发展的制度瓶颈[J].青年记者,2008(8):24-27.

[199] 陆群,张佳昺.新媒体革命:技术、资本与人重构传媒业[M].北京:社会科学文献出版社,2002:2.

[200] 露西·金-尚克尔曼.透视BBC与CNN:媒介组织管理[M].彭泰权,译.北京:清华大学出版社,2004:7.

[201] 伦道夫·克卢维尔,雅克·艾吕尔:技术、宣传与现代媒介[M]//林文刚.媒介环境学:思想沿革与多维视野.何道宽,译.北京:北京大学出版社,2007:73.

[202] 罗伯特·G皮卡德,杰弗里·H布罗迪.美国报纸产业[M].周黎明,译.北京:中国人民大学出版社,2004:1.

[203] 罗杰·菲德勒.媒介形态变化——认识新媒介[M].明安香,译,北京:华夏出版社,2000:21-22.

[204] 罗鑫.什么是"全媒体"[J].中国记者,2010(3):82-83.

[205] 马锋,王毓."多王共存"用户为大——《华尔街日报》数字化转型路径[J].中国出版,2015(4):62-65.

[206] 马化腾,张晓峰,杜军.连接一切:互联网+国家战略行动路线图[M].北京:中信出版社,2015:2.

[207] 马克思,恩格斯.马克思恩格斯全集(第23卷)[M].北京:人民出版社,1974:409-410.

[208] 马涛.报刊集团全媒体布局的四大模式[J].广告大观:媒介版,2010(6):27-30.

[209] 马涛.中国报业数字化30年[M].北京:中国传媒大学出版社,2014:8.

[210] 玛格丽特·米德.文化与承诺:一项有关代沟问题的研究[M].周晓虹,周怡,译.石家庄:河北人民出版社,1987:98.

[211] 麦尚文.全媒体融合模式研究[M].北京:中国人民大学出版社,2012:12.

[212] 闵大洪.电子报刊——报刊业一道新的风景线[J].新闻记者,1996(9):44-46.

[213] 闵大洪.起步中的中国电子报刊[J].中国新闻年鉴,1996.

[214] 闵大洪.网络媒体赢利模式探析[J].现代电视技术,2003(7):106-109.

[215] 闵大洪.中国报业数字化的前瞻[J].传媒评论,2006(5):23-24.

[216] 闵大洪.数字报业:2007年的大亮点[J].新闻与写作,2007(12):20.

[217] 摩根士丹利.移动互联网研究报告[EB/OL].http://www.morganstanley.com/institutional/techresearch/pdfs/Mobile_Internet_Report_Setup.pdf.

[218] 尼古拉斯·尼葛洛庞帝.数字化生存[M].胡泳,范海燕,译.海口:海南出版社,1997:3-4.

[219] 潘昊颐.互联网战略下传媒组织变革创新性研究[D].广州:华南理工大学,2017.

[220] 潘祥辉.嵌入新场域:股改上市对传媒业单位体制的改造及影响[J].南京社会科学,2017(12):112-118.

[221] 彭兰.从新一代电子报刊看媒介融合走向[J].国际新闻界,2006(7):12-17.

[222] 彭兰.媒介融合方向下的四个关键变革[J].青年记者,2009(6):9-9.

[223] 彭兰.社会化媒体、移动终端、大数据:影响新闻生产的新技术因素[J].新闻界,2012(16):3-8.

[224] 人民网.2017全国党报融合传播指数报告发布[EB/OL].http://media.people.com.cn/n1/2017/0701/c14677-29376415.html.

[225] 人民网股份有限公司.人民网股份有限公司2017年年度报告[EB/OL].http://static.sse.com.cn/disclosure/listedinfo/announcement/c/2018-04-17/603000_2017_n.pdf.

[226] 邵培仁.论人类传播史上的五次革命[J].中国广播电视学刊,1996(7):5-8.

[227] 邵培仁.媒介管理学[M].北京:高等教育出版社,2002:49-50.

[228] 邵鹏.媒介融合语境下的新闻生产[M].杭州:浙江工商大学出版社,2013:1.

[229] 佘佐杰.传统报业成功转型之路探究[J].新闻窗,2017(4):69-71.

[230] 沈吟.从零起步,砥砺前行——"政已阅"微信公众号上线两月谈[J].传媒评论,2017(2).

[231] 沈志华,周小华.体制和责任制:报业成本控制的关键——浙江日报报业集团经营体制改革启示[J].中国报业,2005(8):73-74.

[232] 石磊.分散与融合——数字报业研究[M].北京:中国社会科学出版社,2010:119-120.

[233] 舒华英,胡一闻.移动互联网技术及应用[M].北京:人民邮电出版社,2001:83.

[234] 苏克军.信息高速公路对人类社会的冲击[J].现代传播,1998(4):1-5.

[235] 苏新宁.数据仓库和数据挖掘[M].北京:清华大学出版社,2006:9-23.

[236] 孙坚华.浙江在线:走向互联网门户……[J].新闻实践,2000(2):14-18.

[237] 汤代禄,孙晓滨.报纸采编流程变革中的技术身影[J].青年记者,2008(12):20-21.

[238] 屠忠俊,吴廷俊.网络新闻传播导论[M].武汉:华中科技大学出版社,2002:20-22.

[239] 王冬月.默多克收购道·琼斯最后冲刺[EB/OL].[2007-06-27].http://www.caijing.com.cn/2007-06-27/100023433.html.

[240] 王菲.媒介大融合:数字新媒体时代下的媒介融合论[M].广州:南方日报出版,2007.

[241] 王君超."报纸消亡论":十年论争与思考——兼论报业转型与媒介融合的研究成果[J].新闻与写作,2014(3):29-33.

[242] 王俊秀.中国版权协会发布报告:网络不能再吃纸媒的"廉价大餐"了[N].中国青年报,2009-06-23.

[243] 王岚岚,淡凤.聚焦媒介融合和公共新闻——密苏里新闻学院副院长Brian Brooks教授系列讲座[J].国际新闻界,2006(5):73-73.

[244] 王立芳.纽约时报的数字化转型研究[D].北京:北京交通大学,2017.

[245] 韦路,谢点.全球数字鸿沟变迁及其影响因素研究——基于1990—2010世界宏观数据的实证分析[J].新闻与传播研究,2015(9):36-54.

[246] 文森特·莫斯可.传播政治经济学[M].胡正荣,译.北京:华夏出版社,2000:193.

[247] 吴飞.新闻专业主义研究[M].北京:中国人民大学出版社,2009:21.

[248] 吴锋.我国报刊发行信息管理系统开发的现状与对策[J].今传媒,2007(10):16-18.

[249] 吴焰.报网互动新格局研究—以人民日报、人民网间的互动进程为例[D].上海:复旦大学,2009:14.

[250] 夏天俊.报纸印刷的现状及发展趋势[J].中国印刷,1996(3):5-10.

[251] 肖国强,徐斌.党报视频化的探索与思考——浙江日报报业集团"浙视频"成长记[J].新闻战线,2018(11).

[252] 肖赞军,吴婕.媒介融合进程中传媒业的产业演化趋势[J].新闻研究导刊,2011(1):77-80.

[253] 谢娟.报业的媒介融合之路[D].成都:四川大学,2007.

[254] 谢耘耕.中国传媒资本运营若干问题研究[J].新闻界,2006(3):4-9.

[255] 新闻出版总署报纸期刊出版管理司.全国报纸出版业"十一五"发展纲要[EB/OL].http://paper.people.com.cn/zgby/html/2006-08-01/content_12448676.htm.

[256] 熊澄宇,廖毅文.新媒体——伊拉克战争中的达摩克利斯之剑[J].中国记者,2003(5):56-57.

[257] 熊澄宇.文化产业研究:战略与对策[M].北京:清华大学出版社,2006:20-24.

[258] 熊普江.云平台赋能媒体融合创新[N].人民日报,2017-08-19(11).

[259] 徐蕾,常晓洲,姚雯雯.媒介融合背景下《人民日报》数字化转型研究[J].新闻爱好者,2018.

[260] 徐荣华.台湾报业经营困境与因应策略[D/OL].台北:台湾"国立"政治大学,2007.http://nccur.lib.nccu.edu.tw/handle/140.119/33088.

[261] 徐昕.现代信息技术下传统报业发展对策研究[D].哈尔滨:哈尔滨工业大学,2007.

[262] 杨溟.媒介融合导论[M].北京:北京大学出版社,2013:5.

[263] 姚广安.中国网上报纸的发展、现状与机遇[J].记者摇篮,2000(3):9+11.

[264] 姚君喜,刘春娟."全媒体"概念辨析[J].当代传播,2010(6):13-16.

[265] 叶蓁蓁,盛若蔚.中央厨房探路融合发展[J].中国报业,2015(7):38-39.

[266] 应金泉.媒介融合中报纸编辑工作的转型[J].新闻战线,2009(6):41-42.

[267] 喻国明."U化战略":纸媒生存的大趋势[J].传媒,2006(12):46-48.

[268] 喻国明."拐点"的到来意味着什么——兼论中国传媒业的发展契机[J].中国记者,2005(10):7-9.

[269] 喻国明.互联网是一种高维媒介[J].教育传媒研究,2016(1):15-17.

[270] 袁静,余晓.新媒体冲击下传统媒体结构矛盾分析[J].新闻界,2007(1):66-66.

[271] 约翰·帕弗利克.新媒体技术——文化和商业前景[M].周勇,译.北京:清华大学出版社,2005:126.

[272] 约瑟夫·R 多米尼克.大众传播动力学—数字时代的媒介[M].7版.蔡骐,译.北京:中国人民大学出版社,2003:518.

[273] 张宸.世界报业发展的七大趋势[J].新闻与写作,2014(8):28-31.

[274] 张德君,周艳梅.内孵新媒体创新孵化,永远在路上浙江日报报业集团媒体内部孵化实践与心得[J].传媒评论,2015(3):8-11.

[275] 张昆.世界报业向何处去——兼论世界报刊史上的四次危机[C]//新闻学论集.2011:98-111.

[276] 张利平.华尔街日报的媒介融合战略[D].武汉:武汉大学,2014.

[277] 张彤.推动全员融合 打造全媒队伍——浙报集团推进人的融合之实践与探索[J].传媒评论,2015(10):26-28.

[278] 张先为.现代信息技术与报业广告经营[J].声屏世界·广告人,1998(6):23-24.

[279] 张旭苹.信息存储技术[M].北京:电子工业出版社.2001:12.

[280] 张研农.书写让党和人民满意的年度答卷——在深入学习贯彻胡锦涛总书记在人民日报社考察工作时的重要讲话座谈会上的讲话(摘要)[J].新闻战线,2009(7):4-7.

[281] 张研农.在新的历史起点上开创人民日报新闻宣传新局面[J].新闻战线,2008(3):4-9.

[282] 张旸.人民日报"中央厨房"构建行业新生态[J].青年记者,2017(7):19-21.

[283] 张咏.美国电子报纸的发展及展望[J].国际新闻界,1997(6):22-25.

[284] 张咏华.归于消失,还是再获新生?——试论传媒的发展前景兼与朱光烈先生商榷[J].国际新闻界,1996(5):19-24.

[285] 张咏华.经济全球化背景下的因特网及网站的经济模式[J].新闻与传播研究,2001(4):53-60.

[286] 张咏华.中外网络新闻业比较[M].北京:清华大学出版社,2004:148.

[287] 张咏华.中外网络新闻业比较[M].北京:清华大学出版社,2004:66-67.

[288] 张宇婷.H5的新媒体语境传播及应用研究——以《人民日报》H5产品《快看呐!这是我的军装照》为例[J].西部学刊,2018(9).

[289] 张志安,陈席元,章震.2015中国报业媒体融合发展年度报告[J].传媒,2016(5).

[290] 章宏法.数字化时代报业竞争的三大误区[J].青年记者,2007(17):38-39.

[291] 章于炎,乔治·肯尼迪,弗里兹·克罗普.媒介融合:从优质新闻业、规模经济到竞争优势的发展轨迹[J].中国传媒报告,2006(3).

[292] 赵大伟.互联网思维独孤九剑北京[M].北京:机械工业出版社,

[293] 赵念民.产业背景下的报纸流程再造研究[J].青年记者,2006(1):10-19.

[294] 浙江日报报业集团与CCTV-2实行战略合作[J].传媒评论,2009(11):42-42.

[295] 郑保卫,樊亚平,彭艳萍.我国媒介融合研究的回顾与前瞻[J].新闻传播,2008(2):8-11.

[296] 郑蔚雯.报业转型之路还在探索当中——2010年美国报业发展报告[J].新闻记者,2010(5):53-57.

[297] 支庭荣.融合与转型:传统媒体的未来生存法则[J].中国记者,2006(2):55-56.

[298] 中国印刷技术协会.报纸印刷技术的历史发展[M]//中国印刷年鉴(1991-1992),北京:印刷工业出版社,1992.

[299] 周莉.《今日美国》:向传统观念挑战[J].国际新闻界,1999(5):21-23.

[300] 周志伟.传统媒体与新媒体在融合中创新[J].声屏世界·广告人,2007(1):154-154.

[301] 朱光烈."不谋万事者无以谋一时,不谋天下者无以谋一域"——2006年再论"泡沫"[J].现代传播,2006(5):1-6.

[302] 朱光烈.我们将化为"泡沫"——信息高速公路将给传播业带来什么?[J].北京广播学院学报,1994(2):1-8.

[303] 林穗芳.电子编辑和电子出版物:概念、起源和早期发展(上)[J].出版科学,2005(5):6-16.

[304] 邹举,郁非凡.论媒介融合语境下新闻编辑工作的变革[J].编辑之友,2013(11):53-55.

[305] 左志新.媒体深度融合的"浙报模式"[J].传媒,2017(10):10.

后　记

笔落之时，心中泛着丝丝欣喜，也充满着惶恐与不安。欣喜的是，无数个秉烛疾书的夜晚终于换来了收获的果实；但在品味之余，又常常发现许多地方意犹未尽却无从表达，许多非我所擅长之内容只能小心涉及，不敢深究，每思及此，内心总是倍感惶恐。报纸的数字化是一个持续发展的过程，随着如VR、H5、区块链等新技术的不断涌现以及报业集团在赢利模式、跨界融合上的创新探索，未来这一领域还有很多内容值得继续研究，而我本人也将会持续关注中外报业数字化的点滴进程。

事实上，报纸（newspaper，也称新闻纸）并非承载新闻的最初形态。在其之前，新闻的承载形式还经历过从新闻信（newsletter）到新闻书（newsbook）的变迁。在其之后，新闻的载体形式很有可能会再次发生变化。然而，不管载体如何变，不变的是新闻的本质、新闻的意义，以及坚守新闻真相的信念。正如《纽约时报》2017年在奥斯卡颁奖典礼中播放的广告所言："真相很难，但真相比以往任何时候都重要。"因此，作为从事新闻教育的教师，我感受到了肩上从未有过的重担：一方面，我们要努力使自己跟上传媒界的发展，在学术上和教学上与时俱进，这样才能保证我们培养出来的学生能适应全媒体人才的要求，从而为业界输送优秀的后备力量；另一方面，在喧嚣与浮躁的尘世中，我们要继续保持一颗满怀新闻理想的赤子之心，并将这种理想和情怀代代传承下去，让我们的新闻行业后继有人。渺渺星光，苦乐年华，过去我们所有的付出，都将在未来收到回报。如同我坚信，报业转型期的阵痛只是短暂的经历，在这之后，报纸会找到自己的定位与方向，也许这个位置不那么大，但在芸芸媒体中总会占有一席之地。

本书的成稿得益于许多人的帮助。感谢上海大学吴信训教授，本书的选题来自他上海大学影视与传媒产业研究基地项目。在他的指导下，我开始对这个题目产生研究的兴趣。感谢上海大学张咏华教授，她是我硕士和博士求学阶段的导师。作为我学术道路上的一盏明灯，她高远的视野和严谨的治学精神令人敬佩，她对我们的悉心教诲和精心指导令人感动。感谢美国肯塔基大学的邰子学教授，在我美国访学期间，他给予我许多学术上的指导和生活上的帮助,让我在异国他乡开阔了眼界,领略到了学术研究的别样魅力,同时也对本书的理论架构提出了许多中肯的建议。感谢浙江传媒学院新闻与传播研究院黄敏老师,在她的指导与督促下才有此套丛书的诞生。感谢浙江传媒学院新闻与传播学院的几位领导,他们为我的学术创作创造了良好的工作环境,并时刻鼓励我们年轻老师积极进取、勇攀学术高峰。感谢我可爱的同事们,与你们一起共事令人愉悦,你们让新闻与传播学院成为一个有爱的大家庭。

最后,衷心地感谢我的家人。在漫长的学术研究中,你们不遗余力地为我创造良好的学习环境,不计回报地鼓励我在求学的道路上勇攀高峰。没有你们的理解和支持,我不可能在学术的天地里自由翱翔。人生如同一条圆形的跑道,一个研究的完结恰恰是下一个研究的开始。生命不息,学术不止。在今后的学习和工作中,我将化感激为动力,继续攀登学术高峰。